숙련 지도서

SJOELEN
GUIDEBOOK
슐런 지도서

장철운 지음

좋은땅

도입하면서

본 교재는 네덜란드의 전통 스포츠인 슐런을 국내 도입하는 과정에서 일어나는 사회적, 문화적, 교육적 등 보편적 스포츠 복지를 위한 측면에서 누구나 쉽게 알 수 있도록 집필하였다.

슐런은 남녀노소 모두가 함께 즐길 수 있는 종목으로, 특히 세대적 공감과 재활적 측면, 스포츠 산업적인 부분에서도 모두가 만족할 수 있는 종목이라고 설명할 수 있으며, 스포츠 소외계층에 대안이 될 수 있을 것이다. 특히, 국내 생활체육의 저변화 및 전문체육의 발전을 위해서도 신체적 제약을 덜 받을 수 있는 종목이라고 볼 수 있다. 슐런은 단순한 신체 활동을 넘어 장애인과 비장애인이 동등한 입장에서 경쟁과 화합을 할 수 있는 전통성을 가졌을 뿐만 아니라 세대의 소통과 화합을 위한 종목으로 자리 잡고 발전되어 가고 있다.

이를 위한 슐런의 역사적 근거와 체계적인 교육과정을 운영하기 위한 교재 제작의 필요성과 초보자의 슐런 도입에 도움이 되고자 지도서를 제작하게 된 계기를 마련하였다. 많은 종목이 그렇듯이 종목의 확산은 개인을 넘어 사회의 한 부분에 영향을 미친다는 점에서 국내 많은 종목 중 모든 국민이 참여할 수 없다는 아쉬움이 있다.

스포츠 종목으로서의 발전을 위해서는 경쟁적 요소, 흥미, 신체적 효과 등이 있어야 함은 물론 누구나 쉽게 참여 가능한 종목으로 간단한 경기 규정이 적용되어야만 할 것이다.

이러한 종목은 이미 오래전부터 내려온 역사성을 기반으로 하여야 한다는 점과 언제 어디서나 참여할 수 있고 장소에 구애를 받지 않아 언제 어디서나 쉽게 경기를 할 수 있어야 한다. 특히, 사회적 소통을 이룰 수 있고 남녀노소가 함께 참여함으로써 세대의 공감이 이루어지고 안전하면서 스포츠의 본질을 훼손하지 않은 종목은 바로 슐런이라고 할 수 있다.

슐런의 경우 400년 오랜 시간 속에서 현대에 이르기까지 많은 사람에게 전통적인 모습과 현대적인 모습으로 다가왔으며, 1976년부터 2년마다 월드컵이 개최되는 종목으로 발전되어 왔다. 스포츠 취약계층인 장애인이나 노인, 그리고 여성에게 매우 적합한 운동으로, 성장기 어린이의 경우 집중력과 다양한 창작 활동으로 인한 신체적 능력 향상에 도움을 줄 수 있을 뿐만 아니라 다양한 교육 과정 운영을 통한 즐거운 체육 활동에 이바지하리라 생각한다.

  본 교재를 통해 많은 국내 스포츠 소외계층이 없도록 슐런이 활용되어 건강과 여가 활동에 도움이 되기를 바란다.

목차

도입하면서   004

I. 슐런

1. 슐런(Sjoelen)이란?   012
2. 슐런의 목적   015
3. 슐런의 역사   019
4. 근대의 슐런   023
5. 한국의 슐런   025

II. 슐런의 가치 및 특징

1. 슐런의 가치   030
2. 슐런의 특징   032
3. 역사적 전통성   033

III. 슐런 용어의 정의

1. 슐런의 정의   038
2. 도구 용어   039
3. 경기 용어   042
4. 경기 진행의 용어   045

5. 심판 용어 049
6. 점수 산정 방법과 승패의 결정 051
7. 장애인스포츠의 용어 053

IV. 슐런의 입문

1. 슐런의 기본자세 056
2. 스트레칭 및 체조 063
3. 경기 방법 및 규칙 064
4. 경기 세부 규칙 065
5. 제한 및 금지 규칙 066
6. 기타 예외 규칙 068
7. 점수 산정하기 069
8. 전국장애인체육대회(학생체육대회) 경기 규칙 070

V. 경기 기술 방법

1. 퍽 맞추기 074
2. 연습방법 075
3. 관문에 걸친 퍽 맞추기 076
4. 경기의 각도 이해하기 077
5. 측면 슬라이드 연습하기 078
6. 일직선 퍽 넣기 079
7. '턴어라운드' 방법 080
8. 퍽 2개 한 번에 넣기 081
9. 장애물을 이용한 퍽 넣기 082

VI. 심판의 기능과 역할

1. 심판의 기능과 역할 084
2. 심판의 자질과 자세 086
3. 심판 오심의 원인과 영향 089
4. 심판의 역할론 091

VII. 목적에 따른 슐런 프로그램 활용

1. 학교 프로그램의 슐런 094
2. 노인체육 프로그램의 슐런 104
3. 장애인체육의 슐런 115
4. 재활 체육 122
5. 외국의 장애인체육 사례 124

VIII. 다양하고 재미있는 슐런 게임

1. 소개 132
2. 왕 퍽 넣기 게임 135
3. 야구형 슐런 139
4. 골프형 슐런 143
5. 윷놀이 슐런 148
6. 지뢰 피하기 슐런 153
7. 포켓 슐런 157
8. 슐런 당구 161
9. 수학 슐런 165
10. 목표점 도달하기 슐런(10점 만들기) 169
11. 블랙홀 슐런 174

12. 빙고형 슐런   179
13. 퍽 쟁취하기 슐런   183
14. 축구형 슐런   188
15. 컬링형 게임   193

IX. 학습계획서 작성

1. 학습 프로그램의 구성   200
2. 대상별 학습 지도 주안점   201
3. 연수계획서 예시   206

X. 체육단체의 역사

1. 대한체육회의 역사   212
2. 대한장애인체육회   213
3. 근대올림픽(Olympic)의 역사   215
4. 패럴림픽(Paralympic)의 역사   217
5. 데플림픽(농아인 올림픽)의 역사   218
6. 올림픽 위원회(국제패럴림픽위원회) 구성   219
7. 아시아패럴림픽위원회/국제농아인스포츠위원회(ICSD) 구성   221
8. 기타 스포츠 연맹   223
9. 장애 유형별 스포츠 위원회   226

참고 문헌   228
[부록 1] 대한장애인슐런협회(KDSA) 등급분류 규정(안)   233
[부록 2] 경기 및 심판 규정   311

I.
슐런

1. 슐런(Sjoelen)이란?

슐런은 오랜 시간 유럽을 중심으로 보편적 국민적 스포츠로 사랑을 받아 오다가 1976년부터 네덜란드 슐런월드컵이 개최되면서 스포츠로 발전하게 되었다. 이미 슐런은 19세기 이전부터 유럽의 각 가정마다 게임을 할 정도로 인기 있는 종목으로, 누구나 쉽게 경기를 진행할 수 있는 사교적 게임으로 진행되어 오다가 월드컵이 개최되면서 스포츠로서의 발전을 하게 되었고, 이후 유럽 챔피언스리그 등 국가별 교류 종목으로 확대되어 왔다. 특히, 스포츠의 중요성 중 경쟁, 흥미, 신체적 이점(근력, 유연성, 지구력, 집중력 등)이 보장되면서 안전성까지 확보된 종목 중 몇 안 되는 우수 종목으로 남녀노소 누구나 함께 즐기고 장애인과 비장애인이 공정한 룰로 경기를 할 수 있다는 점에서도 의미가 있는 종목으로 여겨야 할 것이다. 이러한 부분을 바탕으로 2024년에는 제1회 국제 장애인 슐런 선수권 대회가 프랑스 스트라스부르에서 열려 많은 국가의 장애인이 자국의 명예를 위하고 자신의 도전 정신을 위해 열리기도 하였다. 이처럼 슐런은 모든 국민이 참여 가능한 종목으로 인식되어 왔고, 발전되어 왔으며, 국내 슐런의 경우 2014년 10월에 대한슐런협회 장철운으로부터 처음 도입되었다. 당시 국내의 경우 새로운 스포츠를 받아들이기에는 다양한 문제가 있었으며, 특히, 새로운 종목 육성은 재정적 및 인식의 문제가 대두되었다. 대부분의 체육회의 경우 새로운 종목인 슐런의 선입견을 가지기도 하였고, 만연한 무사한 사업운영으로 인한 신규 사업에 슐런을 넣는 것 자체를 어려워하고 있었다.

그러나 국내의 상황적 필요성에 따라 점진적으로 활성화된 현재의 시점의 경우 코리아오픈 슐런선수권대회, 협회장배 전국대회, 전국장애인체육대회 및 시도교육감기 등, 전국장애학생체육대회, 시도별 교육감배, 시도장애인체육대회, 대한민국 상이군경회 종합대회, 노인체육대회 등 수많은 대회가 운영되고 있다. 특히, 슐런은 신체적 무리가 없어 남녀노소 누구나 쉽게 경기진행이 가능하여 많은 동호인이 활동하고 있으며, 장애인의 경우 직장 선수로 활동하는 우수사례로 발전되고 있다.

숄런은 신체적 제약을 덜 받은 종목으로 장애인 및 노인 중심으로 발전되고 있으며, 최근에는 특수학급 및 학교 등 많은 기관에서 교육프로그램으로 활용하고 있고, 지역의 노인 관련 시설 및 보건소 등에서 경도인지 장애노인에 대한 프로그램으로 활용하고 있어, 숄런은 단순한 신체활동을 넘어 교육적 접근을 한 사례로 발전되고 있다. 특히 신체 활동의 경우 흥미와 안전성을 동시에 만족시키는 종목을 찾기가 쉽지 않은 것이 숄런을 통하여 해결되었다는 점에서 의미가 있다고 볼 수 있다. 이것이 숄런이 경쟁과 협력을 유도하는 종목으로 사랑을 받을 수밖에 없는 이유이기도 하다.

숄런(Sjoelen)는 행위를 뜻하는데 이는 경기하는 동작을 말하는 것으로, 일상생활에서 쉽게 사용하는 경기 이름을 말하는 것이다. 또 다른 하나는 경기를 할 수 있는 도구를 숄박이라고 하며, 폭 약 41cm(내경 386cm), 길이 약 2m의 나무 보드 3/4지점에 4개의 홀(hall)/관문(각기 관문에는 1~4점 부여)이 있고, 각 관문의 크기는 6cm로 5.2cm의 지름 17mm 높이의 크기의 나무 원반(퍽)을 푸쉬(push)한 퍽이 슬라이드(slide) 하여 관문에 퍽을 넣는 도구를 지칭한다.

관문에는 왼쪽부터 2, 3, 4, 1점이 각 관문에 점수로 부여되어 있으며, 좌·우측 양쪽 가장자리에 1~2점을 지정한 이유는 옆벽을 퍽이 맞고 관문에 퍽이 들어갈 수 있는 부분으로 점수를 낮게 지정하였고, 3~4점은 1~2점에 비해 점수를 얻기 어려운 점을 고려하여 관문 점수를 배정하였다. 이는 게임의 공정성과 신뢰성을 확보하기 위함이다.

점수 방식은 1900년대 점수 방식과 같고 오랜 시간 똑같은 방식으로 전해져 내려오다가 숄런의 대중적 확산을 위해 관문(hall)을 2칸, 3칸으로 넓혀서 초보자가 쉽게 숄런을 할 수 있도록 흥미를 유도하는 도구를 개발하는 등 보편적 스포츠로의 전환을 위해 장소의 구애를 받지 않고 남녀노소 누구나 쉽게 경기를 진행할 수 있도록 하고 있다.

숄런은 보드판에 지름 5.2cm의 원반(퍽) 10~30개를 3쿼터에 걸쳐 밀어 넣어 점수를 산정하는 방식으로 상대평가로 예선전을 거치고 이후 토너먼트를 통해 우승자를 가리는 스포츠이다. 특히 근래에 들어와서는 세계대회 및 국내 전국대회의 경우 기량 향상과 스포츠 소외계층에 대한 흥미, 신체적 기능 향상을 위하여 기본의 30개의 퍽 운영을 10개로 줄이고 경기 수를 확대하여 조정력과 집중력, 추리력 등을 향상시키는 노력으로 긍정적 평가를 얻고 있다. 이러한 숄런이 현재 한국에서 학교체육, 신체 및 정신적 장애를 가진 장애인 및 노인을 중심으로 이들의 신체 활성화 및 정신적 장애 극복, 사회성 발달에 많은 도움을 주는 종목으로 인정을 받고 있음에도 이에 관한 학문적 연구가 활발하게 이루어지지 부분이 있다.

이에 저자는 슐런의 접근성 향상과 전문체육 및 생활체육 발전을 위해 학문적 연구의 필요성을 느끼고, 그리고 다양한 놀이를 접목한 슐런 활동을 통하여 많은 국내외 지도자들이 활용함으로써 스포츠 소외계층은 물론 통합의 체육으로 발전하기 위함이다.

2. 슐런의 목적

슐런은 400여 년의 오랜 역사를 지닌 전통 스포츠로 유럽 등지에서 자리 잡고 확대 운영되고 있다. 슐런이 국내외 주목받은 이유는 보편적 스포츠로 남녀노소 누구나 쉽게 경기를 진행할 수 있고, 스포츠에서 중요한 경기 장소의 구애를 받지 않은 종목이라는 점에서 타 종목과의 차별성을 갖고 있다. 특히, 국내외 환경적, 질병 등의 이유로 다수의 사람이 모이는 자리가 어려운 경우나 야외 활동이 힘든 상황에서 체육의 본 목적과 흥미, 여가 활동을 할 수 있다는 점에서 이미 오래 전부터 유럽 등지에서 운영하고 있었다는 것만 봐도 알 수 있을 것이다. 이는 오래전부터 내려온 전통적인 방식이 세월의 변화에 맞추어 역사적, 흥미적, 신체적으로 충분히 검증되었다는 점에서 주목해야 할 것이다.

대부분의 근대 올림픽의 모든 종목이 초기 놀이나 게임에서 시작되어 스포츠로 발전되어 왔듯이 슐런 또한 이미 오래전부터 내려온 전통성과 역사적, 흥미적 요소가 충분히 검증되어 왔다. 19세기 이후에는 슐런을 놀이와 게임의 개념으로 접근하여 국가별 대회와 1976년 월드컵을 통하여 스포츠로 발전되었다. 그러나 슐런이 현대에 들어오면서 더욱 사랑을 받아 온 이유는 스포츠로서의 발전 이전에 놀이를 통하여 모든 사람들이 다양한 룰을 이용하여 상황에 맞게 운영하고 있다는 점에서 더욱 발전되고 있다는 것이다.

놀이의 사전적 정의는 '인간의 생존과 관련이 있는 활동과 일에 해당하는 활동을 제외한 모든 신체적·정신적 활동'이다. 즉, 즐거움과 흥겨움을 동반하는 자발적이고 자유로운 활동이며, 인간으로서 삶의 재미를 적극적으로 추구하고 즐기는 의지적인 활동이다.

사람들은 놀이의 즐거움을 통하여 생활 속에서 맞닥뜨리는 여러 가지 정신적 고통을 잊어버리고, 생업에 종사하는 동안 지쳐 있던 육체적 피로를 풀어내기도 한다. 그만큼 놀이란 삶에서 많은 부분을 차지한다. 그렇기에 '어떠한 놀이를 하느냐'도 굉장히 중요한 문제다.

이러한 놀이의 목적에 가장 부합되는 국내 전통 놀이 또한 시대적 흐름에 따라 고유의 전통을 지키는 것과 전문 또는 생활체육으로 발전되어야 하지만, 현실적, 재정적, 관심적 어려움이 있어 놀이가 보편적인 활동으로 전개되지 못한 이유가 여기에 있다.

특히, 국내의 경우 전통 민속놀이에서 시작하여 발전한 종목인 씨름은 오래전부터 내려온 부분은 자명하나, 역사적 정확한 기원을 찾기는 어려운 부분에 어려움이 있었다. 다만, 현대에 들어와서 씨름은 스포츠의 다양한 모형을 시도하고 이벤트를 통한 변화를 가져오고 있다. 이는 농경 사회인 한국은 다양한 전통 놀이를 행하였고 이후 일제 강점기를 지나 근현대에 들어와서 씨름 협회가 설립되고 체계화되면서 발전한 것처럼 각 국가를 대표하는 놀이가 규정과 규칙의 제정을 통해 체계화되고 상업적인 부분과 접목이 되어 확대 생산되고 있다.

슐런의 경우 유럽의 오랜 전통에서 시작되어 1900년대 이르러 스포츠로서의 면모를 보여 주었고 유럽의 보편적 스포츠로 활발히 진행되어 오다가 근대에 들어와서 유럽의 경우 다시 쇠퇴기를 보이기도 한 부분이 있다. 근래에는 엘리트 체육의 다변화와 기존 스포츠에서 흥미적 요소를 감미한 뉴스포츠로 발전한 상황에 슐런 또한 다양하게 변화하고 있다.

2019년 프랑스 월드컵

슐런의 경우 무리한 근력을 요구하는 종목이 아닌 신체기능이 약한 남녀노소 누구나 참여가 가능한 종목으로, 급격한 환경의 이유로 실내·외 활동이 가능한 종목이기도 하다. 단순한 신체적 활동을 넘어 안전한 스포츠로 모든 국민이 참여할 수 있는 몇 안 되는 종목이라 말할 수 있다. 슐런이 현대에 이르기까지 발달하게 된 계기는 모든 스포츠가 비슷하겠지만 흥미 요소와 예측 불가능한 경기 진행, 정신 및 신체적 발달, 스트레스 해소, 기록과 승률을 통한 자신과의 싸움 등 오랜 시간을 내려오면서 이 같은 검증을 통해 역사로 기록되어 남고, 현대에 이르기까지 전해오고 있다. 이처럼 오래된 전통게임은 이미 오랜 시간을 내려오면서 연습과 훈련 또는 이웃 간의 소통, 사회구성원과의 교류를 통해 자아 및 지역 화합의 발전으로 성취감과 만족감을 느끼고 내려왔다. 슐런은 개인 활동과 단체게임으로 전해지면서 협동심, 자긍심, 화합의 장을 마련할 수 있었으며, 특히 성장기 학생들의 건전한 놀이문화 환경조성에 긍정적으로 이바지할 것으로 생각한다. 이처럼 슐런은 한국 현실에 맞게 재조명하여 국민의 건강과 생활체육 저변 확대에 도움이 되도록 노력하고 있으며, 특히 2025년 현재 국내 등록 장애인이 260만 명인 점은 신체적 어려움을 동반한 많은 국민이 참여할 수 있다는 점에서 의미가 있다고 볼 수 있다.

이처럼 슐런은 남녀노소 누구나 쉽게 참여할 수 있을 뿐만 아니라 전통을 지닌 스포츠로 자리 잡고 있으며, 현대의 시간상 거리, 좁은 장소 어디에서든 경기를 진행할 수 있는 스포츠이다. 슐런은 대중의 스포츠 참여의 기회를 제공하고, 보편적인 스포츠로서 발전할 수 있도록 사회성 확보와 재활적인 측면에서 장애인과 노약자, 어린이들을 우선으로 하는 생활체육의 발전에 이바지하고 있다.

또한 슐런은 이미 오랜 시간 동안 내려오면서 정통성과 신뢰성을 밑바탕으로 스포츠로서의 경쟁과 화합을 가진 종목이라고 볼 수 있으며, 지구촌 한 가족이라는 측면에서 새로운 스포츠문화의 선도자 역할을 담당하고 있다. 놀이와 게임, 스포츠는 '인간의 생존과 관련이 있는 활동과 일에 해당하는 활동을 제외한 모든 신체적·정신적 활동'으로, 행복과 즐거움을 동반하는 자발적이고 자유로운 활동이며, 인간으로서 삶의 재미, 활기를 넘치게 하는 것이라고 정의할 수 있고, 경기를 통해 즐거움과 행복을 느낄 수 있게 해 줄 뿐만 아니라 도전과 창의 정신을 함양하여 새로운 문화를 창조하는 데 의미가 있다고 보겠다. 우리는 생활하면서 맞닥뜨리는 다양한 정신적 피로와 고통을 잊어버리고, 생업에서 일하면서 그동안 지쳐 있던 육체적, 정신적 피로를 풀어 줄 수 있는 스포츠에 참여하는 것이 중요하다.

근래의 현대인은 건강에 관한 관심이 높아지고 생활 스포츠 참여율이 높아지고 있지만 거동이 불편한 노인과 장애인은 생활체육 참여에 어려움을 가지고 있다. 특히, 급격히 늘어나고 있는 고령 노인에 대한 신체 활동은 국가적인 측면에서 접근해야 함은 물론, 고령 장애인, 여성 노인에 대한 다양한 신체 활동의 장려가 필요한 시점이다. 이러한 측면을 해결하고 건강한 사회 환경을 만들기 위해서는 슐런의 도입이 절실하다고 볼 수 있으며, 슐런의 장점은 다음과 같다.

첫째, 건전한 여가 활동의 기회를 제공해 준다. 즉, 건전한 여가 시간의 활용은 장애인들에게 미래 사회의 발전 가능성을 가늠하여 주는 요인이라는 점에서 사회 복지적 측면에서도 매우 중요하다.

둘째, 신체 활동의 감소로부터 야기되는 건강과 체력의 감퇴를 예방해 준다. 신체적으로 건강하지 못한 장애인들은 자신에게 주어진 과업수행에 어려움을 가지게 되므로 생활체육 활동을 통하여 신체 활동의 기회를 제공하고, 건강과 체력증진을 도모하여 더욱 적극적인 사회 생활을 하도록 해 준다.

셋째, 정신적 스트레스와 긴장, 소외감과 고립감을 가지게 되므로 그에 대한 발산의 기회를 제공하는 데에 생활체육이 한몫할 것이다.

넷째, 생활 체육 활동을 통하여 일반인과 함께하는 기회를 얻는다. 앞으로는 장애인에 대한 인식이 긍정적으로 변화됨에 따라 일반인과 상호 인간적인 관계를 형성하면서 공동체 내에서 생활하는 기회가 확대되어 갈 것이다. 그러므로 생활체육 활동은 일반인과 자연스럽게 공동의 장을 제공하기 때문에 참가자들 사이에 인간적 유대를 강화해 줄 뿐만 아니라 대인관계에도 영향을 미칠 것이다.

다섯째, 사회성을 기를 수 있는 장이 된다. 생활체육에 참여하게 되면 단체 활동 속에서 규칙이나 타인에 대한 예의 등 자연스럽게 많은 것을 배우게 된다. 아동들 사이에서뿐만 아니라 부모와 자녀가 지내는 한때는 여러 가지 사회성을 기르게 되는 장이 된다. 이러한 장에서도 인간 생활의 기본적인 규칙, 예의, 협동심, 인간애를 기를 수 있을 것이다.

3. 슐런의 역사

　슐런(Sjoelen)은 오래전부터 내려온 유럽의 전통 놀이에서 시작되어 현대의 스포츠에 이르게 되었다. 정확한 기원을 찾기는 어려운 부분이 있으나 유럽의 각 나라를 대표하는 슐런의 권위자인 각 국가의 담당자를 통해 슐런의 역사와 전통은 400여 년을 내려왔을 것이라고만 밝히고 있다. 이와 관련하여 Sjoelen에 관련된 문헌과 기관장의 면담을 통해 심층적 근거를 마련하기 위해 자문화기술지의 형태로 작성한 점을 알린다. 1900년대 이전의 슐런의 역사적 사실과 근거를 찾기에는 다소 어려운 부분은 있었으나 2015년부터 약 10년의 세월 동안 각 국가의 슐런 회장의 인터뷰와 EDD, 구글 ChatGPT 등을 이용하여 슐런의 역사적 사실을 검증하는 데 중점을 두었다.

　역사적 관점에서 슐런(Sjoelen)은 16세기 초기부터 성행하였던 테이블형 게임에서 시작되었고, 슐런의 약자인 sjoel(e)의 네덜란드어에서 그 어원을 찾았다. 슐런의 어원은 Schuiven(슈이픈)이라는 동사에서 비롯된 것으로 알 수 있었으며, Schuiven은 '미끄러지다' 또는 '밀다'라는 뜻을 가지고 있다. 네덜란드의 경우 'sch-'가 'sj-'로 변형되었으며, 이는 네덜란드 방언에서 볼 수 있다. 따라서 Sjoel이라는 단어는 네덜란드어로 '미끄러뜨리다'를 의미하는 단어로 파생된 것으로 변화하였다고 볼 수 있으며, 언어학적인 측면에서의 기원을 보면 'Sjo'는 게르만어 계열의 철자 패턴에서 비롯되었다는 것을 알 수 있다.

　유럽에서의 Sjoelen의 최초의 어원은 영어권 잉글랜드, 스코틀랜드, 아일랜드 및 미국 전체에 대한 EDD 사전적 의미 Shovel sb., v. shool의 형태로 일반적인 변증법을 사용하고 있으며, 고대 영어 scéofan의 경우 scufan의 줄기에서 형성될 수 있다는 의미이고, shool과 our shul이 동시에 발생하지는 않았지만 매우 밀접하게 관련되어 있다고 볼 수 있다. 구성의 예로서 EDD의 사전에 shool-board라는 단어에 '쟁기의 주형판'을 언급하고 있다. sjoel 단어의 경우 네덜란드어와 프리지아어 모두 서게르만어군의 언어로 문법과 단어가 유사성이 있었다.

　sjoel 단어와 관련된 것은 sjoel(j)e의 발음과 그것으로 형성되고 연결된 단어는 [u]로 표시되고,

tw(게르만어 기원)의 의미는 영혼 지형의 수평, 수평을 유지한다는 것을 의미한다. 따라서 '무언가 위에 또는 그 아래에 평평하다'라는 의미가 있다고 볼 수 있다.

> Shovel sb., v. shool(게르만어/의미: 삽이나 흙을 퍼내는 도구의 의미로 이는 밀다, 퍼내다로 연결됨)
> scéofan(고대 영어에서 밀다/밀다라는 의미/서게르만어 연관)
> scufan(고대 영어: 게르만어 어근: 스치거나 밀다)
> shool(고대어/삽과 유사한 도구: 밀다, 밀어내다)
> our shul(회당을 의미하는 것으로 학문적 종교적 모임을 뜻함)
> shool-board(셔플보드의 변형일 가능성과 디스크를 밀어서 점수를 얻은 게임)
> sjoel(네덜란드어/판을 의미하는 것으로 디스크를 밀어서 점수를 얻은 의미)

OED 사전에서 샵판, 셔플보드의 의미는 '횡선으로 표시된 고도로 광택이 나는 판자, 바닥 또는 테이블(때로는 10야드 이상 길이)을 따라 동전이나 기타 디스크를 손으로 타격하여 구동하는 게임'이라고 나오고 있다.

이 게임은 영국에서는 현재까지 내려오지는 않지만, 미국에서는 일부 형태가 수정되어 플레이되고 있다. 미국에서 진행되는 현대 셔플보드라고 불린다.

이제 문제는 '샵판' 게임의 이름인 이 단어가 진정한 프리지아어 형식인지 여부이다. 일반적으로 사용되는 영어 shovel에서도 사용되어 왔다.

슐런게임

네덜란드어와 프리지아어 sjoelbak 등은 schuiftafel이라는 단어가 축출된 19세기 전까지 입증되지 않았다. 이 단어는 영국에서 이 단어를 연주했던 선원들에 의해 전해졌을 것 추측하고 있으며, 초기 클러스터로 인해 어원학자들은 이를 프리지아어로 간주하게 되었을 수 있다.

'9개의 정사각형 중 하나 또는 갑판에 분필로 칠해진 도표에 휴식을 취하세요.' 물론 여기에서도 shool이 shovel보다 먼저 나오므로 스코틀랜드의 EDD는 shool-the-board에 '먼저 부하들을 보드에서 내리는 사람이 승자가 되는 드래프트의 일종인 'shovel-board' 게임'이다.

슐런(Sjoelen)은 오래된 게임에 대한 역사적 언급에서 일반적인 형태는 '삽 판'이며 더 나아가 '게임이 진행된 테이블' 이름을 말하는 것으로 다양한 게임으로 변형되었으며, 다른 형태의 셔플보드로 변형되어 선상에서 큐(삽이라고 함)로 나무 또는 철제 디스크를 밀어서 던지는 게임으로 변형되기도 하였다.

이를 증명하기 위해 OED(옥스퍼드 영어사전)는 이르면 1488년에는 shove-groat 제공과 1532년에 shovilla borde, 1522년에는 shoffe boorde가 전해져 내려올 것으로 추측하였다.

슐런 점수

이미 1900년 이전인 16세기부터 영국에서 처음 언급된 OED에서 찾을 수 있으며, 그곳의 Farrensfolk 사람들과 그 외 사람들은 영국 술집 등지에서 게임을 했을 것이라고 볼 수 있다. 슐런이 영국에서 소개되었다는 사실과 shool-이 포함된 영국 민속 이름이 어느 시점에서 프리지아어와 네덜란드어로 이어졌을 가능성이 있다고 추정한다.

따라서 디스크를 사용한 게임은 여러 가지 변형으로 발생할 수 있으며, 규정을 제정하여 스포츠로 발전된다.

오랫동안 잊혔던 스포츠가 1920년대부터 다시 스포츠로 부활하였고 1968년에 1,200명의 선수가 참가하는 대규모 토너먼트가 다시 열렸다.

이미 400년이 넘는 역사를 지닌 이 게임은 체계적으로 발전되었고, 규정 제정 등은 1900년대로 네덜란드 및 벨기에 등의 국가를 시작으로 여러 유럽 국가들이 슐런을 시행하였다.

현재 네덜란드 ANS 협회는 수많은 회원을 보유하고 있고 100개 이상의 클럽이 있다. 국가별 지역별 크고 작은 슐런 경기가 있었으며, 1976년에 제1회 슐런 월드컵이 개최되었다.

> shove-groat(디스크를 밀어서 점수를 내는 게임/밀다, 큰 동전, 디스크를 의미)
> shovilla borde(게임이나 도구의 이름/shovilla: 고추의 매운 정도를 측정, borde: 보드, 평평한 표면)
> shoffe boorde(shoffe: 비웃다라는 의미, boorde: 평평한 표면/조용한 테이블에서 행해지는 중세시대 게임판에서 하는 게임)

슐런월드컵

4. 근대의 슐런

19세기 후반에 이르러 슐런이 스포츠로서 발전하기 시작하였고 당시에는 Holland 혹은 Sjoelbak 또는 Sjoelen이라고 불렀다. 특히 슐런은 유럽에서 인기를 끌었던 종목으로, 네덜란드를 중심으로 벨기에 등 많은 나라에서 행해지는 보편적 스포츠로 수많은 가정과 클럽에서 행해졌다. 독일의 경우 처음 슐런을 유명하게 만든 Jakkolo Schmidt의 이름을 따서 흔히 Jakkolo로 불리기도 한다. 슐런은 Sjoelbak으로 유럽과 미국 영국 등 사교 행사에 많이 사용되었다.

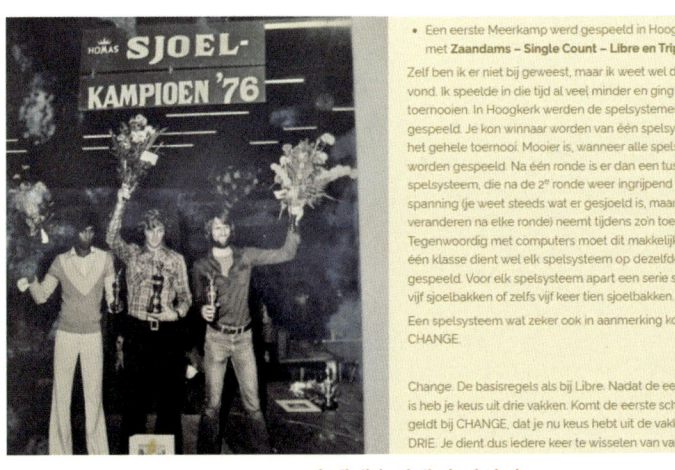

1976년 세계슐런대회 입상자

1900년대에는 유럽의 각 가정마다 경기를 즐길 정도로 대중적 스포츠로 자리를 잡았고, 1970년 초부터 국제적 경기로 활발히 운영되고 있다. 슐런은 예측 불가능한 경기 방식으로 흥미가 있는 스포츠라는 점에서 주목을 받았다. 특히, 신체적 능력과 정신적 능력을 골고루 발전시킬 수 있을 뿐만 아니라 집중력, 조정력 등 대근육과 소근육을 적절히 사용하는 것으로 남녀노소 누구나 경기에 참여할 수 있다.

이로써 슐런은 많은 세계인이 하는 스포츠로 자리매김을 하였고, 1976년부터 2년마다 월드컵과 유럽 챔피언스리그 등이 개최되고 있으며, 특히, 2024년에는 제1회 국제장애인 슐런 선수권 대회가 프랑스에서 개최되었다.

5. 한국의 슐런

 교재의 시작은 국내 슐런을 도입한 저자의 삶의 체험(lived experience)에 대한 이야기(my story)에서 시작하지만, 슐런의 문화(Culture)와 역사(History)와 다양한 교육과정 운영과 대회 경기 규정 등의 순서로 집필하였다.

1) 대한슐런협회

 슐런은 2014년 10월 대한슐런협회 회장 장철운으로부터 국내에 처음 도입되었다. 국내에서 슐런이라는 단어조차 생소했던 당시 2014년 이전인 2013년 교육부 사단법인으로 네덜란드 주한 대사관의 주선으로 기관별 2014년 10월 15일 네덜란드 슐런연합(ANS)의 업무협약(MOU)을 하였고 이듬해 2015년 4월 25일 제1회 코리아오픈 슐런을 시작으로 국내 슐런의 발전 서막을 알렸다.

제1회 코리아오픈 슐런 대회 네덜란드 부대사

 대한슐런협회의 초기 사단법인 대한교육진흥원을 시작으로 2014년 10월 한국슐런협회로 명칭이 변경되었고, 이후 2015년 12월 대한슐런협회로 명칭이 변경되었다. 대한슐런협회 비영리 민간단체(NGO)로 경기도청에 소속되어 있으며 스포츠 소외계층에 대한 슐런 보급이 2015년부터 시작되었으며, 세대 간 대회와 장애인 슐런 프로그램을 운영하였다.

   대한슐런협회는 국내 학생, 장애인, 노인에 이르기까지 전 국민을 대상으로 사업운영을 진행하고 있으며, 노인건강과 여가생활 활성화를 위해 노력하고 있다. 특히, 노인 및 고령 장애인에 대한 프로그램 개발을 주도하고 있으며, 2014년 이후부터 경기도뿐만 아니라 전국에 시도지부 결성으로 사업운영을 확대하고 있다. 또한, 농아인의 수어를 대회 수신호로 사용하여 농아인의 인권과 수어 확산을 위해 앞장서고 있다.

   슐런이 국내 정착을 시작한 이후 2015년 체코 슐런 월드컵, 2017년 프랑스 슐런 월드컵과 2019년 독인 슐런 월드컵을 출전하여 한국의 슐런을 알리고, 2021년 코로나에도 비대면 대회를 진행하는 등 다른 종목에서 찾지 않은 다양한 방법으로 슐런 확산에 이바지하였고, 2023년 제8회 코리아오픈 슐런 선수권대회를 운영하고 2023년 네덜란드 슐런 월드컵을 참가함으로써 국내 슐런 확산에 기틀을 마련하고, 2025년 제1회 국제장애인 슐런 선수권 대회가 열린 프랑스 스트라스부르에서는 국내 장애인 선수들이 1~2위에 입상하는 등 국위 선양을 위해 노력하고 있다.

2) 대한장애인 슐런협회

   대한장애인 슐런협회는 장애인 생활체육 저변화를 위해 2014년 9월 협의체 구성을 시작으로

2014년 10월 대한슐런협회 분과위원회 출범을 시작하였다. 2015년 2월 대한장애인 슐런협회 발기인 총회를 시작으로 2015년 4월 대한장애인 슐런협회가 창립되었다. 국내 장애인체육의 발전 및 여가 활동 활성화로 시작한 장애인 슐런협회는 장애인체육의 새로운 패러다임을 제공하여 급속도로 발전되었다. 특히, 국내 농아인과 지체장애인의 생활체육으로 시작하였지만, 전 장애인 유형으로 빠르게 전파가 되어 국내 모든 장애인을 대상으로 활발히 활동하여 2016년 6월 한국농아인 스포츠연맹(회장 채택기)과 지체장애인협회의 업무협약을 통해 사업영역을 확대하였고, 전국농아인 체육대회 정식종목 및 지체장애인 체육대회, 척수장애인 체육대회, 시각장애인 체육대회 등 모든 장애인 영역으로 확대되었다. 이후 2017년 2월 대한장애인체육회 인정단체로 승인을 득한 이후 2017년 대한장애인체육회 캄보디아 ODA 교류사업 및 2017년 9월 전국시각장애인통합대회, 대한민국상이군경회 종합대회와 체육대회 종목으로 채택되어 슐런의 기초를 마련하였고, 2018년 제12회 전국장애인체육대회 전시 종목을 시작으로 전국장애인체육대회 생활체육 종사자를 대상으로 역량을 강화하고 더욱 슐런을 알리는 계기를 마련했다. 특히, 전국시도교육청 교사연수를 통해 슐런이 확장되는 계기를 마련하였다. 이후 2019년 10월 제39회 전국장애인체육대회 시범종목을 시작으로 더욱더 국내 장애인체육 발전에 이바지하였으며, 2020년 코로나19 상황에도 불구하고 비대면 온라인 전자 슐런을 가지고 전국 장애 학생 체육대회를 운영하여 종목의 우수성을 알리는 계기를 마련했다. 이후 2024년에는 전국장애인체육대회 및 전국 장애 학생 체육대회 정식 종목으로 자리 잡았으며, 국내 장애인 체육대회 종목으로 함께하고 있다. 이에 못지않게 국외 장애인 슐런의

대한장애인 슐런협회

저변화를 넓히기 위해 2017년 프랑스 슐런 월드컵과 2019년 독일 슐런 월드컵에는 장애인 선수로만 구성하여 대회에 참석하여 국위 선양과 함께, 2024년에는 제1회 세계 장애인 슐런 선수권 대회에 프랑스를 주축으로 많은 국가의 장애인 슐런 참여 계기를 마련하였다는 점에서 의미가 크다고 보겠다.

　대한장애인슐런협회는 법인화를 시작하여 2019년 사단법인으로 인가받았으며, 단체의 구성과 공정한 대회 운영 및 협회 발전을 위한 분과별 위원회, 선수위원회, 심판위원회, 등급분류 위원회 등으로 구성하였으며, 2025년 하반기에 아시아 연맹을 위한 준비를 하고 있다.

II.
숙련의 가치 및 특징

1. 슐런의 가치

 1960년대, 자본주의 국가의 삶의 질이라는 측면에서 생활체육 용어가 사용되기 시작하면서 삶의 질적 의미의 중요성 증대가 미국에서부터 시작되었다. 우리나라의 경우 신체활동 참여에 대한 인식의 변화가 1986년 주 2회 이상 19.4%로 시작하여 1989년 38.9%, 주 2회 이상 27.2%를 상승하였다.

 또한 생활체육 참여율이 2022년 주 1회 이상 61.2%, 주 2회 이상 48.1%로 확대되고 있다(2020, 국민체육진흥공단).

 장애인 생활체육 참여율의 경우, 2019년 대한장애인체육회 전국 등록 장애인 5천 명을 대상으로 '2019년 장애인 생활체육'을 조사한 결과 장애인 생활체육 참여율은 24.9%인 것으로 나타났다(2020, 문화체육관광부 보도자료). 자료에 의하면 야외 및 공원 등지에서의 생활체육 활동이 34.1%로 제일 높았고, 그다음으로 집안에서가 17.3%였으며, 공공 체육시설 8.1%, 민간 체육시설 3.9%로 나타났다. 장애인 대부분이 공공 체육시설을 이용하지 못한다는 것을 알 수 있으며, 이마저도 공원이나 집안을 이용한다는 점에서 생활체육의 질적 제고를 위해 변화를 가져와야 한다고 볼 수 있다.

 생활체육 활동을 하기 위해서는 체육시설에서 다양한 프로그램 운영과 함께 모든 국민이 언제든 이용할 수 있는 공간으로 활용해야 함에도 일부 몇몇 종목이 체육시설을 계속 대관한 관계로, 대부분의 지역주민들이 체육시설을 이용하지 못한 부분이 많다. 특히, 일부 종목의 경우 마치 자신들의 건물인 것처럼 체육시설을 활용하는 문제가 있어 대다수 국민이 불가피하게 공원이나 집 등에서 신체활동을 하는 경우가 많다. 거동이 불편한 노인이나 장애인 또는 지역주민들이 언제든 신체활동을 할 수 있도록 제도적 보안과 스포츠 소외계층에 대한 다양한 프로그램과 장소 지원이 고려되어야 한다고 볼 수 있다. 특히, 여성 노인 및 고령 장애인 체육 활동이 확대되어야 하며, 성장기의 어린이, 학생 등이 언제든 신체활동을 할 수 있는 요건을 만들어야 한다.

 노인의 경우 KOSIS 통계에 의한 노인 운동 참여 정도의 권장 수준(38.3%)에 10,097명을 대상으로 설문 조사를 한 결과 비실천 비율이 47.2%로, 14.5%가 권장 수준 미달이라고 보건복지부 노인 실태 조사(2022)에 나타났다. 또한, 2023년 노인의 주관적 건강 상태를 75~79세 1,729명을 대상으로 조사한 결과, 22%가 건강하지 않은 편이라고 응답했으며 전혀 건강하지 않다는 응답도 2.7%가 나왔다. (문단 이음) 39.6%는 자신의 건강이 보통이라고 응답하였는데, 이처럼 주관적인 응답으로 인한 설문에 의하더라도 실질적 건강 상태는 더 열악한 상황과 운동할 수 있는 공간의 절대적 부족에 따른 결과일 수 있을 것이다. 대부분 민간 및 공공 체육시설 이용은 동호인 위주의 대관으로 인해 취약계층인 당사자가 개인적인 건강 활동을 위해 사회적 공공시설을 이용한다는 것은 현실적으로 어려움이 많은 것도 사실이다.

이처럼 모든 국민이 사용할 수 있는 공공 재원을 활용하기 위해서는 모두가 참여할 수 있고 장소에 구애받지 않은 종목을 발굴·육성할 필요성이 대두된다. 또는 개인이나 소그룹이 모여 할 수 있는 지역별 공공장소의 확대를 통하여 모든 국민이 참여할 수 있도록 제도적 보완이 필요하다. 체육시설을 별도로 짓기보다는 지역별 건물의 빈 공간을 활용하면서 다양한 프로그램을 지역별로 운영할 경우, 보다 높은 체육참여율을 기대할 수 있을 뿐만 아니라 이웃 간의 소통과 신체기능 향상으로 다양한 긍정적 효과를 얻을 수 있을 것이다.

슐런은 좁은 공간 어디서나 장소에 구애를 받지 않은 종목이면서 안전성과 프로그램의 다양성으로 모든 국민이 참여가 가능한 종목이다. 특히, 슐런은 여가 활동과 전문체육 또는 재활 체육으로서 건강하고 활기찬 사회 환경을 만드는 데 이바지할 수 있는 종목으로 자리매김할 수 있을 것이다. 남녀노소 누구나 보편적 스포츠 참여의 기회를 제공하고, 장애인과 비장애인이 함께 참여하는 사회적 분위기를 조성할 뿐만 아니라 활기찬 스포츠문화의 매개체가 될 수 있으며, 일회적·단기적인 사업을 지양하고, 지속적이며 장기적인 스포츠 활동을 추진할 수 있을 것이다.

2. 슐런의 특징

　슐런은 특별한 운동 신경을 요구하거나 장소의 구애를 받지 않는, 누구나 쉽게 적응하고 활용할 수 있는 종목으로 장애인도 할 수 있을 뿐만 아니라 장애인과 비장애인이 동등한 입장에서 함께 차별 없이 겨룰 수 있는 스포츠이기도 하다.

　특히, 장소의 제약을 받지 않아 휴게실, 마을회관, 노인정, 교실과 복도 등 실내 좁은 공간 어디에서도 가능하고, 성장기 어린이의 경우 집중력과 조정력 등 신체적·정신적 능력 함양에도 도움을 주는 종목이다. 환경적 제약으로 인한 야외 활동의 어려움, 체육 활동을 할 수 있는 장소의 이동 및 참여의 어려움 없이 언제 어디서나 동계 및 하계 등 계절과 기상에 상관없이 즐길 수 있는 스포츠이다. 무엇보다도 신체 활동을 통한 건강과, 건강한 정신 함양과 더불어 스포츠로서의 안전적 요소를 갖춘 종목이다. 고령화 및 발달장애인의 경우 주의력과 집중력을 키우고, 점수 계산을 통한 뇌 활성화로 노인 치매 예방에 효과적인 운동이라는 연구 결과가 반영하듯이 학생과 노인 또는 장애인 운동에 적합한 운동이라고 볼 수 있다.

　특히, 슐런은 놀이 형태로의 변환으로 활동할 수 있고 사회성 발달에 도움을 줄 수 있다.

3. 역사적 전통성

1) 한국의 전통놀이

오래전부터 내려오는 이성과 이면, 또는 역사적 변천 등의 이유로 특유의 각 민중 사이에 내려오는 민속적 전통놀이가 있으며, 국내의 경우 신라의 백희(탈놀이/가면극), 고구려의 가무(무용도), 백제의 잡희(악삭·농환(弄丸)의 놀음과 독특한 무악(無樂)), 고려의 가무백희(상반년과 하반년의 두 차례에 걸쳐 큰 제전)가 전해져 내려왔고, 조선 시대에 들어와서 죽방울 받기(弄丸), 줄타기, 제조 넘기, 솟음질, 화사발돌리기, 그네뛰기, 나무에 달리기, 탈놀음, 꼭두각시놀음, 사자놀음 등이 전해져 왔다.

전통놀이는 현재까지도 명맥을 유지한 전통으로 맥락을 지켜 온 부분도 있지만, 국내의 전통놀이는 명맥을 지키거나 게임 스포츠로 발전되는 종목이 드문 경우가 있다. 이는 씨름, 윷놀이, 공기놀이, 팽이치기, 망타기 등이 조선 시대 이후 이어져 내려왔으나, 대부분 민속놀이로 여기고 모든 국민이 참여하는 종목으로의 발전은 어려움이 있었다. 정월의 배대보름에는 차전놀이, 횃불 쌈 놀이, 농악놀이 등이 있었으나 언제부터인가 이마저도 하지 않는 경우가 많다. 국가별로 고유의 전통을 지키고 발전할 방안을 모색하여야 함에도 국내의 전통놀이는 대부분 특별한 날 일부 주민만이 참여하는 종목으로 자리 잡고 있으므로, 특성에 맞는 전통놀이를 체계적으로 계승·발전시켜 국내 우수한 단체로 거듭나야 할 것이다.

2) 전통놀이와 사행성

국내 전통 민속놀이인 윷놀이는 명절에 많은 사람이 즐기는 게임으로, 특별한 운동 신경을 요구하지 않아 남녀노소 누구나 좋아하는 종목이기도 하다. 다만, 결과가 연습으로 얻어지는 것이 아니라 그날그날 운세에 따라 승패가 결정된다는 놀이의 요소를 가지고 있다.

그리고 성인들이 즐기는 고스톱의 경우 소그룹으로 몸을 구부리거나 테이블에서 경기하는 방식으로, 두 경기 모두 장시간 놀이를 할 때 신체적으로 문제가 발생할 수 있는 부분과 경기의 진행에 따른 복불복(福不福)의 내용으로 도박성의 형태를 지니고 있다. 오랜 시간 동안 내려오면서 전통적인 놀이로 인식되고 있지만, 도박성이 강하거나 운에 의존하는 요소가 있고, 도박 요소 및 중독 문제점으로 사회적 문제가 발생하는 경우를 미디어를 통하여 볼 수 있다.

특히, 고스톱의 경우, 타짜라 불리는 속임수를 쓰는 당사자가 패를 섞거나 패를 몰래 바꾸는 등의 부정행위를 하는 등 불공정한 플레이로 다툼이 잦아지고 폭력으로 발생할 여지가 많다. 또한, 세대 간 격차 및 인식 문제가 있으며, 놀이가 도박으로 인식될 가능성이 있어 전통놀이로서의 가치가 퇴색하여 부정적으로 인식되고 있으며, 일부 젊은 층은 윷놀이와 고스톱을 구식 놀이로 여기는 경우가 다반사이다. 특히 더욱더 문제가 되는 것은 신체 및 정신 건강 문제로, 장시간 게임으로 인한 피로와, 오래 앉아서 하는 경우가 많기 때문에 노인들에게 허리 통증을 유발할 수도 있을 뿐만 아니라, 돈이 오가는 경우 감정이 격해지고, 다툼의 여지가 크고 감정 기복 심화가 개인적 편향을 가져올 가능성이 충분하다.

이뿐만 아니라 게임 특성상 실력보다 운이 중요한 게임이므로 논쟁이 발생할 가능성이 크다. 사행을 유도한다는 측면에서 사회적 문제가 발생하고, 단순한 놀이가 돈이 걸리면 불법 도박으로 변질될 수 있다는 점에서 문제의 소지가 있다. 이로 인하여 사회구성원 간의 협력과 배려가 실종되고 가정불화를 유발할 가능성이 있다. 또한, 도박성을 띠는 게임에 익숙해질 경우 성인이 되어서도 쉽게 도박을 접할 가능성이 커질 수 있고, 놀이에 대한 부정적 시선과 당사자의 고립으로 인하여 사회적 문제를 일으킬 수 있다. 이러한 문제의 해결을 위해 고스톱을 많이 하거나 접한 장소에 다양한 프로그램 운영을 통한 건전한 여가 활동을 지원해 주는 방안이 필요할 것이다.

3) 사행성 놀이의 문제점

사행성 놀이는 즐기는 대상자에 대한 다양한 프로그램 제공을 통한 접근성 배제를 강화하는 것이 무엇보다도 중요하다고 볼 수 있다. 다수의 사람이 모인 곳의 건강한 프로그램 운영의 지원으로 슐런보드를 배치함으로써 신체적 건강과 놀이로서의 흥미, 정신적 만족감 등을 향상할 수 있을 것이다. 지역 사회 복지관, 경로당, 장애인 복지센터 등에 슐런보드를 배치하여 가까운 곳에서 즐길 수 있도록 슐런 프로그램을 운영하는 것은 기관의 설립적 목적이나 건강과 관련된 목적에 부합되는 것이기 때문이다. 또한, 각 가정에 슐런보드 제공이나 강사의 보드 지참을 통한 방문 프로그램은 1:1로 사회적, 신체적 만족감을 가져올 수 있을 뿐만 아니라 정해진 시간에 방문자의 가정방문으로 신체적 거동이 불편한 이에게 사회 참여를 가능하게 할 수 있어 고립에서부터 해방할 수 있다는 점에서 의미가 있다. 또한, 온라인 슐런 게임을 통한 비대면 참여 기회를 제공함으로써 다른 지역의 참여자와 소통하고 게임하며 집합 교육의 문제점을 해결할 수 있을 뿐만 아니라 경제적 부분에서도 긍정적 효과를 얻을 수 있을 것이다.

신체활동은 단순한 개인적 기능 향상을 넘어 재활적 문제를 해결할 수 있다는 점에서도 주목할 만하다. 노인이나 장애인들의 손목, 팔, 어깨 근육 강화를 위한 운동으로 활용하여 2차 상해를 예방하고 치매를 늦추는 효과를 얻을 수 있다. 고령 장애인의 경우 재활 치료 프로그램과 접목하여 균형 감각 및 집중력 향상 효과를 기대할 수 있을 뿐만 아니라 사회적 교류 기회를 제공함으로써 지역 간 교류전, 가족 대항전 등을 통해 세대 간 소통 강화와 건강 증진을 할 수 있을 것이다.

이는 건강과 운동 효과를 알리는 교육 프로그램 운영으로 단순한 게임이 아닌 스포츠로서 참여한다는 측면에서 당사자의 사회 참여 의지를 높이고, 우울증 등 개인적 성향에서 단체적 성향으로 변화를 가져올 수 있고, 지역 및 사회적 건전한 스포츠로 정착하여 활용될 수 있을 것이다.

III.
슐런 용어의 정의

1. 슐런의 정의

　슐런(Sjoelen) 또는 Sjoelen은 영어 표현으로 교육하다, 훈육하다, 네덜란드의 원반 치기 하다, 유럽의 표현은 '미끄러진다' 또는 '민다'라는 뜻으로 결국 슐런이라는 용어는 '경기한다'라고 정의한다. 슐런 경기를 하기 위해서는 도구가 있어야 하며 이를 슐박(Shulbak; Sjoelbak)이라 한다.

> **Sjoelen** is a traditional table shuffleboard game originating in the Netherlands. The game is played on a long, narrow, tabletop board called a *sjoelbak*, which has four slots or gates through which players attempt to slide thirty discs (also called pucks or stones) in three sub-turns. The game has similarities with bagatelle, curling and shove ha'penny...[1] Since 1977, *sjoelen* has been a competitive sport (also known as *sjoelsport*), driven by the Algemene Nederlandse Sjoelbond (ANS).[2]
>
> Sjoelen은 네덜란드에서 시작된 전통적인 테이블 셔플보드 게임이다. 이 게임은 sjoelbak이라고 불리는 길고 좁은 탁상용 보드에서 진행되며, 4개의 관문 또는 게이트가 있으며, 플레이어는 3번의 서브 회전으로 30개의 디스크(퍽 또는 스톤이라고도 함)를 미끄러뜨리려고 한다. 이 게임은 바가텔, 컬링 및 shove ha'penny와 유사점이 있고, 1977년 이래로 sjoelen은 ANS(Algemene Nederlandse Sjoelbond)가 주도하는 경쟁 스포츠(sjoelsport라고도 함)였다.

2. 도구 용어

 슐런은 길이 약 2m, 폭 약 41cm, 높이 76cm이며 1/4지점에 4개의 관문이 있는 보드이다. 각 관문의 넓이는 6cm이고 퍽 지름 5.2cm, 높이 17mm, 무게 17~19g으로, 4개의 관문에 퍽을 밀어서 점수를 득하는 기록경기다. 보드를 정면으로 바라보고 각 관문은 2, 3, 4, 1점 관문으로 구성되어 있으며, 2점, 1점 관문이 좌우측에 있는 이유는 보드의 옆벽을 퍽이 맞고 들어갈 수 있는 점을 고안하여 19세기부터 전해져 오고 있다. 슐런보드를 다른 말로 슐박이라고 하며, 슐런을 하는 행위와 슐박이라는 도구의 용어를 혼용해서 사용하고 있다. 현대에 들어와서 심판의 공정성, 신뢰성, 흥미, 편의성 등을 고려하여 전자 보드를 사용하고 있으며, 슐박의 관문이나 퍽은 날씨와 관련하여 부피가 늘어나거나 줄어들 수 있다.

1) 슐박(Sjoelbak)

 슐런 경기를 진행하는 데 있어서 기본 바탕이 되는 길이 2m, 폭 41cm의 틀(보드)로서, 이 틀 안에서 원반(퍽)을 밀어 넣어 경기를 진행한다. '슐런보드'라고도 한다.

2) 퍽(Puck)

 지름 5.2cm의 나무토막으로 만들어진 퍽(Puck)으로서 국내 10개, 국제 30개를 가지고 게임을 진행하는 데 있어서 기본적인 도구이다.

슐박(슐런보드)

3) 시점 막대

슐런 경기를 진행할 때 **푸쉬(push)**한 퍽이 출발하는 시점이며, 퍽을 실제 사용했는지 사용하지 않았는지를 판단하는 데 기준선이 되는 나무판이다.

4) 관문 막대

푸쉬(push)한 퍽이 점수를 얻기 위해 반드시 통과해야 하는데, 네 개의 관문 게이트(Gate)의 종점이자 점수 획득 여부를 판가름하는 종착 부분이다.

5) 관문

관문 막대에 1점부터 4점까지 점수가 새겨진 네 개의 게이트로서, 경기자에 의해 **푸쉬(push)** 퍽이 통과하면 점수를 획득하는 게이트로 넓이는 6cm를 기본으로 한다. 관문의 게이트(Hall) 점수배열은 보드를 정면으로 두고 2점, 3점, 4점 1점으로 배열한다. 이유는 2점과 1점은 보드의 옆벽을 스치거나 맞고 퍽이 관문에 들어갈 수 있는 확률이 높아 1900년대부터 이러한 배열을 하였기 때문이다.

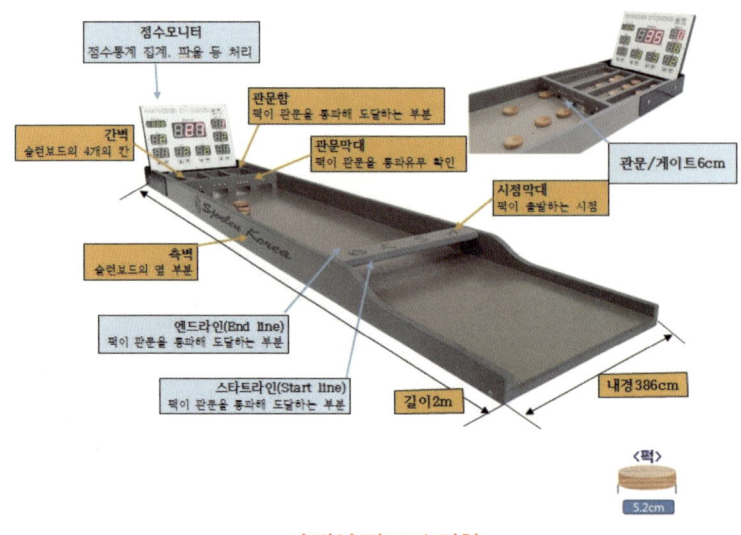

슐박(슐런보드) 명칭

6) 관문함

푸쉬(push) 퍽이 관문을 통과하여 도달하는 부분이며, 네 개의 칸으로 나누어져 있고, 슐박을 사용하지 않을 때 퍽을 보관하기도 하며, 1~4점의 관문 전체를 관문함이라고 지칭한다.

7) 간벽
관문함을 네 개의 칸으로 나누기 위해 설치된 칸막이이다.

8) 가림막
슛박에 퍽을 보관할 때 퍽이 밖으로 흘러나오지 않도록 관문을 막는 칸막이로, 슛런 경기 중에 **퍽이 라인 인(line in)**인지 판단할 때도 사용한다(관문에 걸친 퍽을 막대를 눕힌 다음 관문을 향해 밀었을 경우 퍽이 움직이면 점수를 인정하지 않는다).

3. 경기 용어

1) 푸쉬(push)

슐런 경기를 진행할 때 선수가 퍽을 관문을 향해 밀어 넣는 행위를 말한다. (던진다는 용어는 '어떤 물건을 공중으로 내보내는 행위'를 말하기 때문에 '퍽을 던진다.'라고 하지 않고 '퍽을 밀어 넣는다.'라고 하며, 퍽을 미는 행위를 **푸쉬(push)**라고 한다.)

- 시선은 푸쉬가 완료될 때까지 집중하여 목표 관문을 바라본다.
- 엄지손가락으로 관문 방향과 일직선이 되도록 퍽을 민다. 이때 엄지손가락을 목표 관문에 집어 넣는다는 느낌으로 **푸쉬(push)한다.**
- 퍽이 관문을 통과하지 않고 관문에 걸리게 하겠다는 느낌으로 힘의 강약을 조절한다.

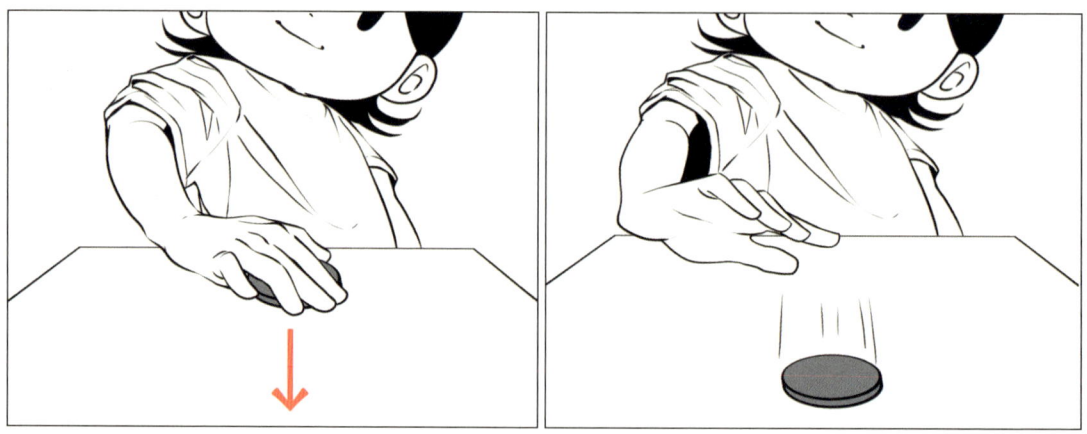

- 팔꿈치를 약간 바깥(직각을 만든다는 생각)으로 하여 자세를 취하고 엄지손가락이 자신의 가슴을 향해야 한다.

- 손목은 꺾이지 않아야 하며 보드 바닥에서 퍽을 자주 움직이는 것을 지양한다.
- 시점 막대와 경기자 자신이 서 있는 위치에서 퍽을 한 번만 움직이고 바로 보내는 방법으로 연습하는 것이 효과적이다.

퍽 푸쉬 방법

2) 쿼터(quarter/시기(횟수))

경기는 1경기는 3쿼터로 진행되며, 경기는 10~30개의 퍽을 사용한다. **1쿼터, 2쿼터, 3쿼터**가 종료되면 '해당 1경기'가 끝나는 것이다. 1경기가 종료되면 1~3쿼터의 합한 점수가 자신의 1경기 점수가 된다. 다른 말로 '시기'라고도 하기도 한다.

3) 라인 인(line in)

퍽이 관문을 완전히 통과하여 관문함에 들어간 것을 말한다.

4) 라인 아웃(line out)

관문에 걸쳐 있거나 점수판에 통과하지 못한 퍽을 말한다.

5) 스트라이크(Strike)

퍽이 네 개의 관문함에 골고루 한 개씩 들어간 경우를 말하며, 퍽이 한 개씩 들어가면 **'1스트라이크'**, 두 개씩 들어가면 **'2스트라이크'** 등으로 표현한다.

점수 계산			
1스트라이크	2스트라이크	3스트라이크	4스트라이크
10+10=20점	20+20=40점	30+30=60점	40+40점=80점

※ 스트라이크의 경우 ×2점을 부여한다. 그러나 스트라이크가 아닌 경우 해당 관문에 들어간 퍽의 개수로만 점수를 계산한다.

6) 파울

경기 규칙을 어기고 퍽을 잘못 사용한 경우나, **푸쉬(push)** 퍽이 관문을 통과하지 않고 슐박 밖으로 튕겨나간 경우, **푸쉬(push)** 퍽이 관문 막대를 충격 후 시점 막대로 되돌아오거나 하는 경우 해당 퍽을 해당 시기에는 사용하지 못하도록 하는 것을 말한다.

퍽을 잡은 손이 시점 막대 하부에 들어갈 때 파울로 간주한다. 파울된 퍽은 '해당 경기'에서 사용하지 못한다.

7) 점수표

선수가 경기를 종료했을 때 획득한 점수를 기록하는 용지를 말한다. 현대에 들어와서는 전자 점수로 실시간 입력을 한다.

4. 경기 진행의 용어

경기의 용어 및 수신호는 모든 사람이 쉽게 따라 하고 수어의 확산을 통한 통합 스포츠를 이룰 수 있도록 한국의 수어와 수신호를 이용하였다.

1) 연습

경기 시작 전 보드의 미끄러움 등을 파악하고 자신에게 맞는 각도 등을 사전에 점검할 수 있도록 하였다.

- 방법: 손바닥을 호랑이 발처럼 약간 구부리고 손가락 방향을 경기자를 향하도록 한 다음, 자신의 왼쪽 방향으로 짧게 두 번 돌리고, 이후 붙인 두 손의 손가락 방향이 경기자를 향한 후 자신의 어깨너비로 벌린다.
- 주의사항: 양손이 자신의 어깨 밖으로 나가면 안 된다. 양손은 절도 있게 어깨 부분에서 멈춰야 한다.

2) 1~3쿼터 시작

모든 경기는 1경기 3쿼터로 진행된다. 경기의 시작을 알리는 심판의 수신호에 따라 경기를 진행해야 한다.

- 주의사항: 심판으로부터 경기의 시작을 알리는 수신호가 있기 전에 경기자가 자의적으로 경기를 시작할 경우 사용된 퍽은 파울 처리한다.

3) 해당 경기 종료 및 판정

해당 쿼터가 종료되면 심판은 수신호와 구령을 통하여 경기자에게 해당 사실을 알려야 한다. 이때 심판의 수신호에 따라야 한다. 경기자는 심판의 수신호 중 확인 부분도 함께 따라서 자신의 퍽의 개수가 남아 있지 않음을 심판에게 확인시켜 주어야 한다.

해당 쿼터가 종료되면 심판은 판정하여야 한다. 이때 경기자는 자신의 점수가 맞는지 확인할 의무가 있다. 심판은 자신의 자리에서 각 관문에 들어간 퍽의 개수를 경기자에게 알려야 한다.

- 주의사항: 판정 시 모니터의 퍽의 개수와 각 관문의 퍽의 개수가 일치하는지 확인하여야 하며, 파울 등 문제가 있는지 확인하여야 한다. 전자 보드의 경우 해당 경기의 퍽의 개수가 오류로 남았을 경우 보류로 넘어가지 않는다. 이때 심판은 직접 보드 바닥에 있는 퍽을 이용하여 스페어 처리하여야 한다.

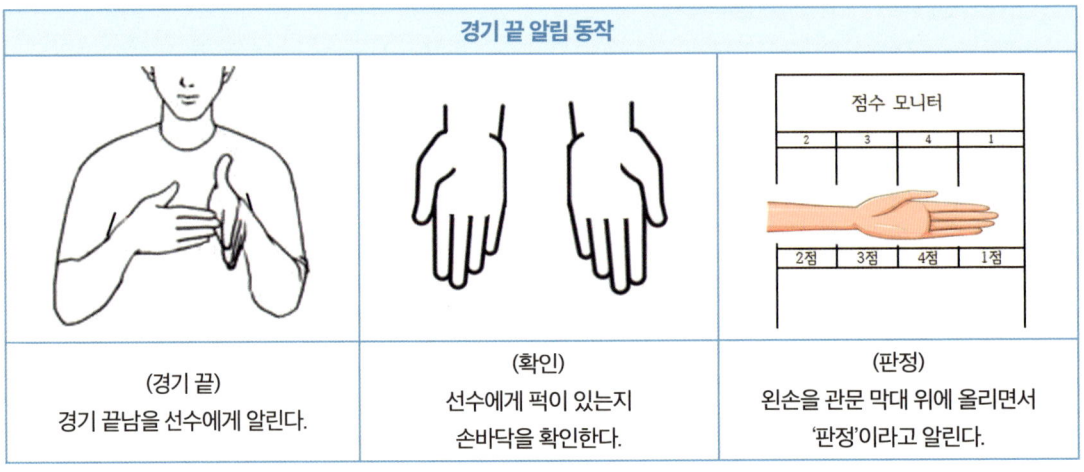

경기 끝 알림 동작		
(경기 끝) 경기 끝남을 선수에게 알린다.	(확인) 선수에게 퍽이 있는지 손바닥을 확인한다.	(판정) 왼손을 관문 막대 위에 올리면서 '판정'이라고 알린다.

- 판정: 왼손을 관문 막대 위에 그림과 같이 올린 다음 각 관문의 퍽의 개수를 경기자에게 알려 준다. 이때 심판은 경기자에게 각 관문에 퍽이 들어간 개수를 관문 끝부분(1점)부터 퍽을 밀어서 뒷벽에 붙이면서 손을 편 상태에서 정확히 알려 준다.

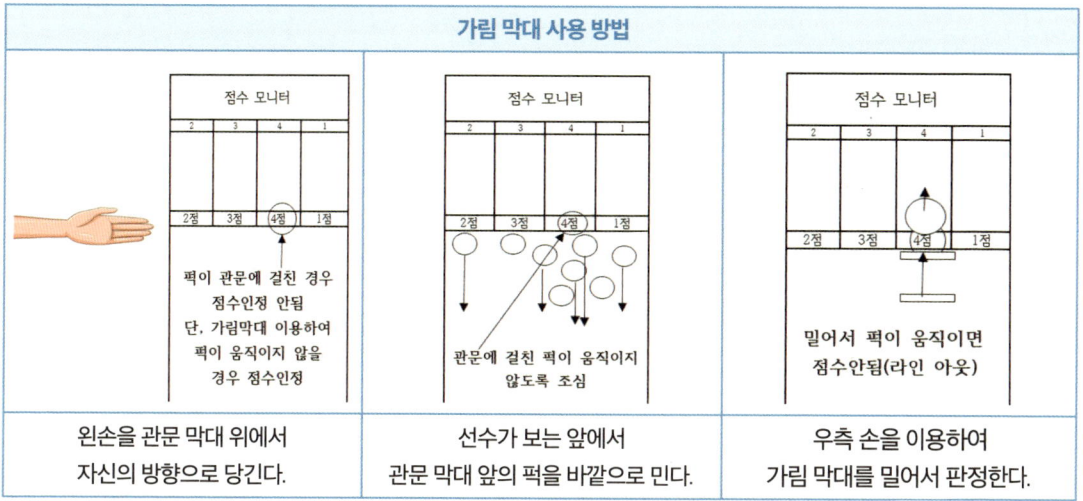

- 가림 막대: 관문에 완전히 들어가지 않은 퍽을 확인하는 용품으로 점수를 판결하기 위한 막대이다.

4) 점수 입력

심판은 해당 경기의 점수를 바로 경기자에게 알려 주어야 하고 점수를 확인한 경기자 앞에서 전산(인터넷)을 통하여 점수를 전송한다.

5) 주의

선수가 불공정 행위를 하면 심판으로부터 주의를 받을 수 있다. 주의가 3개째인 경우 경고로 바뀐다.

6) 경고

규정 의무 위반으로 생긴 용어로 경고가 3개째인 경우 퇴장을 받을 수 있다.

7) 퇴장

심판에 불응하거나 규정을 심각하게 위반한 경우 퇴장을 요구할 수 있으며, 퇴장당한 선수는 해당 경기의 모든 점수를 0점으로 처리한다.

8) 감독자 퇴장

대회 규정에 따른 운영에 심각한 이의신청이나 경기에 막대한 지장이 있으면 심판장의 재량에 의해 퇴장시킬 수 있다.

5. 심판 용어

1) 심판장
경기 전체를 총괄·지휘하는 심판의 최고 책임자를 말한다.

2) 주임심판
경기 진행 간 경기장의 지정된 구역을 책임지고, 심판장을 보좌하며, 심판원을 감독하는 중간 책임자를 말한다.

3) 심판원(심판)
선수 옆에 앉아서 경기의 시작과 종료를 알리고, 선수의 경기 규칙 준수 여부를 감독하며, 최종 득점 결과를 채점 및 기록하는 등 선수 개인에 대한 경기를 직접 통제하는 사람을 말한다.

4) 계시계
경기 시작과 종료를 알리는 계원을 말한다.

5) 기록계(전산)
경기 소요시간, 득점 등을 종합·기록하는 계원을 말한다.

6) 선수계
선수의 소집과 도구 및 용구 등을 담당하는 계원을 말한다.

7) 주의

선수와 심판이 점수에 직접 영향을 주지 않는 부적절한 행위를 했을 때 부여하는 벌칙을 말한다.

8) 경고

선수와 심판이 점수에 직접 영향을 주는 불공정한 행위나 고의에 의한 심판 부실 행위를 했을 때 부여하는 벌칙을 말한다.

9) 자격정지

선수나 심판이 경기 진행에 심대한 영향을 끼치는 행위를 했을 때 부여하는 벌칙을 말하며, 협회의 징계위원회를 개최한다.

10) 보수교육

심판을 대상으로 정기적으로 시행하는 교육을 말한다.

6. 점수 산정 방법과 승패의 결정

1) 점수의 산정

1경기는 3쿼터로 진행되고 각 관문에 들어간 퍽의 개수가 점수가 된다. 1~3쿼터에 들어간 점수를 합한 점수가 경기자 점수가 되며, 그러한 경기를 1~5경기 진행하며, 국제대회의 경우 예선 10경기를 진행한다.

예) 각 관문에 들어간 점수 계산/3쿼터가 종료되면 해당 경기의 점수를 더한다.

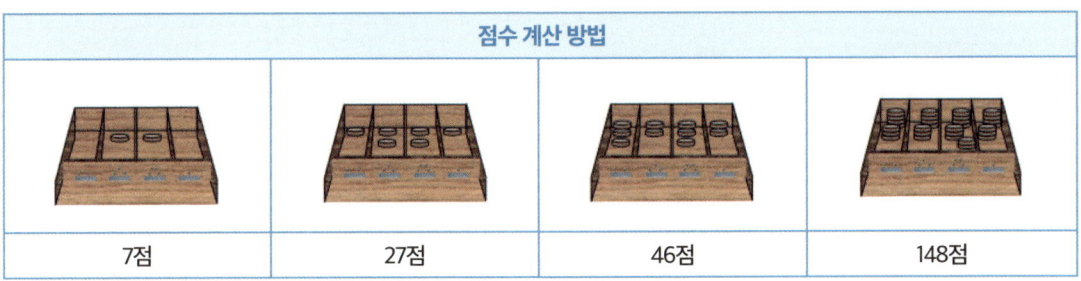

점수 계산 방법

| 7점 | 27점 | 46점 | 148점 |

※ 10개의 퍽을 가지고 경기를 진행할 경우 만점은 48점이다.

가. 1쿼터에 48점을 만들었을 경우 보너스 퍽 2개를 얻고, 2개를 가지고 경기를 진행할 수 있다. 이때 2개의 퍽으로 얻은 점수가 2점일 경우 50점으로 경기가 종료된다. 2개의 퍽은 48점+00점 수가 되는 것으로 스트라이크 개념은 아니다.

나. 2쿼터에 48점 만점을 만들었을 때 보너스 퍽 1개를 받을 수 있고, 경기자는 1개의 퍽을 이용하여 경기를 진행할 수 있다. 이때 점수 계산 방법은 '가' 항과 같다.

다. 경기자가 사용한 모든 퍽이 관문에 다 들어갔을 경우 보너스 퍽을 지급하지 않는다. 보너스 퍽은 최고점을 만들었을 때만 받을 수 있다.

라. 단체전의 경우 1쿼터 경기자가 모든 퍽을 다 넣었고, 최고점수를 받았을 상황에 해당 선수가

2개의 퍽을 이용하여 경기를 마무리 지어야 한다. 이때 2~3쿼터 선수는 경기 진행을 하지 못한다.

마. 단체전 2쿼터에 모든 퍽이 관문에 다 들어가고 최고점수를 받았을 경우 보너스 퍽 1개를 받고 그 퍽으로 경기를 마무리하여야 하며, 3쿼터 경기자는 경기하지 않는다.

2) 승패의 결정

가. 승패의 결정은 모든 경기가 종료되고 종합 점수를 가지고 등위를 결정한다. 만약 동점자의 경우 ① 최고점, ② 연장자, ③ 장애인, ④ 퍽 5개를 연습 없이 바로 경기 진행하고 보드 선택은 해당 규정에 따라 정한다.

나. 단체전의 경우 점수가 동점일 경우 팀의 대표자가 '가' 항에 의하여 대표자 자격으로 경기를 진행한다.

7. 장애인스포츠의 용어

제10회 대한슐런협회장배 슐런대회

- 장애인스포츠(Sports for the disabled)
- 적응 스포츠(Adapted Sport)
- 장애 스포츠(Disabled Sport)
- 휠체어 스포츠(Wheelchair Sport)
- 청각장애인 스포츠(Deaf Sport)

1) 장애인스포츠(Sports for the disabled)

신체적·감각적·지적 장애가 있는 사람들이 스포츠 활동을 통해 신체적 건강과 사회적 참여를 증진하도록 돕고, 장애가 있는 사람이 참여할 수 있도록 설계된 스포츠의 포괄적인 개념이다.

2) 적응 스포츠(Adapted Sport)

장애가 있는 사람들이 참여할 수 있도록 기존 스포츠를 조정하거나 변형한 스포츠이다. 예를 들어, 농구를 휠체어 농구로 변형하거나, 시각장애인을 위한 골볼 같은 새로운 종목을 개발하는 것 등이 포함된다.

3) 장애 스포츠(Disabled Sport)

장애인들이 경쟁하거나 참여할 수 있도록 특별히 개발된 스포츠를 의미한다. 패럴림픽과 같은 국제대회에서 볼 수 있는 종목들이 대표적인 예이다.

4) 휠체어 스포츠(Wheelchair Sport)

휠체어를 사용하는 사람들이 참여할 수 있도록 설계된 스포츠이다. 대표적으로 휠체어 농구, 휠체어 테니스, 휠체어 럭비 등이 있다.

5) 청각장애인 스포츠(Deaf Sport)

청각장애인을 위한 스포츠로, 주로 비언어적 신호(수화, 깃발, 조명 등)를 활용하여 경기 진행이 이루어진다. 대표적인 국제대회로는 데플림픽(Deaflympics)이 있다. 각 용어는 장애 유형과 스포츠의 목적에 따라 다르게 정의되며, 장애인들의 체육 활동 참여를 촉진하는 중요한 개념들이다.

IV.
슐런의 입문

1. 슐런의 기본자세

　모든 스포츠 종목에 있어서 선수가 그 종목에 대한 경기를 진행할 때 자신이 가지고 있는 기량과 잠재역량을 최대한 발휘하기 위해 가장 기본이 되는 것은 그 종목에 가장 적합하고 신체적 특성에 맞는 올바른 자세라고 할 수 있을 것이다. 선수는 그러한 올바른 자세를 지속해서 연습하고 몸으로 체득하여 습관화한다면 경기를 진행할 때 올바른 자세에 대한 생각을 굳이 하지 않더라도 언제나 같은 자세를 유지함으로써 늘 변함없이 최상의 성적을 낼 수 있을 것이다.

　그것은 잠깐 설명으로 들어서 되거나 생각을 한다고 이루어지지는 않는다. 지속적이고 끈질긴 반복 연습만이 그러한 성과를 내게 한다. 물론 사람 개개인의 신체적 특성에 따라 다른 자세를 취함으로써 더욱 좋은 결과를 얻을 수도 있고, 많은 훈련을 통해 더욱 효율적인 자세와 방법을 개발할 수도 있다.

　슐런은 정교한 조정력과 힘의 강약, 집중력을 요구하는 운동으로 적절한 하체의 대근육을 바탕으로 손의 움직임에 따라 경기력에 영향을 미친다. 정교한 기술과 정확성을 요구하기에 하체의 중요성은 더욱 중요하다. 장애인의 경우 휠체어나 의자에 앉아서 경기 진행을 함에도 몸의 위치와 퍽을 잡은 방법 등의 다양한 요소로 인하여 점수를 얻을 수 있을 것이다.

　슐런의 기본자세의 원칙은 몸의 균형과 안정성을 요구하며 팔의 각도와 손목의 틀어짐을 가지면 안 된다는 것이다. 자세를 취할 때는 근육의 긴장을 풀고 호흡을 조절한 다음 먼 산을 응시한다는 마음으로 집중력을 높이는 것이 무엇보다도 중요하다. 이를 통해 퍽의 조정력을 높임으로써 평상적 수준의 기량을 발휘할 수 있으며, 안정적인 마음 또한 매우 중요하다고 볼 수 있다.

1) 정면 기마자세 - 푸쉬(push) 자세

푸쉬(push)를 위한 가장 기본적인 자세로, 정면을 바라본 상태에서 두 발은 어깨너비로 편안하게 벌리고, 허리는 약간 구부린다. 시선은 퍽을 넣고자 하는 목표 관문을 바라본다. 이때 몸의 중심 위치는 목표 관문과 직선으로 연결되는 선이다. 가장 편안하고 안정된 자세이나 장시간 연습을 하거나, 허리가 불편한 사람에게는 다소 무리가 따른다.

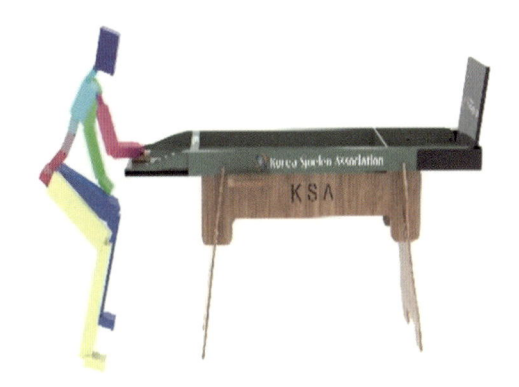

2) 정면 왼발 · 오른발 앞굽이기(뒷굽이기) 자세 – 푸쉬(push) 준비

오른발 앞굽이기 자세

허리가 다소 불편한 사람이나 오른손잡이에게 적절한 자세로 몸은 좌측 면을 바라본 상태에서 오른발을 앞으로 하여 무릎은 약간 구부리고 시선은 목표 관문을 바라본다. 허리는 곧추 세우거나 약간 구부린다.

왼발 앞굽이기 자세

오른발 자세와 같다.

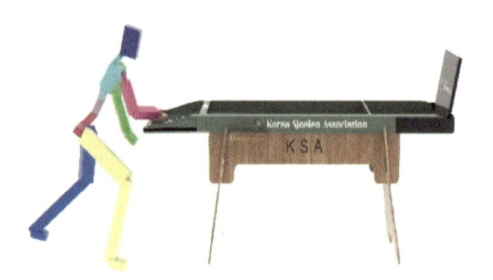

앞굽이와 같이 뒷발도 굽혀서 뒷굽이기 자세를 취하여도 좋은 방법이다.

3) 정면 앉는 자세

정면 앉는 자세

장애인이나 서 있기 불편한 사람에게 적합한 자세로 몸은 정면을 바라보고 의자나 휠체어에 앉은 상태에서 시선은 목표 관문을 바라본다. 몸의 중심 위치는 목표 관문과 직선으로 연결되는 선이다. 측면 앉아 자세와 비교하면 퍽을 힘차게 푸쉬하기에 다소 불편하다.

측면 앉는 자세

장애인이나 서 있기 불편한 사람에게 적합한 자세로 몸은 왼쪽 또는 오른쪽을 바라보고 의자나 휠체어에 앉은 상태에서 시선은 목표 관문을 바라본다. 몸의 중심 위치는 목표 관문과 직선으로 연결되는 선보다 약간 뒤쪽에 있으며, 퍽을 쥔 손이 관문과 직선이 연결되는 선에 위치하도록 앉는다. 정면 앉아 자세와 비교하면 퍽을 힘차게 던질 수는 있으나 다소 부정확할 수가 있다.

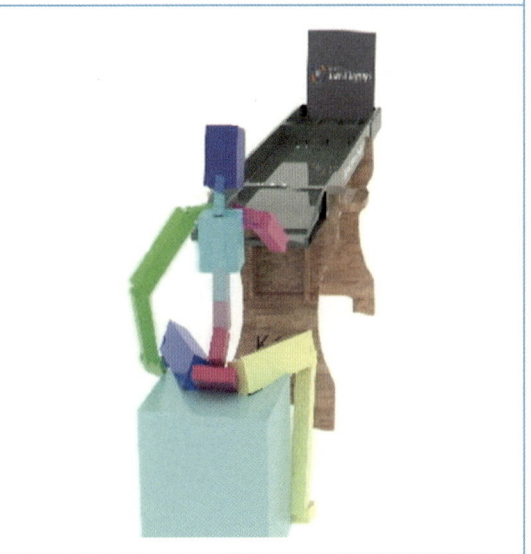

4) 잘못된 슐런 자세

슐런 경기를 위해서는 절대로 보드를 만지거나 움직이면 안 되며, 보드 측면에 서서 골프나, 빗자루 쓸려는 자세로 경기를 진행하면 주의를 받는다.

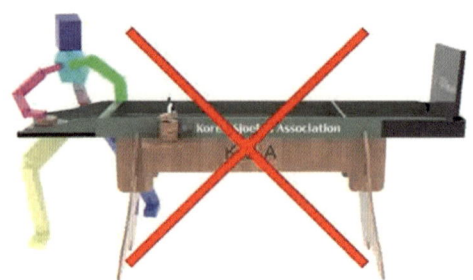

5) 자세의 주의사항

보드를 정면으로 바라본 상태에서 몸을 좌우로 틀어서 경기하여도 된다. 주의점: 보드 밖으로 몸 일부가 나가면 안 됨.	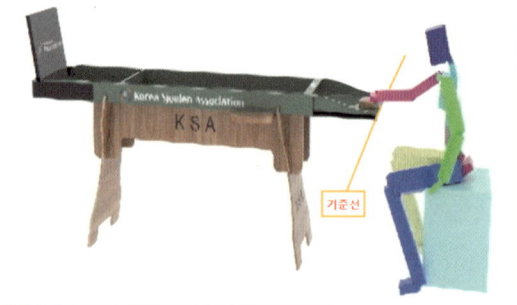
보드 아래에 무릎이 들어갈 수 있음. 주의점: 보드를 건드릴 때 경고, 주의, 퇴장 등을 받을 수 있음.	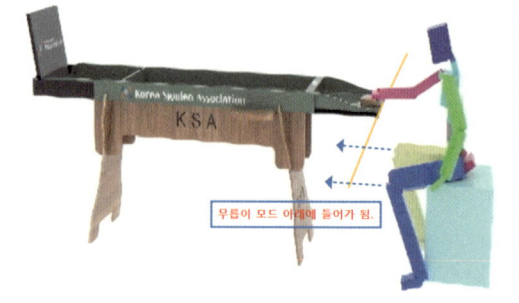

보드를 정면으로 바라본 상태에서 상체가 보드 위에 있을 수 있음.

주의점:
경기 도중 시작 막대를 건드리거나 움직일 경우 경고, 주의, 퇴장 등을 받을 수 있음.

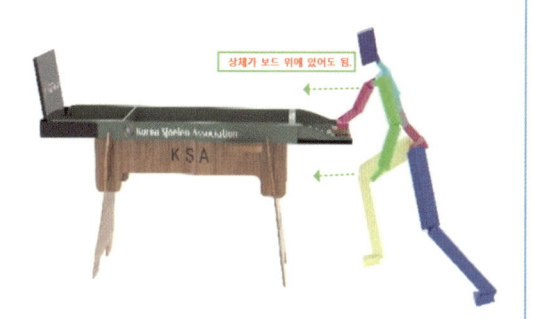

※ 공통: 보드를 경기자가 개인적으로 움직이거나 만지는 행위 금지.

6) 올바른 퍽 잡는 방법

퍽을 잡은 손은 경기에 있어서 매우 중요한 요소이다. 특히, 손바닥이나 손끝이 보드 바닥에 닿으면 안 되고, 실수라도 보드가 움직이면 주의나 경고를 받을 수 있다.

퍽을 잡을 때는 오른손이나 왼손 엄지와 검지, 중지 또는 약지를 포함하여 쥐되 힘을 빼고 가볍게 잡는다. 새끼손가락이 관문으로 향하게 하고, 엄지손가락 안쪽 부분이 관문을 향하여 직각을 이루도록 한다. 퍽 상단을 기준으로 엄지손가락이 경기자 가슴 방향으로 위치해 있는 상태에서 가볍게 밀면서 퍽을 관문을 향해서 보내야 한다.

그림에서 우측을 참고하여 연습하도록 한다.

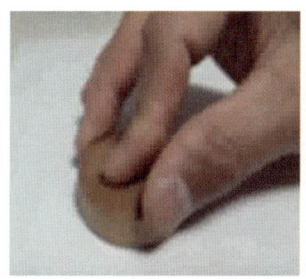 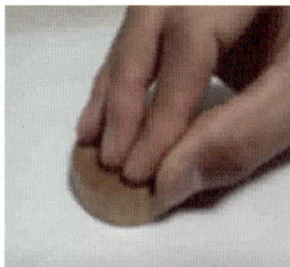 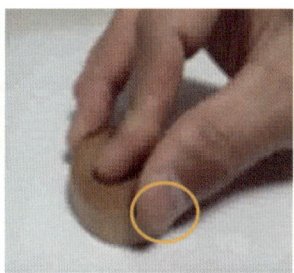

7) 잘못된 퍽 잡는 방법

슐런 경기는 퍽을 밀어서 경기하는 방법이기에 무엇보다도 퍽을 잡는 손의 위치에 따라 경기력에 막대한 영향을 미친다.

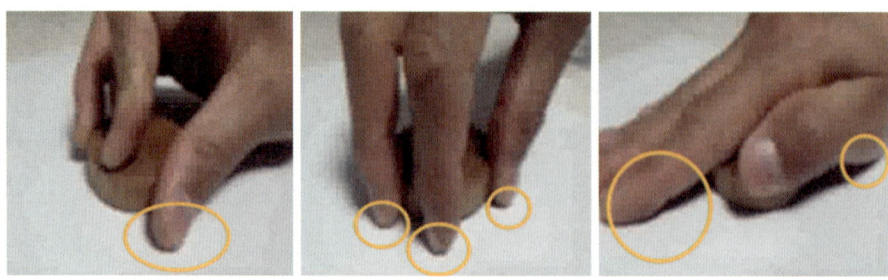

사진처럼 손가락이나 손바닥이 보드 바닥에 닿으면 경고를 받을 수 있으며, 경기력에 악영향을 미친다고 볼 수 있다.

2. 스트레칭 및 체조

사람이 운동과 체육 활동을 하는 가장 근본적인 이유는 건강한 삶을 유지하기 위해서이다. 따라서 모든 스포츠를 하기에 앞서 반드시 해야 하는 것이 스트레칭과 준비운동 즉, 체조이다. 그리고 체육 활동을 마칠 때도 반드시 해야 하는 것이 정리운동이며, 이는 준비운동과 같이 진행하면 된다.

1) 스트레칭

스트레칭은 체육 활동을 하기에 앞서 굳어 있는 신체 부위의 근육이나 건, 인대 등을 늘여 주는 운동이다. 스트레칭 순서는 일반적으로 머리에서부터 발 쪽으로 진행한다.

① 머리 당기기 → ② 머리 위로 어깨 펴기 → ③ 가슴 앞으로 팔 당기기 → ④ 머리 뒤로 어깨 당기기 → ⑤ 앞굽이 자세 종아리 늘리기 → ⑥ 기마자세 어깨 누르기 → ⑦ 다리 짧게 벌려 대퇴근육 늘리기 → ⑧ 다리 길게 벌려 대퇴근육 늘리기

2) 준비운동 및 정리운동

스트레칭 후에는 몸에 열을 내어 근육을 부드럽게 하고, 적절한 긴장을 주기 위해 준비운동을 하고, 체육 활동이 종료되면 극도로 고조된 근육의 긴장을 풀어 주기 위해 정리운동을 반드시 해야 한다. 준비운동의 순서도 스트레칭과 마찬가지로 신체의 위쪽에서 아래쪽으로 진행을 한다.

① 팔다리운동 → ② 목운동 → ③ 가슴운동 → ④ 옆구리운동 → ⑤ 등배운동 → ⑥ 허리운동 → ⑦ 몸통운동 → ⑧ 온몸운동 → ⑨ 다리 관절운동 → ⑩ 숨쉬기운동

3. 경기 방법 및 규칙

슐런은 오랜 시간 동안 일부 변화와 국가별 특성에 맞는 경기 방법론적 규정이 큰 틀에서 변화하지 않고, 국제대회의 경우는 같은 규정을 준수하고 있다.
경기의 기본 방법과 규칙은 다음과 같다.

가. 개인전은 퍽 10개를 기본으로 하며, 단체전은 20개이다. 다만, 별도의 규정에 따른 국가대표나 1부리그 선수의 경우 30개의 퍽을 사용한다.
나. 선수는 경기 시작 전에 퍽의 수를 확인해야 한다.
다. 경기는 1경기당 총 3쿼터를 기본으로 한다. (1쿼터 → 2쿼터 → 3쿼터)
라. 퍽이 시점 막대를 완전히 지나면 사용한 것이다. 퍽이 관문에 걸쳐 있으면 막대를 이용하여 퍽이 관문 게이트(홈)에서 움직이지 않으면 점수로 인정한다.
마. 퍽이 시점 막대를 지나지 않았더라도 손이 시점 막대 하부에 들어갈 때 퍽을 사용한 것으로 간주한다.
바. 이미 사용된 퍽은 건드릴 수 없다.
사. 각 **쿼터**(quarter)가 끝날 때마다 심판이 관문함의 퍽을 정리한다. 이때 심판은 반드시 한 손을 사용함으로써 무의식중에 퍽이 다른 관문함으로 옮겨지는 것을 방지하여야 한다.
아. 퍽을 정리할 때는 3~4번 관문의 좌·우측으로 정리하여야 한다(뒷벽 쪽에서부터 3번 관문 안의 퍽은 왼쪽으로 붙이고, 4번 관문 안의 퍽은 우측으로 정리하고, 2개씩 정리하여야 한다. 경기 중 퍽 정리를 할 수 없으며, 해당 쿼터가 종료된 후 퍽을 정리할 수 있다.)
자. 3쿼터가 모두 끝나면 심판은 점수를 계산하고, 경기자에게도 점수를 확인시켜 준다.
차. 선수는 경기 시각 내에서 모든 경기를 마쳐야 한다. 만약, 해당 경기 시각이 멈췄는데 계속 경기할 경우 그 점수를 인정하지 않고 해당 경기자에게 주의나 경고를 받을 수 있다.

4. 경기 세부 규칙

가. 단체전 경기는 20개, 개인전은 10개의 퍽을 사용한다.
나. 개인전 및 단체전은 5경기 15쿼터 경기를 진행한다. 단, 해당 경기의 참여자 수에 따라 경기 수는 변경될 수 있다.
다. 세부종목별 참가선수가 3인 이하(3팀, 2개 시도 이상)인 경우 결선 없이 예선 최고점으로 순위를 정한다.
라. 경기 시각 내에 똑같은 점수가 나올 때 다수의 경기 중 ① 최고점 우선, ② 연장자 우선, ③ 퍽(디스크) 5개를 더 푸쉬(Push) 후 승패를 결정한다(연장에 따른 시간 제약은 없음).
마. 경기 진행 예선 상대평가와 본선 및 결선은 토너먼트로 진행한다. 단, 원활한 경기 진행을 위해 경기 방법은 해당 경기 규정을 따를 수 있다.
바. 보드를 이용하여 경기를 진행한다(1경기가 끝나면 선수는 다음 보드로 이동하여 2경기를 진행한다).
사. 점수 산출 방법(개인전/단체전 각 5경기 진행)의 모든 경기의 합한 점수를 개인 점수와 단체 점수로 한다.
아. 단체전의 경우 3명의 선수가 쿼터별로 번갈아 가면서 경기를 진행해야 한다.
자. 산출 방법: 개인전 5경기 합산 점수산출/단체전 5경기 합산 점수산출
차. 최고점수로 등위를 선정하고 개인전과 단체전의 점수를 수치화하여 종합 점수를 판단한다.
카. 선수는 경기 슐런보드를 조정(수평 조정 등)하거나 움직일 수 없다.
파. 단체전 후보 교체는 운영본부를 통해 경기자 종료되고 운영본부에 교체 선수 명단을 제출해야 한 후 변경한다.

5. 제한 및 금지 규칙

가. 선수는 심판의 경기 시작 신호에 따라 경기를 시작해야 하며, 경기가 모두 끝나지 않았더라도 시간이 경과하여 심판이 중지 신호를 내리면 바로 경기를 그쳐야 한다. 중지요청 시간부터 점수는 인정되지 않으며, 해당 선수는 경고를 받을 수 있다.

나. 퍽을 고의로 푸쉬하거나 슐박이 움직일 정도로 강하게 내려놓으면 주의를 받고 그 퍽은 파울 처리할 수 있다.

다. 어울림 대회의 경우 앉거나 서서 경기를 할 수 있지만, 등급별 대회일 경우 해당 유형에 신청한 방법으로 경기를 진행한다. 예시) 휠체어(wheelchair)의 경우 경기장 내에 휠체어를 타고 경기에 참여해야 하며, 스탠드(stand)의 경우 휠체어를 타고 경기에 참여할 수 없다.
  * 경기자는 반드시 슐박 끝 선 뒤쪽에 있어야 한다.
  * 정면 기마자세와 측면자세, 뒷굽이기 자세로 경기 진행한다.

라. 경기할 때 퍽은 손가락으로 잡아야 하며, 퍽 이외의 신체 부위가 슐런보드에 닿으면 안 된다. 단, 양손을 쓸 수 없는 시각 및 양손을 사용 못 하는 중증장애인은 예외로 한다. 손목, 팔꿈치, 발 등 신체 모든 부분 사용 가능)

마. 5개의 연습 경기를 하고 나서 본 경기가 시작된 후에는 슐런보드를 만질 수 없다. 단, 사전에 심판에게 슐런보드 터치를 요청하고 심판이 수락한 경우는 터치할 수 있다.
  * 슐런보드를 움직이면 주의로, 주의가 3회째일 경우 경고를 받고, 경고가 3회째일 경우 실격 처리한다. 보드 움직임으로 인한 점수는 인정하지 않고 해당 퍽은 파울 처리한다.

바. 선수는 경기 시작 전 보드, 퍽, 관문 막대, 간벽 등에 이상이 없는지 확인할 책임이 있다.

사. 경기에 임한 선수는 슐런 장비를 윤활제나 연마제 등으로 손볼 수 없다.

아. 경기 중에 퍽이 망가지면 교체 후 경기를 처음부터 다시 시작해야 한다.

자. 경기 중에 해당 경기의 퍽의 개수 이상의 퍽 사용이 확인되면 선수를 실격 처리한다. 단, 대회

규정에 따른 퍽 수보다 적은 개수의 퍽을 사용할 경우 해당 경기는 적은 수의 퍽으로 경기를 마무리하여야 한다. 다만, 해당 경기가 종료되고 다음 경기를 진행할 경우 퍽의 수를 채워 경기를 진행할 수 있다.

차. 손이 시점 막대 하부에 들어갈 때 퍽을 사용한 것으로 간주한다. 실수로 퍽을 떨어뜨렸더라도 그 퍽이 시점 막대 하부에 들어가거나 걸리면 사용한 것으로 간주한다. 다만, 그 퍽이 시점 막대에 들어가지 않았거나 시점 막대를 지나가지 않았다면 해당 경기에서 사용할 수 있다.

카. 경기자는 심판과 경기 이외의 사적인 이야기를 할 수 없으며, 경기에 영향을 줄 수 있는 어떤 말이나 행동을 할 수 없다.

타. 경기 중 시점 막대에 퍽을 올려놓으면 안 된다.

파. 퍽을 고의로 집어 던지거나 슐박이 움직이도록 퍽을 강하게 내려놓으면 주의나 경고를 받을 수 있다.

6. 기타 예외 규칙

가. 경기 진행 중인 퍽이 관문을 통과하지 않고 슐박 밖으로 벗어나면 파울 처리한다.

나. 관문을 통과한 퍽이 슐박 밖으로 나가면 심판이 해당 관문함에 넣어 준다.

다. 관문을 통과한 퍽이 다시 관문 밖으로 튕겨 되돌아 나오면 그대로 둔다. 단, 되돌아온 퍽이 시점 막대에 걸치거나 나오면 파울 처리한다.

라. 이미 관문을 통과하여 관문함에 있던 퍽이 뒤에 사용한 퍽에 의해 튕겨 나오면 심판은 이를 원래의 관문함 안으로 즉시 원위치시킨다.

마. 관문을 통과한 퍽이 간벽 등에 부딪힌 후 옆 칸으로 들어가거나 간벽 또는 뒷벽 위에 걸쳐있는 경우 퍽이 최초 통과한 관문함 안으로 넣어 준다.

바. 시점 막대를 통과한 퍽이 충격 후 시점 막대 출발선으로 다시 돌아오면 파울 처리한다.

사. 퍽 일부가 출발선에 닿아도 파울 처리한다.

아. 퍽이 관문 막대를 지난 것이 불분명한 경우 심판은 가림막을 관문 전면에 갖다 대고, 이때 퍽이 움직이면 통과하지 않은 것으로 판정한다.

자. 여러 가지 이유로 파울 처리됐던 퍽은 해당 경기에서는 사용할 수 없다.

차. 퍽이 시점 막대를 통과하지 않았더라도 손이 시점 막대 하부에 들어가면 파울 처리하며, 이때 손이 멈추지 않고 연속하여 시점 막대 하부에 들락날락했을 경우 1개의 퍽 파울, 시점 막대 하부에 손이 시간 차이를 두고 들어갔다 나오기를 반복했을 경우 반복한 수만큼 파울 처리한다.

7. 점수 산정하기

가. 각 관문에 따라 들어간 퍽의 개수만큼 점수를 산정한다.
나. 4개의 관문에 퍽이 1개씩 골고루 들어갈 때마다 10점씩의 보너스 점수를 가산한다. (1스트라이크, 2스트라이크, 3스트라이크, 4스트라이크의 경우)
다. 경기자가 10개의 퍽을 가지고 경기를 진행할 경우 1쿼터에 48점(만점)을 기록했을 때는 보너스 퍽 2개를 추가로 지급하고, 2쿼터에 48점(만점)을 기록했을 경우 1개의 보너스 퍽을 지급한다. 이때 보너스 퍽은 기존 최고점(48+해당 점수 00)으로 계산하여야 한다. 또한, 최고점을 만들지 못하였지만, 1~2쿼터에 모든 퍽이 관문에 들어갔을 경우 보너스 퍽을 지급하지는 않는다.

* 국내의 경우 경기력 향상을 위한 한시적 퍽의 개수를 제한하였고 규정에 따른 퍽의 개수는 개인전 10개, 단체전의 경우 20개이다.

8. 전국장애인체육대회(학생체육대회) 경기 규칙

□ **종별 및 세부종목**

전국장애인체육대회 장애등급

장애 유형	등급	성별		세부종목	구분		
					초등	중등	고등
지체장애	SL-W1 (Wheelchair)	남	여	개인전	○	○	○
				단체전(3인조)	○	○	○
	SL-W2 (Wheelchair)	남	여	개인전	○	○	○
				단체전(3인조)	○	○	○
	SL-S1 (Stand)	남	여	개인전	○	○	○
				단체전(3인조)	○	○	○
	SL-S2 (Stand)	남	여	개인전	○	○	○
				단체전(3인조)	○	○	○
청각장애	SL-DB (Decibel Blind)	남	여	개인전	○	○	○
				단체전(3인조)	통합		
지적장애	SL-DD (Developmental Disability)	남	여	개인전	○	○	○
				단체전	○	○	○
		혼성		단체전(3인조)	○	○	○

□ **참가자격**

- 0000년 선수등록을 마친 자로서 대회 참가 요강에 의하여 참가 신청을 마친 자

□ **참가인원 및 세부종목 신청**

- 경기 임원: 유형별 감독 1명, 코치 1명
- 선수:

- 개인전(세부종목별) : 3명
- 단체전 : SL-W1, SL-W2, SL-S1, SL-S2, SL-DB, SL-DD 시도별 1팀 5명(주전3, 후보2)
- 지체 : 휠체어SL-W1, SL-W2와 스탠드 SL-S1, SL-S2로 나누어 경기 진행.
- SL-DB는 초중고 통합운영

□ **경기방법**
- 경기규정은 ANS(국제슐런연맹) 규정 및 대한장애인슐런협회 규정 준수
- 단체전 경기는 20개 / 개인전 10개의 퍽 사용
- 개인전 및 단체전은 5경기 15쿼터 경기 진행
- 경기시간 내에 똑같은 점수가 나올 경우 다수의 경기 중 ① 최고점 우선, ② 연장자 우선, ③ 퍽(디스크) 5개를 더 푸쉬(Push) 후 승패를 결정한다(연장에 따른 시간 제약은 없음)
- 예선전 최고점수 산출(상대평가)후 토너먼트 경기진행
    - 상위 입상 시도 4개 팀 토너먼트
    - 토너먼트 방법: 1~4위/2~3위 경기진행(준결승), 공동3위
- 지체장애 SL-3(휠체어SL-W1, SL-W2) 휠체어(wheelchair)는 경기 중 스탠드(stand)불가
- 지체장애 SL-4(SL-S1, SL-S2) 스탠드(stand) 앉아서 경기진행 불가
- 남여 혼성 및 단체전일 경우 3명 모두 동시 출전. 단, 해당경기 종료 후 후보선수 교체 및 순서 변경 가능
  예시) 1경기(1쿼터 홍길동, 2쿼터 나선수, 3쿼터 이슐런)

□ **점수 산출 방법(개인전/단체전 각 5경기 진행)**
- 개인전: 경기당 3쿼터 진행(총 5경기 15쿼터 진행 후 점수 계산)
- 단체전: 경기당 3쿼터 진행(총 5경기 15쿼터 진행 후 점수 계산)
- 산출방법: 개인전 5경기 합산 점수산출 / 단체전 팀원 전체 총점 산출
- 시도별 총점 결정: 등위별 점수부여 하여 종합점수 계산(단체 남녀 합산 점수)
- 개인전은 이벤트 경기로 점수부여

□ **기타사항**

- 참가신청 시 개인전, 단체전 출전을 반드시 명기하여야 한다.
- 개인전에 참가하는 선수는 단체전에 중복 출전할 수 있다.
- 단체전은 5명(후보 2명 포함)을 초과할 수 없다.
- 경기 시작 30분전까지 선수대기실로 집결해야 한다.
- 경기 시작 후 10분이 경과 할 때까지 경기에 참가하지 않으면 실격패 처리된다.
- 기타 경기운영은 전국장애인체육대회(전국장애학생체육대회) 운영규정에 따라 대한장애인슐런협회에 의해 진행된다.
- 개인전 및 단체전은 참가하는 시도는 동일한 유니폼에 시도 및 이름이 적힌 선수복을 입고 경기에 참여한다. (부착물 금지/유니폼 시도별 선택)

V.
경기 기술 방법

1. 퍽 맞추기

■ 보드에 중간에 놓인 퍽 맞추기

슐박 바닥에는 퍽이 없는 상태에서 단 하나의 퍽만 슐박 중앙에 놓고 맞추는 연습이다.
이 연습은 근거리 맞추기, 원거리 맞추기로 나눌 수 있다.

퍽의 이동 방향

근거리 연습을 정면과 좌·우측 측면을 반복적으로 실시하여 자신이 원하는 방향으로 퍽을 보낼 수 있는지 또는 힘의 강약으로 인한 조절이 가능한지 생각하면서 연습하여야 한다.

이때 퍽의 정 중앙을 맞추어(그림1) 퍽이 일식으로 가는 것이 매우 중요하다. 만약, 자신이 원하는 방향으로 퍽이 가지 않으면 반복적으로 실시하는 것이 좋다.

충분한 연습을 하였다면 우측의 1번 위치까지 퍽을 놓고 연습하여야 한다.

* 주의점: 연습할 때는 보드 바닥에 퍽이 없는 상태에서 보조자가 정면을 맞출 수 있도록 위치를 조정할 수 있다. 충분한 연습이 끝난 이후에는 퍽의 좌·우측(그림2)을 맞추도록 유도해야 한다.

* 주의점: 먼저 근거리의 퍽을 맞추는 연습을 진행할 경우 퍽 중앙 정면을 맞추어 경기자의 퍽이 자신이 원하는 방향으로 움직이는지가 중요하다.

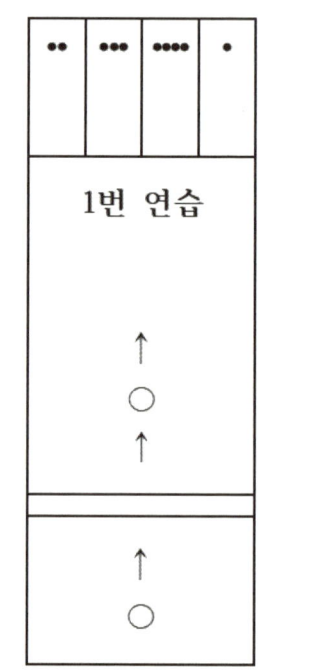

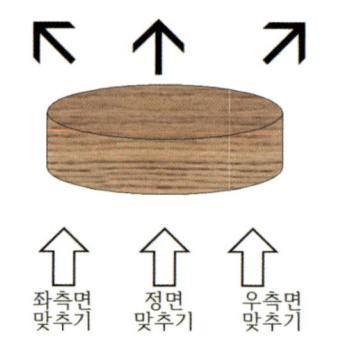

2. 연습방법

■ 2~4개 관문을 이용하여 연습하기

기본 연습하는 방법	
마주 보면서 연습하기 학습자는 보드를 정면으로 바라보면서 앉거나 서서 퍽을 가볍게 푸쉬(Push)하여 반대편의 퍽을 맞추는 연습을 한다. 1. 개인별 퍽은 2개씩 주어지며, 퍽을 잡은 엄지손가락이 가슴 방향, 새끼손가락이 바깥 방향으로 향하게 한 다음 팔꿈치 또한 바깥으로 내민다는 생각으로 자세를 잡고, 손목이 꺾이지 않은 상태에서 푸쉬한다. 2. 먼저 퍽을 푸쉬한 경기자는 다른 퍽을 보드 위에 올려놓아 반대편 연습자가 경기할 수 있도록 한다. 3. 학습자는 수준별로 2칸, 3칸, 4칸 관문을 가지고 연습할 수 있다. - 2개 칸의 관문을 가지고 연습하더라도 그림에서와 같이 퍽을 보내야 한다. - 상위 1항에서처럼 자세나 퍽을 잡은 상태에서 최대한 퍽을 가볍게 푸쉬하여야 한다. - 충분한 연습을 한 이후에는 3칸과 4칸으로 변경하여 연습할 수 있다. - 각기 개인별 힘의 강약과 자세 등으로 인하여 퍽이 관문에 안 들어갈 수 있다. - 그림에서처럼 각도는 일반적인 부분으로 학습자의 신체, 자세 등 다양한 요인으로 인한 각도는 제각각일 수 있다.	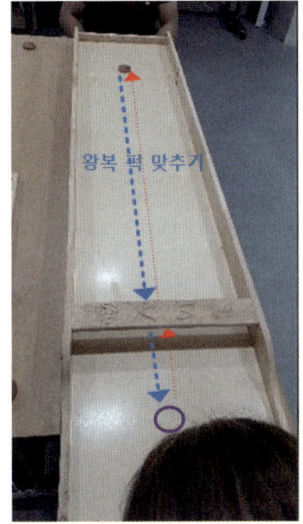 왕복 퍽 맞추기

3. 관문에 걸친 퍽 맞추기

퍽을 관문에 절반 정도 걸친 상태에서 퍽을 맞출 수 있도록 해야 한다. 이때 보드 바닥에는 퍽이 없도록 해야 하며, 최대한 가볍게 퍽을 밀어야 한다. 퍽이 관문에 들어가지 않고 관문함에 퍽이 걸친다는 기분으로 최대한 천천히 푸쉬하여야 한다.

만약, 퍽이 관문에 부딪히면서 큰 소리가 날 때 힘의 강약을 조절하여야 하며, 관문에 퍽이 맞더라도 소리가 크게 나지 않도록 노력해야 한다.

초급자 연습방법	
관문에 걸친 퍽을 맞추기 위해서는 먼 산을 바라본다는 눈으로 손목이 틀어지지 않게 엄지손가락 바닥으로 퍽을 밀어서 넣어야 한다. 이때 너무 힘을 주어 퍽이 관문을 맞고 튕겨서 나오거나 퍽의 맞는 소리가 너무 클 때 힘의 조절을 통해서 퍽이 관문에 걸친다는 마음으로 퍽을 푸쉬하여야 한다. 처음에는 4개 전체에 퍽을 걸쳐 놓고 연습을 한 이후 관문에 걸친 퍽의 개수를 줄이는 방법으로 운영하도록 한다. * 주의점: 충분한 연습을 하지 않은 상태에서 너무 자주 관문에 걸친 퍽의 위치를 변경하면 학습자는 조정력과 각도 등의 혼란을 가져올 수 있다.	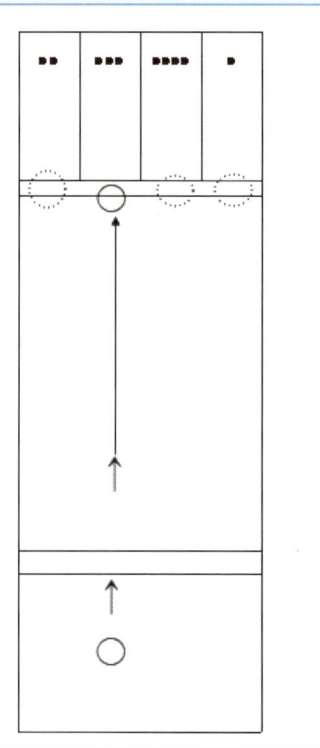

4. 경기의 각도 이해하기

학습자의 신체적, 힘의 강약, 자세 등이 경기력 향상에 막대한 영향을 미친다. 이를 위해 학습자는 최대한 바르게 연습할 수 있어야 하며, 이를 충분히 연습해야 한다. 슐런보드를 이용한 연습방법 중 교구용 슐런보드를 활용하면 학습자의 수준별 단계 향상을 위할 수 있을 것이다.

교구용 슐런보드의 수준별 2칸, 3칸, 4칸 관문이 있는 보드로 처음은 관문이 없는 상태에서 서로 마주 보고 퍽 맞추기, 이후 2관문을 끼워 각도의 원리를 이해할 수 있도록 한 다음 3개 관문 막대를 끼워 같은 방법으로 연습하도록 한다. 이후 4개 관문을 끼운 다음 퍽의 조정력과 힘의 강약을 조절하여 심화 학습하도록 한다.

퍽의 이동 경로	
학습자 개인별 특성(신체적, 자세 등)에 맞게 자신의 각도를 찾을 수 있도록 해야 한다. 1. 올바른 자세로 퍽을 잡은 상태에서 최대한 퍽을 가볍게 푸쉬(Push)하여야 한다. 2. 충분한 연습을 한 이후에는 3칸과 4칸으로 변경하여 연습하도록 한다. 3. 관문에 퍽이 연속하여 안 들어갈 때 각도 및 힘의 강약, 또는 자세의 문제가 있을 수 있으므로, 다시 한번 자세 및 팔의 각도 등을 체크하도록 한다.	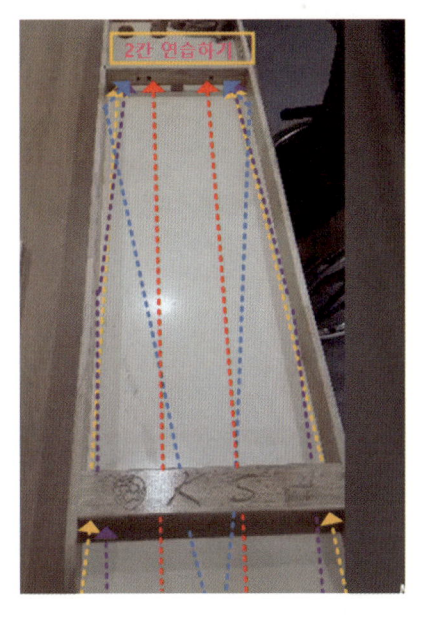

5. 측면 슬라이드 연습하기

일정 구획을 정한 다음(아래 그림 참조) 가볍게 퍽을 밀어서 보내야 한다.

점수를 얻을 수 있도록 푸쉬(Push)한 퍽(디스크)이 보드의 측면을 정확히 같은 위치에 슬라이드 하여야 한다.

측벽을 이용한 연습방법

슐박 보드 간의 차이로 인해 퍽의 측면을 터치하는 힘은 최대한 "가볍게" 슬라이드를 할 수 있는 방법을 구안하여야 한다.

사용하고자 하는 손목이 비틀어지지 않도록 최대한 고정하여 정량화된 팔 각도에 따라 반복적으로 연습이 필요하다. 이때 자신의 신체적 능력에 의하여 자신이 보낸 퍽이 벽을 맞는 각도는 달라질 수 있다.

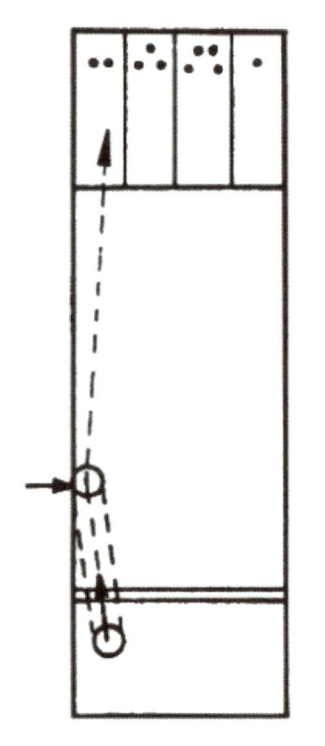

6. 일직선 퍽 넣기

보드 시점 막대 이전의 바닥에서 좌·우측에 퍽을 붙인 상태에서 엄지손가락 바닥으로 밀어서 퍽을 맞추는 연습을 반복적으로 실시한다.

퍽을 잡은 엄지손가락 위치	
경기자는 연습할 때 보드 바닥에 손바닥이 닿지 않아야 한다. 퍽을 가볍게 위에서부터 잡고 보드 측면 벽을 따라가면서 퍽을 푸쉬하여야 한다. 퍽을 푸쉬할 때 엄지손가락의 위치에 따라 관문함(1~2번)에 안 들어갈 수 있다. 이때 손가락의 위치를 변경해서 연습하면 관문에 퍽을 쉽게 넣을 수 있다.	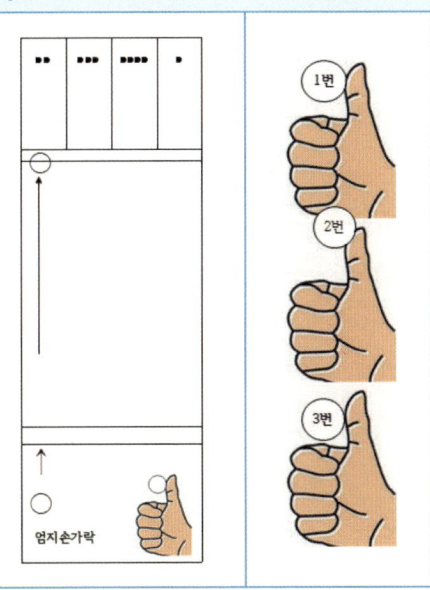

7. '턴어라운드' 방법

　퍽이 관문 사이에 걸쳤을 때 연습하는 방법으로 관문 입구 절반에 놓여 있는 퍽을 관문에 넣는 방법이다. 이를 위해 반복적으로 연습을 시행한다.

이때 보조자 역할을 담당한 사람이 보드 바닥에 퍽이 없도록 치워 주어야 하며, 연습자는 반복적으로 하여야 한다.

또한 퍽(디스크)은 왼쪽이나 오른쪽에 깔끔하게 부딪혀야 한다. 이 방법이 올바르게 적절한 속도로 수행되도록 노력해야 하고, 어느 한쪽이든 충분한 연습을 하고 난 이후 다른 관문 옆에 걸치도록 반복 시행한다.

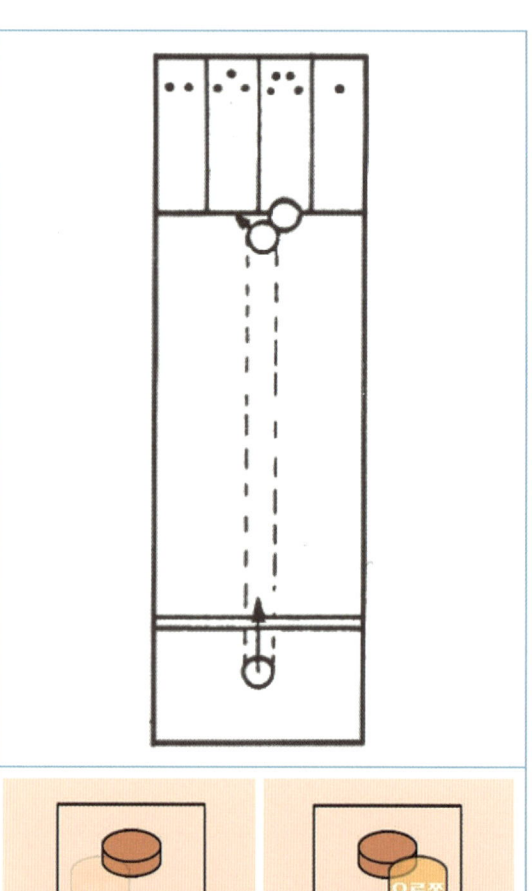

8. 퍽 2개 한 번에 넣기

한 번에 두 개의 퍽(디스크)을 넣기 위해서는 반복적인 연습이 필요하다. 특히 힘의 강약이나 조정력을 통한 퍽을 맞추는 방향에 따라 기술 적용이 가능하다. 그림처럼 슐런보드 바닥 중앙에 하나의 디스크를 놓고 연습한다.

경기자는 하나의 퍽을 최대한 신중하게 보내야 하며, 잘 들어가지 않는다고 포기하거나 연습을 중단하면 안 된다. 경기자의 조정력과 힘의 강약에 의해 퍽의 움직임이 있다는 것으로 정확히 인지하고 최대한 가볍게 연습하는 것이 중요하다.

연습할 때는 보조자가 보드 바닥에 퍽이 없도록 한 다음 퍽을 슐박의 1/3지점에 놔두고 연습하도록 해야 한다.

충분히 연습이 끝나면 퍽의 위치를 달리하여 연습을 계속한다.

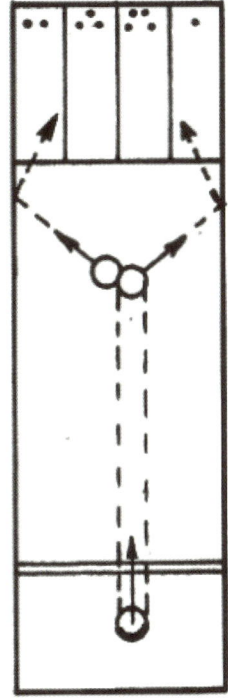

9. 장애물을 이용한 퍽 넣기

먼저 보낸 퍽으로 인하여 경기가 어려워지거나 경기자가 원하는 점수에 퍽을 넣고자 할 때 퍽의 반사와 각도를 계산하여 푸쉬(Push)하는 방법이다.

특히, 경기자의 힘과 퍽을 맞는 각도에 따라 퍽은 어느 방향으로든 갈 수 있다는 점을 주의하여야 한다. 그림에서처럼 최대한 퍽이 관문에 걸치거나 들어갈 수 있는 반복적인 연습이 필요하다고 볼 수 있다.

대부분 경기자는 퍽이 관문에 들어가지 않으면 힘으로 아무렇게나 퍽을 보내는 경향이 있지만, 경기자가 현재 보낸 퍽이 관문에 들어가게 할 것인가? 아니면 먼저 놓인 퍽을 넣을 것인가? 또는 앞의 놓인 퍽을 스쳐서 들어가게 할 것인가를 생각하고 퍽을 푸쉬하여야 한다.

여기서 집중력, 기술 및 경험이 모두 중요한 요소로 작용한다.

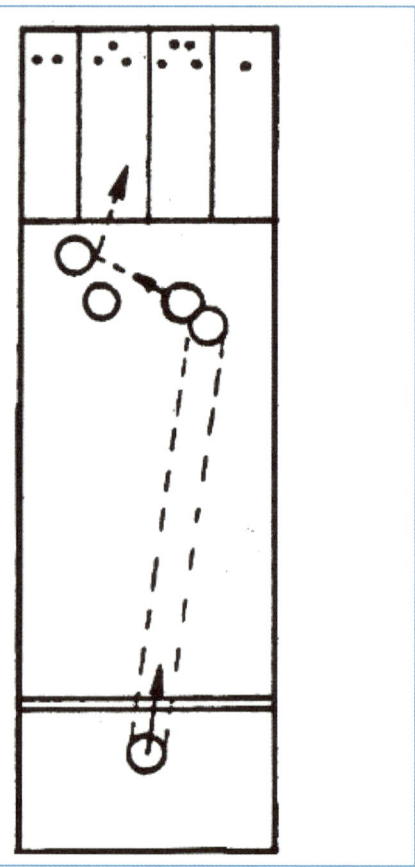

VI.
심판의 기능과 역할

1. 심판의 기능과 역할

심판(審判, Referee)은 경기나 대회에서 규칙을 준수하도록 관리하고, 공정한 진행을 보장하며, 경기 중 발생하는 상황을 판단하여 결정을 내리는 역할을 하는 사람을 의미한다. 스포츠뿐만 아니라 법률, 경제, 사회 분야에서도 심판의 개념이 존재하지만, 일반적으로 스포츠 심판을 의미하는 경우가 많다.

심판의 주요 역할은 다음과 같다.

- 규칙 적용: 경기 규칙을 정확히 이해하고, 이를 경기 중 엄격하게 적용함.
- 경기 진행 관리: 원활한 경기 진행을 위해 선수와 코칭스태프를 통제함.
- 판단과 결정: 경기 중 발생하는 상황을 빠르고 정확하게 판단하고 공정한 결정을 내림.
- 선수 보호: 선수의 안전을 위해 부정행위나 과격한 플레이를 제재함.
- 경기의 흐름 유지: 불필요한 지연을 방지하고 경기의 흐름을 원활하게 유지함.

1) 스포츠 경기의 인적 요소

경기를 진행하는 모든 스포츠는 반드시 필요한 인적 구성 요소가 있다. 무엇보다 먼저 있어야 하는 사람은 당연히 경기를 진행하는 선수이다. 물론 선수 곁에는 항상 감독이라든가 코치 등 지도자가 따르며, 이들은 선수를 위해서 존재한다. 둘째는 심판이다. 선수들이 서로 경쟁할 때 경기 규정과 규칙을 잘 준수하여 정정당당하게 겨루는지 감독하고 이를 위반했을 때 즉각적인 조치를 취해서 경기가 원만하게 진행될 수 있도록 하는 한편, 선수들의 우열을 가리거나, 승패를 결정하는 등 경기의 결정적인 역할을 하는 사람이 심판이다. 셋째는 관중이다. 때에 따라서 관중이 없어도 경기는 진행되지만, 만약 관중이 지속해서 없다면 그것은 국민이 그 스포츠에 관심이 없다는 것을 의미하므로 머지않아 그 종목은 사라질 위기에 처할 것이다.

2) 심판의 역할

　심판은 경기의 질을 유지하고, 규칙에 따라 공정한 경쟁이 이루어지게 하는 데 필수적인 존재이다. 만약 심판이 없다면 선수들은 규칙을 무시할 가능성이 커지고, 경기의 신뢰성과 질서가 무너질 수 있다.

　심판의 주 임무는 경기의 순위나 승패를 판정하고 경기 규칙 위반의 옳고 그름을 판단해주는 것이다. 따라서 해당 경기에 대한 각종 규정과 규칙을 정확하게 숙지하고 전문가적인 식견을 가지고 있어야 한다. 또한, 경기에 임할 때는 항상 좋은 몸 상태를 유지하여 올바른 판단과 판정을 하고, 경기와 관련한 주위의 어떠한 심리적 압박에도 굴하지 않을 정의감을 견지해야 한다.

　심판은 경기의 지휘자이기도 하기 때문에 항상 지정된 시간에 계획된 경기가 원활히 진행될 수 있도록 경기 운영에 대한 책임을 다해야 한다.

　그뿐만 아니라 심판의 태도는 선수에게 심리적으로 결정적인 영향을 미칠 수 있으므로 항상 선수를 존중하는 언행과 태도를 보여야 하고, 공정성을 유지해야 한다. 이처럼 심판은 어디까지나 경기자를 위해 존재하는 사람이므로 선수가 자신의 능력을 최대한 발휘할 수 있도록 늘 공평무사해야 한다.

　심판은 또한 경기의 재미를 좌지우지하는 사람이다. 경기 전반의 적절한 통제와 조절로 경기 분위기와 관중을 고조시켜 재미를 유발함으로써 이를 보는 사람들이 해당 스포츠에 관심을 갖게 하고, 이러한 관심이 해당 종목의 발전으로도 이어지는 것이므로 그 역할이 매우 중요한 것이다.

[심판의 공정성에 따른 예시]
- VAR(비디오 판독 시스템)의 도입: 축구에서 공정성을 높이기 위해 비디오 판독(VAR) 기술이 도입됨. 이는 오심을 줄이고 정확한 판정을 내리는 데 도움을 줌.
- NBA의 심판 2분 리포트: 경기종료 2분 동안의 심판 판정을 투명하게 공개하여 공정성을 강화함.
- 테니스의 전자 판독 시스템(호크아이): 인간 심판의 오심 가능성을 줄이고 공정한 경기 운영을 위해 도입됨.

2. 심판의 자질과 자세

심판은 단순한 경기 운영자 이상의 임무를 수행한다.

- 경기 규칙 집행: 규칙을 정확히 적용하여 경기의 질서 유지
- 경기 운영 조정: 선수 간 갈등을 조정하고 경기를 원활하게 진행
- 위반 행위 판단 및 제재: 반칙이나 비신사적인 행동을 제재하여 경기의 품격 유지
- 심리적 안정 제공: 선수들이 심판의 공정한 판정을 신뢰할 수 있도록 심리적 안정감을 제공

체육지도자 슐런 연수

1) 심판의 자질
- 공정한 경쟁 보장: 모든 선수와 팀이 동등한 조건에서 경쟁할 수 있도록 함.
- 경기 질 향상: 규칙 준수를 유도하여 경기의 질을 높임.

- 스포츠의 신뢰성 유지: 심판의 공정한 판정이 스포츠의 신뢰성을 결정함.
- 팬들의 만족도 증가: 공정한 경기 운영이 팬들의 만족도를 높이고 스포츠의 인기를 유지하는 데 기여함.

심판은 오로지 경기의 원활한 진행과 선수를 위해 존재한다는 사실을 명심하고 항상 공정해야 한다. 이러한 심판의 자질을 사자성어로 말한다면 아래와 같다.

- 먼저 공명정대(公明正大)해야 한다. 이 말의 사전적 의미는 '마음이 공평하고 사심이 없으며 밝고 큼(훌륭함).'이다. 즉, 개인적인 생각을 버리고 오로지 경기 규정과 규칙에 따라 판단하고 판정하며 누구에게나 공평해야 한다는 것이다.
- 그리고 공평무사(公平無私)해야 한다. 이 말의 사전적 의미는 '어느 쪽에도 치우치지 않아 공평하고 사사로움이 없음.'이다. 즉, 선수가 혈연, 지연, 학연 등 어떠한 관계로 알고 있는 사람일지라도 공평해야 한다는 것이다.
- 또한 정정당당(正正堂堂)해야 한다. 이 말의 사전적 의미는 '태도나 처지가 바르고 떳떳함.'이다. 즉, 앞서 언급한 공명정대하고 공평무사하게 심판 임무를 수행했다면 어떠한 이의나 문제를 제기하더라도 떳떳하게 대응할 수 있으므로 항상 태도나 처지를 바르게 처신해야 한다.

2) 심판의 자세

- 항상 자신의 자리를 지켜야 한다. 심판은 오로지 자신에게 부여된 임무에 충실해야 하며, 자리를 이탈하거나 다른 곳으로 시선을 돌려서도 안 된다.
- 프로처럼 보여야 한다. 심판은 기본적인 사항 이외에도 바뀐 규정이나 규칙을 정확히 알고, 그 분야에 대한 전문적인 지식을 쌓기 위해 끊임없이 노력해야 한다. 그리고 경기에 임해서는 자신감 있게 행동함으로써 프로답다는 인정을 받고 선수나 관중에게 신뢰감을 주게 된다.
- 경기가 있을 때는 현장에 일찍 도착해야 한다. 늦게 도착하여 허둥지둥하는 모습은 선수나 관중, 지켜보는 사람에게 신뢰감을 잃게 하므로 미리 도착하여 경기 진행 전반에 대한 상황을 파악하고, 운영진과도 긴밀히 협조해야 한다.
- 웃는 모습을 보여야 한다. 심판의 언행과 태도는 경기를 진행하는 선수에게 심리적으로 결정적

인 영향을 끼치게 된다. 따라서 여유로운 태도로 선수가 편안한 마음을 갖게 해야 한다.
- 효과적인 신호를 사용해야 한다. 눈짓이나 손짓으로 신호를 할 때는 선수가 심판의 의도를 명확히 알 수 있도록 해야 한다.
- 말하는 데 주저해서는 안 된다. 심판이 어물거리거나 주저하는 태도를 보이면 선수는 심판이 무언가 잘못 알고 있어서 불이익을 받을 수 있다는 불신감과 불안감이 생기고 결국 자신의 능력을 제대로 발휘하지 못할 수도 있다. 따라서 심판은 전문 지식에 대한 소신이 있어야 하며, 자신 있고 명확한 태도로 말해야 한다.
- 심판은 선수와 대화를 하거나 어떤 신호를 줄 때 선수와 시선을 마주친 상태에서 진행함으로써 명확하고 정확한 의사소통을 해야 하며, 존중하는 태도와 호칭을 사용하여 오해가 발생하지 않도록 해야 한다.
- 심판은 경기운영진, 감독관 등과 연락을 유지해야 하며, 불의의 상황이 발생하더라도 경기운영에 차질을 빚어서는 안 된다.

3. 심판 오심의 원인과 영향

1) 심판 오심의 원인

심판의 오심은 경기 결과에 큰 영향을 미칠 수 있으며, 다양한 문제를 일으킬 수 있다.

- 선수와 팀의 피해: 한 번의 오심으로 경기 결과가 바뀌어 팀이나 선수의 노력과 성과가 물거품이 될 수 있음.
- 팬들의 불만: 잘못된 판정이 발생하면 팬들의 신뢰가 낮아지고 경기의 공정성에 대한 논란이 발생함.
- 스포츠의 신뢰도 하락: 심판의 오심이 반복되면 해당 스포츠의 신뢰도가 저하됨.

① 개인적인 원인

심판이 개인적으로 오심을 하는 이유는, 자신의 언행과 태도가 해당 경기를 위해 오랜 고난의 시간을 보내고 많은 땀을 흘렸을 선수나 관중, 그리고 관계관들의 노력에 어떠한 영향을 미치게 될지, 경기장에 대한 지휘자로서 가져야 할 심판 자신의 책임 윤리가 부족하거나 경기장의 최고 집행관이라는 자긍심이 부족한 데서 기인한다.

[심판 오류 예시]
- 2010 남아공 월드컵(잉글랜드 vs 독일): 잉글랜드의 프랭크 램파드가 넣은 골이 명백히 골라인을 넘었지만 인정되지 않음. 이후 FIFA는 골라인 기술(GLT)을 도입하게 됨.
- 2002 한일 월드컵(한국 vs 이탈리아): 심판의 논란이 된 판정(이탈리아의 골 취소, 프란체스코 토티의 퇴장 등)으로 큰 논란이 발생.
- 2010 MLB 퍼펙트 게임 오심: 디트로이트 타이거스의 갈라라가가 퍼펙트 게임을 달성할 기회를

오심으로 놓침. 이후 MLB는 비디오 판독 시스템을 확대 도입.

② 사회적 원인

　심판이 오심하게 되는 사회적인 원인으로는 생존 문제와 관련이 있다. 심판을 직업으로 하여 살아가는 사람도 많지 않지만, 가끔 수행하게 되는 심판 임무가 경제적으로 큰 도움이 되지 않을 수 있으므로 다른 직업과 겸직하게 되고, 한시적으로 부여받은 임무에 대한 전문성이 결여됨으로써 오심을 하게 될 가능성이 있다. 그리고 또 한 가지 이유는 자유롭지 못한 사회적 관계를 들 수 있다. 어느 나라보다도 학연과 지연, 혈연 등 사회적 관계망이 끈끈하게 이어져 있는 우리나라의 경우 이러한 관계 속의 유혹이나 압력에 종종 굴복하게 되는 것이다.

2) 심판의 오심이 미치는 영향

　심판의 오심은 선수들의 공정한 경쟁과 화합과 평화를 저해하고, 선수들이 오랜 시간 불굴의 의지로 이룬 인간 정신의 승리에 대한 노력을 한순간에 헛되게 한다. 심판의 이러한 오심은 국제적인 경기인 올림픽에서 종종 발생하며 이는 곧바로 국가 대 국가의 국민적인 감정싸움으로 이어지기도 한다. 대표적인 사례가 우리에게 잊히지 않는 2002년 미국 솔트레이크시티 동계올림픽에서의 김동성과 오노의 쇼트트랙 경기, 그리고 2014년 러시아 소치에서 열린 동계올림픽에서 김연아와 러시아의 소트니코바 피겨스케이팅 경기일 것이다.

　만약 심판의 오심이 의도적인 것이라면 이는 결국 스포츠 자체의 순수성을 상실하게 하고, 국민적 관심을 잃게 함으로써 그 종목이 퇴출당할 수도 있다. 그뿐만 아니라 심판의 오심은 선수들의 사기를 저하하고 경기에 대한 집중력을 떨어뜨리는 결과를 초래한다.

4. 심판의 역할론

심판 시스템이 공정하게 운영되고, 기술적 지원을 받는다면 다음과 같은 긍정적인 효과가 기대된다.

- 오심 감소: VAR, 호크아이 등의 도입으로 심판의 판정 정확도가 향상됨.
- 선수들의 경기력 향상: 공정한 경기 환경이 조성되면 선수들은 규칙을 준수하며 경기력 향상에 집중할 수 있음.
- 팬들의 신뢰 회복: 투명하고 공정한 심판 운영이 스포츠의 신뢰도를 높이고 팬들의 만족도를 증가시킴.
- 스포츠 산업의 성장: 공정한 경기운영은 스포츠의 가치를 높이고, 더 많은 관중과 스폰서를 유치하는 데 기여.

심판은 스포츠의 핵심 요소로, 공정성과 신뢰를 유지하는 데 중요한 역할을 한다. 오심을 줄이고 공정성을 강화하는 기술과 제도가 지속적으로 발전하면서, 스포츠의 질과 신뢰도가 더욱 향상될 것으로 기대된다.

VII.
목적에 따른 슐런 프로그램 활용

1. 학교 프로그램의 슐런

1) 필요성

체육은 학생들의 체력을 증진하고 성장 과정에서 발생할 수 있는 비만, 근골격계 질환 등을 예방하여 건강 증진을 할 수 있으며, 규칙적인 운동 습관을 기르는 것이 평생 건강을 유지하는 데 매우 중요하므로 운동 습관을 어릴 때부터 만들어야 한다. 이는 공부와 시험으로 인한 스트레스를 완화하며, 운동을 통해 엔도르핀 분비가 증가해 긍정적인 정서 상태를 유지할 수 있다는 점에서 정신적 중요성은 두말할 필요성이 없을 뿐만 아니라 운동으로 인한 뇌의 혈류를 증가시켜 인지능력과 집중력을 높이는 데 이바지하고 집중력 향상과 스트레스 감소에 역할을 할 수 있다. 단체 운동으로 학생들은 협동의 가치를 배우고 사회적 기술을 향상시킬 수 있으며, 공정한 경쟁과 규칙 준수를 배움으로써 사회에서 요구되는 윤리적 태도를 익힐 수 있을 수 있고, 경쟁과 규칙의 이해로 인한 사회

국제학교

적 유대감 형성으로 체육 수업은 학생들 간의 유대감을 강화하고, 소속감을 느낄 기회를 제공한다. 학교체육에서 스포츠는 단순한 운동이 아닌, 사회성과 협동심을 기르는 엄연한 교육의 일환이다. "보는 스포츠에서 하는 스포츠"로 변하는 요즈음에 들어 체육 활동을 할 수 있는 종합시설(center)의 필요성 또한 중요하게 인식된다. 이러한 상황은 다양성을 인식하는 소비자들의 자연스러운 사회적 욕구라고 말할 수 있다. 한국스포츠를 담당할 전초기지로서의 전문기구가 필요한 시점이다.

기존의 독립된 형태의 스포츠 진흥은 현재 우리가 가지고 있는 현실적 문제를 해결하기는 어렵

다. 그렇기에 슐런을 통해 학생들의 다양한 욕구를 상호 보완하며 현실에 맞는 프로그램을 운영해야 한다. 따라서 체육의 가치 재인식의 중요성을 인식하고 체육의 교육적 가치를 학부모, 학생, 교사에게 홍보하여 체육이 단순한 놀이가 아니라 전인교육의 핵심임을 알릴 필요가 있다.

이를 달성하기 위해 첫째, 교육환경과 학생의 특성에 맞는 다양한 슐런 프로그램 운영으로 활기찬 교육문화 환경을 조성할 수 있도록 해야 한다. 둘째, 다양한 맞춤형 슐런 프로그램으로 학생들의 스포츠 참여율을 높이고 흥미를 유도하여 학교체육 정상화를 유도하도록 노력해야 한다.

또한 교육공동체와의 연계 활동으로 일반화 방안의 모색과 함께 평생 체육 활동으로 나아갈 수 있도록 해야 한다. 그리고 운동 신경과 학년, 성별에 구분이 없이 진행할 수 있는 슐런의 적용으로 공동체 의식 함양과 건강한 학교 풍토를 조성할 필요가 있다.

2) 목적

학교체육은 공교육의 모든 학생이 건강한 신체적·정서적·인지적 등 학습권을 보장받고 개인의 가치관을 형성하고 사회성을 함양하기 위해 존재한다. 특히, 아동과 청소년의 시기의 신체 활동은 무엇보다도 중요한 부분을 차지하고 있지만, 그렇지 못한 부분도 있다. 체육 활동은 정신적 건강에 중요한 역할을 담당하며, 체육 활동을 통하여 동료애와 협동심을 배우는 등 체육은 단순한 개인적 신체 능력 향상은 물론 사회적으로 매우 중요하다. 이는 모든 학생에게 해당하는 사항으로, 체육 활동을 좋아하는 학생이나 그렇지 않은 학생 모두에게 해당한다고 볼 수 있다. 그러나 신체적 특성이나 능력에 따른 편견이 있을 수 있으며, 이를 통해 학교체육 전체를 판단하는 데는 다소 무리가 있을 수 있다. 모든 아동·청소년이 즐길 수 있는 종목으로 운동 능력에 큰 영향을 받지 않는 종목의 선택과 발굴이 중요한 시점에서 슐런은 이 모든 부분에 해당한다고 볼 수 있다. 장애 여부와 신체적 능력과 관계없이 다양한 학생이 같은 환경, 같은 조건에서 체육 활동에 참여하고 즐김으로써 학교에 가고 싶은 마음이 들게 하는 것이 주요하다고 볼 수 있다. 슐런은 협력과 전략적 사고 촉진으로 팀워크와 전략적 판단이 요구되어 학생들의 사고력과 협동심을 개발할 수 있으며, 신체적 부담이 크지 않아 누구나 쉽게 참여할 수 있어 체력 부담이 적은 학생에게도 매우 유용한 종목이다. 세계의 다양성을 배우고 각 국가의 전통스포츠를 경험하며 문화적 다양성을 배울 수 있어 이상적인 프로그램으로 적절하다고 볼 수 있다. 이는 장애 학생과 비장애 학생이 함께 즐길 수 있고 교육적, 사회적 효과가 높게 나타날 수 있으며, 슐런 프로그램을 통해 학생들의 흥미를 유도할 수 있다.

학교체육에서의 슐런은 학교스포츠클럽의 운영 여건을 조성하고 다양한 학교 스포츠 활동을 통한 건전한 청소년 문화의 창출 유도와 학생들 특성에 맞는 교육 운영에 그 목적이 있다.

3) 효율적 슐런 프로그램의 운영 방안

학교체육 및 통합체육의 발전을 위해 먼저 시범 운영 프로그램을 적용하기 위한 방법으로 첫째, 체육 수업에서의 슐런 적용 가능 여부에 대해 사전 평가를 위한 시범적 슐런 프로그램을 도입해, 학생과 교사의 반응을 확인한 후 점진적으로 확대하고, 둘째, 교사 슐런 직무교육 등을 통해 연수 교사들에게 슐런의 규칙과 진행 방법을 교육하는 시간적 할애가 필요하며, 슐런보드의 용기구를 학교에 보급하여야 한다.

- 동아리 활동: 슐런을 활용한 방과 후 동아리를 운영하여 관심을 유도한다.
- 지역 사회 연계: 지역 단체와 협력하여 슐런 대회를 개최하고 관심을 확대한다.

4) 프로그램의 기대효과

- 건강 증진: 신체 활동을 통한 재활 장애인 2차 퇴화 예방, 근력 향상 및 비만 예방
- 정신 건강: 장애 아동과 비장애 아동이 동등한 입장에서 경쟁을 통한 자신감 향상
- 사회성 발달: 장애아동의 자신감 향상, 장애아동과 비장애 아동 간의 소통 향상, 협동심과 배려심 등 공동체 의식 함양
- 창의성 발달: 다양한 신체 경험을 통한 향상
- 재활적 측면: 신체 활동을 통한 2차 상해를 예방하고 근육 손실을 예방 또는 자기 통제 기능 향상

5) 학교체육

학업 성적 중심의 교육환경에서는 대체로 대학 진학과 관련된 과목(국어, 수학, 영어 등)에 우선순위를 두며, 체육은 학업 성적과 직접 연결되지 않는다는 인식이 있다. 체육이 단순히 '놀다 오는 시간'이라는 잘못된 인식이 있으며, 체계적인 교육과정이 아닌 여가 활동 정도로 여겨지기도 한다. 체육 수업을 제대로 진행하기 위한 시설과 장비가 부족한 때도 있으며, 이로 인하여 수업의 질이 떨어질 수 있고 그 결과로 체육에 관한 관심이 줄어들 수 있다.

체육의 학습 결과는 성적이나 수치로 명확히 나타내기 어려우므로 다른 과목들에 비해 중요성이 낮게 평가될 수 있으며, 이는 평가의 한계로 남기도 한다. 학교체육은 학생들의 신체적, 정신적, 사회성 발달에 중요한 역할을 담당하고 있으며 「초·중등 학교체육 활성화 방안」의 목적으로 '학교스포츠클럽 확대 및 스포츠리그 활성화'의 중점 과제로, '보는 스포츠'에서 '하는 스포츠'로 전환하고, '1인 1 학교스포츠클럽' 운동을 전개하여 다각적으로 학교스포츠클럽 참여 학생 비율을 높이고자 노력을 기울이고 있다. 현실적인 문제는 한 교사가 많은 학생의 건강과 신체발달을 위한 맞춤형 교육 하기가 어렵다는 점이다. 교사의 인원수와 학생, 과중한 업무 부담으로 체육 수업의 질은 떨어질 수밖에 없는 현실이다. 또한, 입시 위주의 교육 환경으로 인해 체육 수업의 중요도가 떨어지는 결과를 얻게 되었다.

체육은 단순한 신체 활동을 넘어 학생들의 전인적 인간으로서의 발달에 중요한 역할을 담당하고 있다. 획일화된 수업이나 입시 위주의 교육만으로 학교의 정상화를 이루기는 다소 문제의 소지가 있을 수 있다.

학교 현장에서 체육 수업은 학생들의 전인교육과 건강, 화합과 배려, 체육 활동을 통한 사회성 함양에 매우 중요하다고 볼 수 있다. 그렇지만, 현실에서는 학생의 신체적, 정신적, 사회성 등을 고려한 체육 활동은 다른 교과에 비해 어려운 부분이 있을 수 있다. 특히, 장애 학생과 비장애 학생이 같은 체육 수업 환경에서 활동하는 것은 학생 개개인의 특성을 고려할 수 없다는 점, 장애아동 및 체육 활동을 극히 싫어하는 학생이 있다는 점 등 여러 문제 요소들이 있다. 이처럼 학생들의 공통된 신체 활동을 통한 각기 다른 인성을 같은 선상에서 지도할 수 있는 전인적, 인성교육이 포함된 교과를 접목하는 것이 무엇보다도 중요한 실정이다. 이를 해소하기 위해 2024년 제3차 학교체육 진흥 기본계획을 수립하여 학교체육의 정상화를 위한 다양한 방안을 모색하였으나, 맞춤형 수업을 위한 교사의 확보와 체육시설 및 기자재 확보, 다양한 프로그램 도입을 위한 기초자료가 빠져 있다는 것이 아쉬움으로 남는다.

신체 활동은 단순한 맨몸운동으로만 끝나는 것이 아닌 다양한 도구를 이용한 활동을 함으로써 학생들이 맞춤형 수업에 좀 더 접근이 가능할 수 있을 것이다. 이를 위해서는 학교체육의 질의 향상이 필요하고, 체육 용기구의 확충과 다양한 프로그램 개발, 체육 단체와의 협약을 통한 여러 종류의 체육을 경험할 수 있는 환경이 무엇보다도 중요한 시점이다. 예산을 마련하여 학교체육 정상화에 노력한다면 학교체육에서 평생 체육으로의 전환과 전문선수 발굴, 자연스러운 신체 기능 향상과 흥미를 높이는 결과를 얻게 될 것이다.

그러나 2022년 개정 교육과정에 의하면 고등학교 1~2학년 주 2~3시간, 3학년 주 1시간 수업이라는 타 교과보다 적은 시간으로 학생들의 신체발달, 건강 증진, 스트레스 해소 등이 이루어질 수 있느냐에 의문이 제기되며, 이것이 학교체육 활성화에 역행한다고 해도 과언이 아닐 것이다. 수업 자체가 즐겁고, 현재의 학교체육의 취지에 맞게 설정되고 운영되고 있는지 또는 학생 개인이나 사회에서 요구한 부분을 해소할 수 있는지에 대해 물음이 있다. 세계보건기구(WHO)의 어린이와 청소년의 경우 매일 60분의 중, 고강도의 신체 활동을 권장하고 있으므로 주 1~3회의 체육활동이 충분하다고는 볼 수 없다.

따라서 학교 현장에 맞는 선택 중심의 교육과정 운영, 학생 개인별 맞춤형 프로그램 개발이 필요하며, 체육프로그램의 다양화를 통한 체육과의 다양화·다변화를 위한 노력이 필요할 때이다.

① 학교체육진흥 기본계획(2024~2028)
학교체육 정상화 및 활성화를 위한 '제3차 학교체육진흥 기본계획'을 발표하여 학생들의 체육 활동을 늘리는 차원에서 학생건강체력평가(PAPS, 팝스)를 초등학교 5학년 이상에서 3학년 이상으로 2026년부터 확대 발표하였다.

학교스포츠클럽을 활성화하기 위해 지역 전문 인력·시설을 학교와 연계하여 지역대회 및 전국대회를 확대하여 체육의 질과 흥미, 만족도를 높이기 위한 부분으로 체육 활동을 늘려 건강을 증진하고 전인적 성장을 지원하기 위한 정부 조치는 현재의 학교체육 발전에 도움이 되리라 생각한다. 또한, 제3차 학교체육진흥 기본계획에 밝혔던 것처럼 우수 선수를 조기 발굴해 전문 선수로 육성하고자 하는 것으로 학교 운동부 창단과 훈련 환경 개선에 지원이 강화된다고 하고 있다. 생활체육의 저변이 먼저 생성되고 이후 전문체육으로의 발전을 할 수 있는 운동부 창설을 차례로 운영해야만 할 것이다.

학생건강증진 기본계획에 의해 초등 1, 2학년의 즐거운 생활 과목을 기존 신체 활동 영역과 별도 체육 교과로 분리하는 방안을 국가교육위원회를 통해 본격 논의하고 있다고 밝히고 있다. 이를 위해 학교체육진흥법에 따라 2014년부터 5년마다 합동으로 기본계획을 수립·시행하고 있으며, 학생의 체육 활동 강화 및 학교운동부 육성 등 학교체육 활성화에 필요한 사항을 정함으로써 학생들이 건강하고 균형 잡힌 신체와 정신을 가질 수 있도록 하는 데 이바지함을 목적으로 한다고 밝히고 있다(2024, 교육부).

학생들의 체육 활동 시수를 늘리고, 다양한 프로그램 발굴 및 적용이 선행되고, 학생들이 즐겁게 신체 활동을 할 수 있는 교육적 환경 조성이 무엇보다 중요하다.

2019년 WTO에서 발표한 11~17세 학생들의 권장 운동량 미충족 비율이 94.2%로, 세계 평균은 81.1%이다. 또한 국내 2017~2022년 초중고 학생의 비만율이 2017년 23.9%에서 2022년 30.5%로 증가하였다. 학생 비만 증가는 코로나19 이후 신체 활동의 감소와 패스트푸드 섭취 등 다양한 이유일 것이다. 교육부 관계자는 체육 활동의 감소와 디지털기기의 사용 등이 더욱 문제가 된다고 말했으며, 학생 3명 중 1명은 설탕 음료를 즐기고 운동을 하지 않는다고 하였다(2024, 헬스조선). 스포츠 및 야외 활동 참여의 빈도를 높이고 식습관 및 정기적인 검사로 이러한 문제를 해결하는 것이 매우 중요하다.

② 학교체육의 활성화 방안

시설이나 장비 투자를 통해 학교에 체육 시설(운동장, 체육관, 수영장 등)과 장비를 확충하여 학생들이 체육 활동을 더 안전하고 효율적으로 즐길 수 있도록 해야 하며, 평가 방식 개선으로 단순히 신체 능력을 평가하기보다 참여도, 성장, 협동심, 노력 등을 반영한 다면적 평가 시스템을 도입해야 한다.

또한, 교사 역량 강화로 체육 교사의 전문성을 높이기 위해 정기적인 연수와 최신 교육 방법에 대한 교육을 지원해야 하며, 이를 위해 정책적 지원으로 체육 수업 시간 확대 및 정부 차원의 체육 활성화 정책이 필요하다. 체육 수업은 신체적, 정신적, 사회적으로 학생들의 성장에 중요한 역할을 하며, 이를 통해 미래 사회에 건강하고 균형 잡힌 개인을 양성할 수 있으며, 체육은 교육에서 중요한 위치를 차지하도록 체계적이고 다각적인 접근이 필요하고 재정적 지원이 수반되어야 한다.

6) 통합체육

통합체육은 1960년대에서 1970년대에 장애 학생을 특수학교가 아닌 일반학교에서 교육하자는 '통합교육(Inclusive Education)'의 철학에서 비롯되었으며, 1975년 미국의 '장애인교육법(IDEA)' 제정으로 장애 학생이 일반 학교에서 교육받을 권리가 법적으로 보장되면서 통합체육이 활성화되었다.

제19회 전국장애학생체육대회

　1980년대 유엔과 세계보건기구(WHO)가 장애인 권리 강화를 강조하면서 통합체육이 세계적으로 확산되었으며, 1994년 장애인 등에 대한 특수교육법이 제정되고 통합교육이 본격적으로 시행되면서 2000년대에 들어와서는 장애 학생의 체육 활동 참여가 강조되며 통합체육이 점진적으로 확대되었다.

　1977년 특수교육법 제정과 함께 1994년 특수교육진흥법 개정으로 통합교육의 법적 근거를 마련하여 2006년에 들어와서 장애인 등에 대한 특수교육법 제정으로 장애아동에 대한 통합교육법이, 특수교육 대상자가 일반 학교에서 장애 정도, 장애 유형에 차별받지 아니하고 또래와 함께 개개인의 교육적 요구에 의한 적합한 교육을 받는 것을 말하는 것으로, 특수교육법 제2조 6항에 의한 목적으로 2008년에 제정되었다. 통합교육의 전개는 모두가 참여할 수 있는 장애아동의 학습 평등권에 의해 발효된 것을 고려하더라도 통합의 목적인 통합체육의 실현은 아직도 미비하다고 볼 수 있다. 일반 학교의 경우 일반 체육 교사는 신체 활동이 주를 이루는 체육교과의 특성상 많은 일반 학생들 사이에 장애 아동의 특수성을 고려한 신체 활동을 한다는 것은 사실상 불가능에 가깝다고 볼 수 있다. 학교 현장에서는 대부분 비장애 학생의 체육 서비스를 장애아동에게 같이 제공하고 있다는 점과, 통합체육의 본 취지와 맞지 않은 장애인체육 체험 종목이라는 이름으로 장애인체육과 비장애인 체육 활동을 구분하고, 비장애 아동의 신체 활동에는 장애 아동의 참여빈도가 높지 않은 것이 사실이다. 통합체육의 취지는 장애 학생과 비장애 학생이 상호 작용하면서 할 수 있는 것이라고 볼 수 있으나, 단체 체육 수업과정에서의 어쩔 수 없는 현장이라고 볼 수도 있다. 모두가 참여할 수 있는 활동 위주의 체육과 장애인도 참여 가능한 종목을 육성·발굴할 필요성이 여기에 있다고 볼 수 있다. 통합체육을 통한 학생 간의 능력 차이를 차별이 아닌 다름으로 볼 수 있고, 긍정적인 통합교육의 효율성을 향상시키는 데 중점을 맞출 수 있는 지속적 연구가 필요하다.

통합체육 수업을 진행하기 위한 첫 단계로 모두가 참여할 수 있고 신체적 육체적 최대한 만족도가 높은 종목을 선정하는 것이 무엇보다도 중요하다고 볼 수 있다. 비장애 아동의 활동 위주의 체육과 장애 아동의 신체적, 정신적인 특성을 고려할 수 있는 종목 중 슐런이 적합하다고 판단한다.

① 통합체육의 현황

일반 체육 교사는 장애 학생을 지도할 전문 지식이나 경험이 부족할 수가 있으며, 특수체육전공자가 일반 학교 수업에 참여할 수 있는지 모색해야 하지만, 현실적 일반체육교과 전공자가 특수체육을 함께 지도한다는 것에 대한 어려움과 전문성 부족이 현실적으로 다가올 수 있다. 특히, 활동 위주의 체육교과를 중심으로 한 학교체육의 경우 통합체육을 함께 하는 것 자체가 무리일 수 있을 것이다. 또한, 장애 학생과 비장애 학생이 함께 참여할 수 있는 프로그램이나 교재가 충분하지 않으므로 통합교과를 운영할 수 있는 프로그램 개발을 서둘러야 할 필요성이 있다. 이를 뒷받침하기 위해서는 새로운 종목의 접목을 위한 시설과 장비의 개선 및 지원이 무엇보다도 중요하며, 장애 학생의 참여를 돕기 위한 체육시설과 보조기구 또는 프로그램을 운영할 수 있는 용기구 확충 또한 중요하다.

통합체육은 맞춤형 지도와 개별화된 계획이 필요하지만, 교사가 1명인 경우 모든 학생에게 세심한 지도를 하기에 현실적 어려움이 있으며 장애 학생과 비장애 학생의 활동 속도와 수준이 다르므로, 시간과 인력을 확충해야만 한다. 정해진 시간 이내에 통합체육 수업 운영을 체계적으로 하기 위해서는 시간적 제약을 해결하는 방안이 있어야 할 것이다.

또한, 일부 비장애 학생이 장애 학생과의 활동을 꺼리거나, 장애 학생이 소외감을 느끼는 경우가 발생할 수 있어 사회적 편견을 가져올 수 있고, 비장애 학생이 충분한 체육 활동을 받지 못하거나 차별받을까 걱정하는 등 학부모의 우려가 있다는 점과, 통합체육으로 인해 자녀의 체육 활동이 제한될 것을 우려하는 경향이 있을 수 있다.

② 통합체육의 활성화 방안
- 교사연수 강화: 교사에게 장애 학생 지도법과 통합체육 프로그램 운영 방법에 대한 전문 교육을 제공하여야 한다.
- 시설과 장비 확충: 장애 학생의 안전한 참여를 위해 접근 가능한 체육시설과 용기구, 보조기구 등을 충분히 준비하여야 한다.
- 적응 체육프로그램 개발: 슐런 등, 장애와 무관하게 모든 학생이 참여할 수 있도록 변형된 스포츠나 협력 중심 활동을 설계할 수 있도록 해야 한다.
- 학생과 학부모 교육: 장애와 통합체육의 중요성을 알리고 편견을 줄이는 인식전환 교육 프로그램을 운영해야 한다.
- 정부 지원: 통합체육 활성화를 위한 정책적, 재정적 지원을 강화하여야 한다. 통합체육은 장애와 비장애를 넘어 모두가 함께 성장하고 서로를 이해할 기회를 제공하는 중요한 교육과정이다. 이를 성공적으로 운영하기 위해서는 교사, 학교, 사회 모두의 노력이 필요하다.

③ 기대효과

■ 장애 학생의 측면

비장애 학생과의 상호작용을 통해 학급에서 소속감을 느끼고 사회성을 기를 수 있으며, 다양한 체육 활동 참여로 신체적 능력이 향상되고 운동 능력과 건강을 증진할 수 있다. 특히, 신체 활동으로 자신감을 기르고, 이를 통해 성취감과 만족감을 가져올 수 있다.

■ 비장애 학생의 측면

장애 학생과의 체육 활동을 통해 차이를 이해하고 배려심을 키울 수 있고, 장애 아동과의 공감 능력이 향상될 수 있으며, 다양한 배경을 가진 사람들과 협력하며 다양성을 수용하는 태도를 배울 수 있다는 점에서 상대방에 대한 다양성 존중을 이룰 수 있을 것이다.

장애 학생을 돕는 과정에서 리더십과 협력 및 협동심 강화로 개인적 사고에서 벗어나 보편적 사고로 변화를 가져올 수 있을 뿐만 아니라 장애인과 비장애인이 함께 어울리는 문화를 만들어 사회적 통합을 촉진하여 통합사회 구현을 실현하고, 장애에 대한 편견과 차별을 줄이고 상호 이해를 증진한다는 점에서 통합체육의 발달과 지원은 계속되어야만 할 것이다.

■ 통합체육의 긍정적 효과

- 사회성 향상: 비장애 학생과 교류하며 소통 능력과 자신감을 키울 수 있다.
- 운동 능력 향상: 체육 활동 참여를 통해 신체기능을 강화할 수 있다.
- 소속감 증가: 학급에서의 소속감을 느끼고 정서적 안정을 얻을 수 있다.
- 공감 능력 향상: 장애를 이해하고 차이를 존중하는 태도를 기를 수 있다.
- 협력 능력 개발: 장애 학생을 도우며 협력과 배려의 가치를 배울 수 있다.
- 다양성 수용: 서로 다른 배경을 가진 사람들과 함께하는 경험을 통해 다양성을 수용을 배울 수 있다.

제17회 전국장애학생체육대회

2. 노인체육 프로그램의 슐런

1) 필요성

급격한 노령화로 인한 신체기능 감소와 만성질환 예방 차원에서 노인체육 대한 관심도가 높아가고 있다. 노인체육은 단순한 신체 활동을 넘어 의료비 절감, 우울증 등을 해소할 수 있다는 점에서 개인적, 사회적 측면에서 모두 긍정적 효과를 가져오므로, 노인의 체육 활동 참여는 국가적인 차원에서 대응해야 한다. 이전의 노인체육은 노인의 변화에 대한 쇠퇴, 퇴화처럼 상징화된 모습으로 비치고 있었으며, 최근에는 노인에 대한 시각의 변화로 평생발달로 변화하는 과정으로 넘어오고 있다. 이는 수동적 존재로 남아 있는 노인으로 치부되는 것이 아니라 이전과 다른 정체성을 가진 독립적 존재, 즉 노인에 대한 평가와 자아의 변화에서 온다고 할 수 있다. 노인의 욕구 역시 생존적이며 일차적인 욕구를 벗어나 고차원적 욕구를 추구함에 따라, 자기계발을 통한 자아실현을 이루려고 하는 노인들이 대거 등장하고 있다. 이를 증명하듯이 시니어 모델, 보디빌더 등 새로운 흐름의 추구와 새로운 도전을 통한 신소비층으로 나아가고 있으며, 신노년이라는 흐름과 함께 이전 노인의 특성에서 벗어나 건강하고 더욱 활동적인 모습으로 자리 잡고 있다.

이를 위해 실내외에서 참여하고 즐길 수 있는 종목을 개발하여야 한다. 이와 같은 내용이 포함된 체육 활동은 노인의 일체감, 우의, 소속감 등의 사회성을 함양시키며, 이들을 심리적으로 안정시켜 주고, 특히 신체 건강 유지에 크게 이바지할 수 있어야 한다.

이 같은 내용을 달성하기 위해서 노인에 관한 전문연구를 거치고, 보건복지 차원의 의료비, 신체적 측면의 건강기능 향상, 전통성에 따른 역사, 안전성과 흥미 요소 등이 결합한 슐런이 적합한 운동이라고 보겠다.

슐런은 노인의 건전한 여가 활동 및 신체기능에 이바지할 뿐만 아니라, 신체적, 정신적, 인지적 측면에서 경도인지장애 노인의 기능을 유지하거나 개선에 도움이 될 수 있음을 확인할 수 있는 연구자료를 토대로 이를 적극적으로 활용하기 위한 정책적 지원 방안을 제시할 필요성이 있다고 할 수 있다.

2) 목적

현재 노인에 대한 다양한 활동을 지향하고 있으나, 그에 맞는 프로그램을 찾는 데 어려움을 가지고 있다.

이러한 측면에서 실내외 노인의 신체 활동으로 건강하고 밝은 사회 환경 조성은 물론, 개인적 성취감과 건강을 잡을 수 있는 지속적 프로그램 적용이 필요하다고 보겠다.

2015년 체코 슐런월드컵

체육의 특성이 오직 학교체육, 생활체육, 전문체육(엘리트), 노인체육으로 구분되다 보니 현실의 노인들에게 맞는 신체 활동을 찾는 데 어려움이 다가오고 있다. 현재 파크골프와 게이트볼 등이 노인에게 적합한 운동이라고 하고 경로당 체조 교실 등도 행하고 있지만, '재미없는 활동'이거나 겨울이나 여름의 경우 밖에서 행할 수 있는 신체 활동의 한계가 나타난다.

현장에서 노인체육 활동 활성화를 위한 프로그램은 다음과 같아야 한다.

첫째, 노인의 신체적 조건 및 체력 수준을 견주어 볼 때, 에너지의 소비가 많은 종목은 될 수 있는 대로 피하고 단체 활동을 위주로 하는 내용으로 구성하도록 한다.

둘째, 시간과 장소에 구애받지 않고 유희성과 흥미도가 높아 규칙적으로 참여할 수 있으며, 신체 기관의 기능을 정상적으로 유지해 노화 방지에 도움이 되는 종목을 적극적으로 권장하여야 한다.

셋째, 야외에서 자연과 호흡하며 즐길 수 있는 종목을 개발하여야 한다. 이와 같은 내용이 포함된 체육 활동은 노인으로 하여금 일체감, 우의, 소속감 등의 부재를 해결하여 사회구성원으로서의 심리적 안정을 주고, 특히 신체 건강 유지에 크게 이바지할 수 있을 것이다. 일생의 삶에서 노화는 자연스러운 과정 중 하나이자 모든 사람이 겪어야 하는 자연적인 현상으로서 사회학적, 생물학적 과정으로 인식되어야 하며, 노인의 신체 활동을 통한 삶의 만족도를 높여야만 할 것이다. 노인계층이 청소년이나 성년과 같은 생각을 지니지 않는다는 편견을 가지지 말아야 하며, 정력적인 활동이 가능함을 간과하지 말아야 한다.

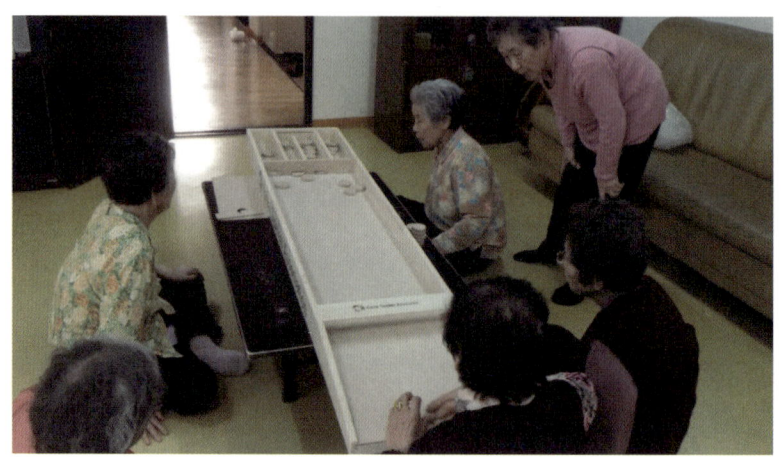

2016년 경로당 슐런 동아리

노인의 자연스러운 여가 활동은 개인적 건강은 물론 사회적으로 다양한 문제 해결과 동시에 만족도 및 의료비 절감 등의 효과를 얻을 수 있을 것이다. 특히 고령 노인의 경우나 고령 장애 노인의 경우 신체 활동 저조로 인한 사회성 및 건강, 삶의 만족도 저하를 해결하기 위해서라도 노인의 신체 활동은 일회적이 아니라 지속해서 이루어질 수 있도록 해야 할 것이다.

노인의 신체적 특성을 고려한 프로그램 활용은 건강과 여가생활 활성화로 인한 삶의 만족도 향상, 고독·우울 등의 문제 해결로 사회적, 긍정적 효과를 얻을 수 있기에 필수적이라고 할 수 있을 것이다.

3) 노인체육의 현황(경도인지장애 노인)

2025년에는 국내 65세 이상 노인 20.3%의 초고령 사회로의 진입을 예상한다(안주현, 2021; 통계청, 2021). 초저출산, 고령화 가속화로 인구 불균형 구조가 지속되면 많은 경제·사회적 문제를 양

산하는데, 경제협력개발기구(Organization for economic cooperation and development, OECD) 국가 중에서 한국은 고령화 현상이 가장 빠르게 진행되고 있으며, 이로 인한 다양한 사회적 문제(노인의 특성상 움직임, 계절의 문제, 건강, 신체적 등)가 발생한다. 또한 여러 요인으로 인한 노인 건강 참여율에 비해 한국은 빠른 고령화로 인해 65세 이상 노인 인구수와 유병 및 유병률을 살펴보면 계속 증가 추세를 보이고 있다.

한국 사회는 2020년부터 향후 10년간 총인구 중 생산연령인구는 357만 명 감소, 유소년 인구는 198만 명 감소, 고령 인구는 490만 명 증가할 전망을 시작으로 국내 고령 인구(65세 이상)는 2020년 807만 명에서 2040년 1,698만 명으로 2020년부터 향후 20년간 2.1배 증가할 것으로 전망하여(통계청, 2021), 평균수명은 점차 연장될 것으로 예측된다.

네덜란드 노인의 슐런 활동

즉 한국 사회는 코로나19의 여파로 2022년 합계 출산율은 0.78명이고, 기대수명 증가, 베이비붐 세대의 고령층 진입에 따라 2025년 세계에서 가장 빠른 속도로 초고령 사회(65세 이상 노인 비중 20% 이상) 진입을 앞두고 있다(김영미, 2023).

그리고 2030년 노인 인구수는 1,305.6만 명, 치매 환자 수는 1,418만 명(유병률 10.87%), 경도인지장애 환자 노인 수는 292.4만 명(유병률 22.39%), 2050년 노인 인구수는 1,900.4만 명, 치매 환자 수는 314.9만 명(유병률 16.57%), 경도인지장애 환자 노인 수는 458.8만 명(유병률 24.14%)으로 예측되어 65세 이상 노인 인구, 치매 환자 수 및 경도인지장애 환자 노인이 급속하게 증가하는 것으로 예측하였다(중앙치매 센터, 2023).

이에 한국 사회의 급속한 고령화는 연금, 의료비, 돌봄 비용 등 고령 인구 부양 비용을 증가시키며 사회적 비용을 위협할 것으로 전망된다(김영미, 2023).

평균수명 연장은 노인의 신체적, 정신적 질환 등 건강 문제를 대두시키며, 노화는 인지기능과 관련하여 주의집중력(attention), 기억력(memory), 실행력(executive), 정보처리 속도 등에 어려움을 겪게 한다(Glisky, 2007). 이와 관련하여 보건복지부 설문조사에 의하면 한국 노인 중 60~69세가 두려워하는 질병은 치매(43%), 암(33%), 뇌졸중(12%), 당뇨병 등(12%)으로, 치매는 노인 인구가 가장 두려워하는 질병으로 인식되고 있다(Ministry of Health and Welfare, 2020). 또한, 치매의 전 단계인 경도인지장애(mild cognitive impairment, MCI)를 가진 노인은 연간 10%에서 12%의 비율로 알츠하이머 발병 위험이 증가하는데(Petersen et al., 1999), 경도인지장애는 기억력, 실행기능, 시공간 등의 인지결손을 보이나 일상생활활동 수행에 영향을 미치지 않는 상태로, 치매로의 전환 가능성을 가지고 있다는 점에서 주의가 필요하다(Nelson & O'Connor, 2008). 현재 치매에 대한 직접적인 치료법이 없어 경도인지장애의 조기 식별을 통해 인지기능의 보존과 증상의 개선에 대한 중요성이 강조되고 있다(Tangalos & Petersen, 2018).

한편 인간은 정상 노화의 과정에서 인지기능 저하가 발생하나 인지기능은 고정된 것이 아니며 여러 변수가 작용하여 인지기능 변화에 영향을 미치게 되는데(엄수진, 하주영, 2021), 인지적 노화는 노인의 삶의 영역에서 타인과의 관계, 일 및 여가 활동 참여와 같은 일상생활의 여러 측면에 의미 있는 영향을 미친다(Parikh et al., 2016). 이러한 변화는 정상적 노화 과정에 포함되나 경도인지장애 혹은 치매로 진행되지 않도록 현재의 기능을 유지하거나 예방하는 것이 중요하다(진연주 외, 2021). 경도인지장애는 치매로 전환되는 전 단계로 다양한 요인에 의한 신경 변성과정에서 발생하며, 객관적 검사 결과 인지기능의 저하가 뚜렷하게 저하된 상태이나 일상생활을 수행하는 능력은 보존되어 아직은 치매가 아닌 상태를 말한다(Golomb, Kluger & Ferris, 2022; Ritchie, 2022).

이와 관련하여 경도인지장애는 주관적인 인지장애를 호소하고, 객관적인 인지기능 평가에서 손상이 관찰되나 일상생활 기능이 유지되어 치매는 아닌 상태를 말하며, 인지적 노화라는 연속적인 스펙트럼 내에서 정상 노화에서 초기 알츠하이머 치매 사이에 나타나는 독립적인 단계로 보고하였다(Petersen et al., 1999). 즉 경도인지장애가 반드시 치매로 진행되는 것은 아니며, 경도인지장애에서 인지기능이 감퇴하거나 치매로 진행되는 궤도에 있더라도 관련 요인을 개선하면 인지기능이 개선될 수 있다(Pandya et al., 2016).

인지기능장애는 향후 치매로 발전하게 되는데, 고령 인구 증가는 인지장애 유병률의 증가와 밀접한 관계가 있기에 일본, 미국 등과 함께 우리나라도 지금부터 예방적인 정책과 예방 전략이 필요한 실정이다(박현태, 2019). 이처럼 경도인지장애 노인의 건강수명을 늘리고 질병 없이 건강한 노년을 보낼 수 있도록 돕는 일은 높은 의료비로 인해 발생하는 사회적 비용을 감소시키고(이정은, 2023), 개인의 긍정적 삶의 질을 유지한다는 측면에서 중요하다고 볼 수 있다. 즉 경도인지장애 노인의 인지기능 저하 및 개선요인을 확인하여 인지기능이 저하되지 않고 개선될 수 있다면 향후 치매로 진행을 예방할 수 있기에, 개인적으로는 건강한 삶을 통해 삶의 질을 개선하고 사회적으로는 사회적 비용을 감소할 수 있는 방안이 될 것이다.

이와 관련하여 경도인지장애 노인의 인지기능 저하나 증진 요인에 대한 선행 연구를 살펴보면 인지기능의 보존을 위한 예방적 목적으로 여러 중재 방법들이 제안되고 있는데, 신체 활동은 경도인지장애 노인에게 비용적인 측면에서 효과적이고, 지속 가능한 방식으로 치매 노인의 인지기능 증진을 달성할 수 있다(Jia et al., 2019; Vidovich et al., 2009). 즉 노인 경도인지장애에서 인지기능 정상회귀를 확인한 외국 연구를 살펴보면 미국 코호트 연구에서 경도인지장애에서 인지기능 정상 연간 회귀율은 18.6%, 경도인지장애에서 치매로의 연간 진행률은 5.9%로 보고되었고(Gao et al., 2014), 싱가포르의 코호트 연구에서 6년간 인지기능 변화를 확인한 결과, 52%는 경도인지장애 유지, 44%는 인지기능 정상 회귀, 치매는 4%만 진행되었다(Gao et al., 2018). 그리고 국내에서 경도인지장애를 가진 노인을 대상으로 한 연구로 1년 뒤 경도인지장애 수준 유지 53.3%, 인지기능 정상수준 회귀는 44.1%로 보고하였고(Kang et al., 2015), 약 1.5년 인지기능을 추적 조사한 연구 결과 경도인지장애 유지 59%, 그리고 39%는 인지기능이 정상수준으로 회귀하였다(Chung et al., 2019).

이상의 선행 연구결과로 볼 때 노인 경도인지장애는 현재 경도인지장애를 최소한 유지하거나 약 45% 이상은 인지기능을 정상으로 회귀할 수 있다는 점에서 적절한 치료나 중재가 적용된다면 치매로의 진전을 예방하고 보다 인지기능을 정상으로 회귀할 수 있다는 점에서 시사하는 바가 크다고 할 수 있다. 이와 관련하여 경도인지장애 노인을 대상으로 한 운동 중재 연구를 살펴보면 홍콩의 8주간의 태극권 프로그램 중재 결과 인지기능과 수단적 일상생활 동작 IADL(instrumental activities of daily living)의 수준이 향상하였고(Siu et al., 2018), 증강현실(virtual reality) 기반의 신체 및 인지훈련 중재 결과 전반적으로 인지기능과 실행능력, 언어기능 및 IADL이 향상되는 것으로 나타났다(Liao, et al., 2019). 그리고 인지 활동은 경도인지장애의 발생 감소 및 인지기능 유지와 관련이 있고(Wilson et al., 2007), 비약물적 인지 중재는 인지 및 기능장애를 예방하거나 지연시키는 결과가 나타났다(Gomez-Soria et al. 2020). 이러한 연구들을 통해 신체 활동과 인지 활동의 효과가 강조되며 최근 이를 결합한 이중과제 훈련에 관한 연구가 진행되고 있다(진연주 외, 2021).

이외에도 사회적 관계와 치매 발생의 연관성 메타분석연구에서 사회 참여가 낮은 경우, 사회적 접촉이 빈번하지 않은 경우, 더 외로운 경우에 치매 발생이 높은 것으로 나타났지만(Kuiper, 2015), 사회적 접촉은 인지적 유보(cognitive reserve)를 강화하는 것으로 알려져 있는데, 사회 교류와 인지기능 간의 관계를 분석한 선행 연구에서도 사회활동이나 참여 모임 수가 많은 것이 노년기 인지기능 저하의 보호 요인으로 나타났다(Evans, 2019).

즉 인지장애는 선제적 관리를 통해 규칙적인 운동이나 생활습관의 변화가 절대적이며, 규칙적이고 주기적인 운동 수행은 일상생활의 개선뿐만 아니라 사망률을 감소시킨다(McArdle et al., 1996). 그러나 유산소 및 근력 운동을 사용한 신체활동은 기억 및 인지기능의 개선에 영향이 있고(Lautenschlager et al., 2008), 신체활동을 통한 운동의 효과는 신체 및 인지기능을 향상했고 이를 통해 운동이 신체 및 인지기능 향상에 긍정적인 연관성이 있음이 보고되었다(Falck et al., 2019). 그리고 치매 또는 경도인지장애는 운동요법 및 인지훈련을 이용한 비약물치료방법이 부가적인 치료로 활용되고 있다(Panza et al., 2018; Schecker et al., 2013).

이에 최근 경도인지장애 노인을 대상으로 프로그램의 효과를 확인한 국내 선행 연구를 살펴보면 동물 활용 프로그램으로 인지기능, 정서, 자아존중감, 기억력, 언어기능은 향상하고(강원국, 2018; 이시종, 김옥진, 2020; 임은경, 2021; 장윤석, 김옥진, 2023), 스트레스, 우울은 감소하는 것으로 나타났다(권미화, 2022; 이현아, 2022; 장문영 외, 2021). 그리고 가상현실 프로그램 연구에서 우울감, 손 기능, 인지기능, 일상생활활동 및 운동 및 인지 관련 일상생활활동(김고은 외, 2023), 인지지능 및 두뇌 활성화(임예림, 이선민, 2023)를 증진하고, 인지치료 프로그램 연구에서 기억력, 언어, 집행기능이 향상되고(배성환, 장연식, 2021), 인지기능 및 건강 관련 삶의 질은 향상되며, 우울 증상 및 주관적 기억감퇴는 통계적으로 유의하게 감소하였다(신윤찬 외, 2020). 또한, 이중과제 프로그램 연구에서 인지기능과 균형능력(장연식, 배성환, 2022), 인지기능과 주관적 기억을 증진하는 것으로 나타났다(김미영, 박우권, 2023). 경도인지장애 노인을 대상으로 하는 신체활동 운동프로그램은 손 기능 등의 신체기능, 기억력, 언어기능 등 인지능력을 향상하고, 스트레스 및 우울 등은 통계적으로 유의하게 감소하는 것으로 확인하였다. 슐런은 유아부터 장애인, 노인에 이르기까지 누구나 쉽고 안전하게 경기를 진행할 수 있는 종목으로, 좁은 장소나 이동하지 않은 상태에서도 가능하다. 슐런은 상체 운동만을 요구하는 것이 아닌 기마 자세, 앞 굽히기 및 뒤 굽히기 자세, 앉아 자세를 통하여 하체의 대근육과 소근육을 적절히 운영할 수 있다는 점에서 큰 장점이 있다.

힘의 강약에 따른 경기와 암산 또는 조정력 등을 기반으로 하며, 전략 전술이 필요한 종목으로 남녀노소 누구나 참여할 수 있고 안전성을 기반으로 운동의 효과를 얻을 수 있다. 개인 간의 학습과 단체 간의 상호협력을 통해 사회성 발달과 함께 지역의 유대감을 가질 수 있으며, 신체에 무리를 주지 않는 운동으로 특히 노인의 신체적 능력을 고려한다면 슐런 프로그램의 적용이 절실하다고 보겠다.

노인 경도인지장애 신경근육 및 뇌파검사

슐런 프로그램이 경도인지장애 노인 판정을 받은 3개 시 노인 및 사회복지관으로부터 추천을 받고 슐런 프로그램을 적용하여 경도인지장애를 지닌 노인의 신체활동 및 뇌파검사를 통해 그 변화를 확인하고자 언어-공간-인지, 감각, 운동, 정서, 통합-대응의 다섯 가지의 신경 심리적 요인을 검사하는 도구 MDS(McCarron-Dial System)를 찾아냈고, 이러한 요인들을 표준화된 도구들과 척도로 측정하였다(McCarron & Dial, 1986).

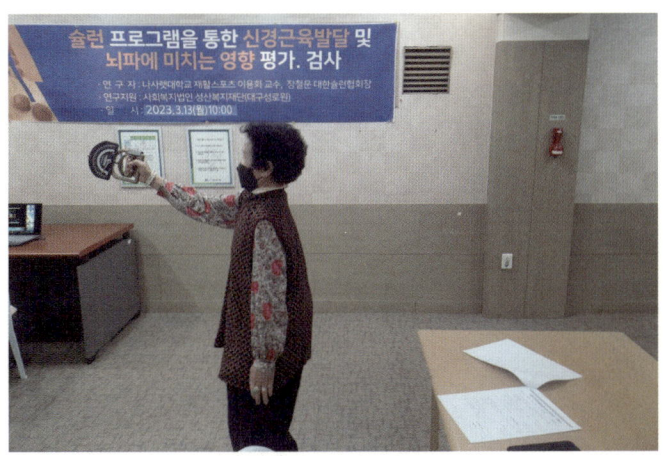

경도인지장애 노인 MAND 검사

MDS의 한 하위 검사인 MAND(McCarron Assessment of Neuromuscular Development)는 신경

근육발달 운동요인을 검사하는 도구로, 지필 검사가 아닌 동작성 검사이며 소근육과 대근육 운동의 발달 정도를 평가하는 도구이다.

일반적으로 운동기능은 운동의 속력과 방향, 운동의 조절력, 운동의 강도, 균형 또는 운동 자세를 포함하는데, MAND는 이러한 개념을 모두 포함하고 있기에(박희찬, 김정일, 2006), 자기조절, 기초율동, 주의정서, 스트레스 지수 및 좌우 뇌균형 등을 뇌파(Electroencephalogram)를 통해 확인하여 슐런 프로그램의 효과성을 검증하였다.

4) 노인 슐런 프로그램의 적용

슐런 프로그램 분석 방법으로는 SPSS version 23.0을 이용하여 통계처리를 하였고, 첫째, 연구 대상자의 인구통계학적 빈도분석을 하였다. 둘째, 연구 대상자의 집단 간 동질성 검사를 위해 독립표본 t-검정을 시행하였다. 셋째, 슐런 프로그램의 효과에 대해 신체기능의 변화는 K-MAND 검사, 그리고 뇌파 변화는 사전-사후 대응 표본 t-검정을 하였다.

그리고 각 변수에 대한 통계학적 유의확률은 05 수준에서 통계분석을 시행한 결과 슐런 프로그램이 경도인지장애 노인의 신체기능(맨드)에서는 소근육, 대근육 및 근육 점수 전체, PC(지속적 조정), KI(운동 감각 통합), BD(양손의 민첩성) 등에서 통계적으로 유의한 차이가 나타났으며, 뇌파검사에서 자기조절 지수, 기초율동 지수(좌뇌, 우뇌), 주의 지수(좌뇌, 우뇌), 활성 지수(좌뇌, 우뇌), 좌우뇌 균형, 브레인 지수 전체에서 통계적으로 유의한 차이가 있는 것으로 밝혀졌다.

슐런 프로그램

16차 프로그램					
회차	프로그램명	시간	방법		비고
1~3	퍽 맞추기	30분	근거리 20~120cm 앞에 놓인 퍽 맞추기		3분 학습 3분 휴식
		30분	5개 퍽을 이용하여 슐런 경기 1경기 3쿼터/3경기		3분 학습 3분 휴식
4~6	관문에 걸친 퍽 맞추기	30분	4개의 관문에 걸친 퍽을 맞추기		3분 학습 3분 휴식
		30분	10개 퍽을 이용하여 슐런 경기 1경기 3쿼터/3경기		3분 학습 3분 휴식

7~9	10점 만들기	30분	5개의 퍽을 가지고 3쿼터 진행을 하되 10점보다 점수가 높거나 낮으면 O와 X로 표시 1경기(3쿼터)	3분 학습 3분 휴식
		30분	15개 퍽을 이용하여 슐런 경기 1경기 3쿼터/3경기	3분 학습 3분 휴식
10~13	윷놀이형 슐런	30분	3대 3으로 모둠을 구성/개인별 퍽이 3개 주어지며 퍽이 들어갈 때마다 해당 말이 움직이는 것	3분 학습 3분 휴식
		30분	15개 퍽을 이용하여 슐런 경기 1경기 3쿼터/3경기	3분 학습 3분 휴식
14~16	연산 슐런	30분	각 부호(+, ×, -)를 이용하여 점수 적는 방법	3분 학습 3분 휴식
		30분	15개 퍽을 이용하여 슐런 경기 1경기 3쿼터/2경기	3분 학습 3분 휴식

슐런 프로그램은 5가지를 선정하여 조정력 향상(슐런보드 위 150cm 거리 5.2cm의 퍽 맞추기), 집중력 향상 프로그램(슐런보드 게이트 퍽 맞추기), 기억력 향상프로그램(연산 슐런), 지남력 향상 프로그램(윷놀이형 슐런), 판단력 향상 프로그램(5개의 퍽으로 10점 만들기)을 운영하였고 대한슐런협회 공인 지도자가 시도

노인 슐런 프로그램

거점 3곳에 강사로 파견하여 측정하여 다음과 같은 결과를 얻었다.

신체 활동을 통한 치료 프로그램은 치매 노인에 대한 신체적 기능과 기억력, 문제해결 능력을 향상시키고(김정기, 김한수, 정복희, 2008), 장애 노인의 정신 건강 위험을 감소시키는 방안으로는 신체 활동 프로그램들이 강조되고 있고, 다차원적인 측면을 고려한 신체 활동 프로그램들이 장애 노인에게 제안되고 있으며(김대경, 이현수, 2021), 노인의 건강한 삶을 위해서 다양한 형태의 프로그램이 제안되고 있으며, 장애 노인의 신체적 건강 변인의 향상을 위해 운동 재활 프로그램 필요하다고 말하고 있다(이규진, 2018).

이처럼 슐런 프로그램은 손과 팔의 운동 조절과 함께 지각적 운동에 관련성이 있으며, 조정력과 집중력 등 정교함을 요구하는 운동으로 심폐 능력과 전신지구력 등 신체기능과 점수계산 등을 통해 뇌의 활성화를 기할 수 있는 운동이다. 즉 슐런은 경도인지장애가 있는 노인의 경우 유산소운동

으로 신경 근육의 향상, 뇌 활성화를 통한 인지지능 향상을 도모할 수 있으며, 작은 공간에서 운동할 수 있어 경도인지장애가 있는 노인에게 매우 유용한 운동 중재 방법이 될 수 있다.

5) 기대효과

- 노인성 근육감소 예방 및 신체기능 퇴화 예방
- 경도인지장애 지연 및 치매 예방
- 노인 여가 활성화와 의료비 절감 효과
- 사회 참여를 통한 자신감 회복 및 우울증 감소
- 어깨 근육 강화(근육퇴화 예방) 및 조정력 향상

이처럼 슐런은 단순한 노인 신체 활동을 넘어 의료, 여가 등 다양한 부분에서 충분하며, 생애 신체 활동으로의 확산을 위한 프로그램 도입과 노인에 관한 다각적인 제도적·정책적 지원이 제시되어야만 할 것이다.

3. 장애인체육의 슐런

1) 필요성

장애인체육은 장애인의 신체적 건강, 정신적 안정, 사회적 통합을 이루는 핵심적인 역할을 한다. 이는 단순한 스포츠 활동을 넘어, 장애인의 삶의 질 향상과 사회적 평등을 실현하는 중요한 수단으로 작용한다. 장애인은 신체 활동 부족으로 인해 이차적 건강 문제(비만, 관절 질환, 심혈관계 질환 등)에 취약하다. 장애인체육은 근력 강화, 유연성 향상, 심폐 기능 향상 등 신체적 건강을 개선할 수 있다. 또한, 재활의 연장선에서 장애의 특성과 한계를 극복하고 잔존 능력을 극대화하는 데 도움을 주고 특히, 규칙적인 운동은 신체적 건강뿐 아니라 독립적인 생활 능력을 유지·개선하는 데 이바지한다.

① 개인적 필요성

장애는 종종 우울증, 불안감, 낮은 자존감 등 정신적 문제를 동반한다. 장애인체육은 목표 달성 및 성취감을 통해 긍정적인 자아상을 형성하고 신체 활동은 개인적 동기부여를 넘어 가족과 사회적 문제 해결의 실마리를 담당하기도 한다. 특히, 장애인의 신체 활동은 할 수 있다는 자신감으로부터 정신적으로 발전하며, 이는 당당한 사회구성원이라는 평온함을 가져올 수 있을 뿐만 아니라 스포츠 활동 중 분비되는 엔도르핀은 스트레스를 해소하고 심리적 안정을 제공하기도 한다. 또한, 장애인의 팀 스포츠와 같은 집단 활동은 사회적 관계 형성과 정서적 지지를 가능하게 하고, 장애인이 심리적 위축에서 벗어나 삶에 대한 만족도를 높이는 데 중요한 역할을 담당하고 있다. 근래 많은 장애인이 슐런을 통하여 이전과 다른 정신적 여유와 풍요로움을 가질 수 있었다고 밝히고 있다.

② 사회적 필요성

장애인체육은 사회적 통합의 가교 역할을 담당하고 있으며, 장애인과 비장애인이 함께 스포츠 활동에 참여함으로써 서로를 이해하고 차별과 편견을 줄이는 데 이바지하고 있다. 특히, 장애인이 사회구성원으로서의 역할을 수행하고, 비장애인과 동등한 위치에서 소통하고 협력할 기회를 제공함으로써. 장애인의 사회적 편견을 제거할 수 있을 것이다. 장애인체육은 신체적 건강과 사회적 문제 해결을 위한 첫 번째 중요한 과제이며, 건강한 사회를 만드는 하나의 단계이기도 하다. 장애인의 체육 활동은 개인의 능력을 인정받아 스포츠 지도사, 선수, 코치 등의 직업으로 연계될 수 있으며, 이는 경제적 자립과 사회적 참여로 이어질 수 있다. 선수로서의 슐런, 지도자로서의 슐런, 심판으로서의 슐런이 가능한 종목으로 이를 행함으로써 사회적 필요성을 넘어 여가 활동 발전으로 인한 사회적 소통과 삶의 만족이 높아졌다고 할 수 있다. 또한 장애인의 활동으로 직장 취업 및 자립의 기회를 제공하고 있으며, 비장애인과 함께 어깨를 나란히 할 수 있다는 점에서도 슐런의 역할은 충분하다고 볼 수 있다. 이는 비장애인들이 장애인체육을 그들만의 리그로 바라보는 데서 그치는 것이 아니라 장애인 스스로 비장애인과 동등한 입장에서 경기할 수 있도록 한다.

③ 국가적 필요성

장애인체육은 단순한 복지 차원을 넘어 사회적 비용 감소와 국가적 경쟁력 제고에도 기여함과 동시에 규칙적인 체육 활동으로 장애인의 의료비 부담을 줄이고, 생산 가능 인구로서의 임무를 수행하도록 돕고 있다. 국제 스포츠 대회(예: 패럴림픽)에서의 성과는 국가 이미지를 높이고, 장애인에 대한 긍정적인 인식을 확산시키는 효과를 가져오고 있으며, 장애인체육은 신체적 재활, 정신적 안정, 사회적 통합을 촉진하는 핵심적인 역할을 하며, 장애인과 비장애인이 함께 공존할 수 있는 평등한 사회를 만드는 데 필수적이다. 이를 위해 장애인체육에 대한 지원과 참여를 확대하고, 사회적 인식을 개선해야 하며, 장애인체육은 장애인의 건강과 행복뿐 아니라, 진정한 사회적 평등과 통합을 이루는 기반을 둔다고 볼 수 있다.

2) 목적

장애인체육은 장애인이 누려야 할 당연한 권리이며, 지속 가능한 활동을 장려해야 하는 부분이다. 지체, 시각, 청각, 지적 발달 장애 등 다양한 장애 유형을 가진 사람들이 참여할 수 있는 체육 활동을 통한 장애인의 신체적 건강, 정신적 안정, 사회적 통합을 이루는 핵심적인 역할을 하여야 한다. 이는 단순한 스포츠 활동을 넘어, 장애인의 삶의 질 향상과 사회적 평등을 실현하는 중요한 수

단으로 신체적, 정신적, 사회적, 국가적 차원에서 장애인체육 발전을 위한 목적을 넘어 장애인의 삶의 질을 향상하고, 재활과 자아실현, 그리고 사회적 통합을 이루는 중요한 역할을 담당하는 것을 목적으로 한다.

장애인의 생활체육은 장애인의 장애 극복과 원만한 사회생활을 영위하는 데 필수적인 요건이 된다. 재활 수단으로서 기능 회복과 건강 보호 유지 차원에서, 또는 신체기능 퇴화 예방 차원에서도 그 중요성이 인정되므로 앞으로는 장애인의 생활체육 참여가 확대되어야 한다.

2015 체코 슐런월드컵

장애인들이 비장애인과 더불어 자유시간을 이용하여 생활체육 활동에 참여하는 사회적 분위기를 조성하고 생활체육의 참여를 지원하여야 한다. 장애인의 자연적, 자발적 스포츠 참여는 사람으로서 기본적인 권리임을 부정할 수 없다. 장애인 누구나 쉽게 참여하고 즐길 수 있고, 공유할 수 있는 스포츠를 함으로써 건강한 사회 환경을 만들 수 있다는 점에서 특수(장애인)체육에 슐런을 적용하고자 하는 데는 다른 목적을 둘 수가 없으며, 장애인체육은 개인적 물음에서 사회적 책임을 다해야 할 것이다.

장애인 체육 활동은 접근성이 높아야 하며, 특히 시간적 제약이나 프로그램의 다양성이 기본이 되어야만 한다. 2024년부터 장애인체육관(반다비) 등 장애인 체육 발전을 위한 다양한 시도와 체육시설 확충을 하고 있으나, 대부분 거리가 먼 지역이므로 장애인이 시설을 이용한다는 것 자체에 어려움이 있다. 이에 지역별 구별 동별 거점장소를 만들어 장애인들이 언제든 체육 활동에 참여할 수 있는 환경을 조성해야 할 것이다. 기존의 거점장소의 장애인스포츠센터의 경우 해당 지역 장애인의 활동으로 제한될 수밖에 없어, 적극적인 그룹별, 지역별 체육시설 확충이 무엇보다도 중요한 시점이다. 장애인들이 언제 어디서든 신체 활동을 하기 위해서는 다음과 같은 내용의 전달이 중요하다고 볼 수 있다.

장애인 체육활동 활성화 방안			
필요성	목표	내용	효과
1. 이동의 어려움 2. 프로그램 한계 3. 많은 장애인 유형 체계적 지도	시군구 및 동별 거점 장애인 시설 확대 (장소 무료)	- 자생적 장애인 종목 선정 - 동아리별 비전문성 운영, 지원사항 - 지시적인 규칙에 얽매이지 않은 신체 활동 - 그룹별로 운영 - 초기 조직성 이후 비조직성 운영 - 장애인들이 원하는 대로 시간 활용	- 정서적 긴장감 해소 - 풍요로운 삶 경험 - 많은 장애인 참여 - 생활체육 활성화 - 전문체육인 발굴 - 장애인 건강 - 의료비 절감

장애인스포츠센터의 필요성이 무엇보다도 중요한데, 이는 장애인이 누구나 가까운 지역에서 생활체육에 참여할 수 있도록 하기 위함이다. 특히 고령 장애인의 경우 거동이 불편한 경우가 대부분이기 때문이다. 또한 처음부터 장애인에 대한 전문체육의 발전을 위한 프로그램이 아닌, 장애인 누구나 쉽게 참여할 수 있는 생활체육 활동으로 시작하여, 참가자들이 특별히 우수한 기능을 지닌 장애인을 발굴·육성해야 할 것이다. 자의적 운영을 위한 장애인 당사자들 간의 별도 조직 없이 프로그램으로 시작하는 것이 바람직한 방법일 수 있다.

장애인체육의 긍정적 기능은 다음과 같다.

- 신체적 건강 증진과 재활: 장애로 인해 약화된 신체기능을 회복하거나 유지하며, 건강한 삶을 도모
- 정신적 안정과 자아실현: 체육 활동을 통해 자신감을 회복하고 성취감을 느끼며, 삶의 만족도 향상
- 사회적 통합과 평등 실현: 장애인과 비장애인이 함께 스포츠를 즐기며 상호 이해를 도모하고, 장애인이 사회의 동등한 구성원으로 자리 잡도록 지원
- 재활과 생활체육, 그리고 경기체육: 장애인체육은 재활을 목적으로 하는 치료적 운동에서 시작하여, 생활 속에서 건강 증진을 위한 체육 활동, 그리고 전문적인 경기체육으로 확대
- 맞춤형 접근: 장애인의 신체적 한계와 특성에 따라 적합한 스포츠 종목과 훈련 방식을 제공하며, 이를 통해 장애인의 신체적·정신적·사회적 성장에 기여

- 개인과 사회의 발전에 기여: 장애인 개인에게는 신체적 능력의 회복과 자아실현의 기회를 제공하며, 사회적으로는 장애와 비장애의 경계를 허물고 평등과 통합을 실현하는 중요한 역할을 담당

장애인체육은 신체적 재활, 정신적 안정, 사회적 통합을 촉진하는 핵심적인 역할을 하며, 장애인과 비장애인이 함께 공존할 수 있는 평등한 사회를 만드는 데 필수적이다. 이를 위해 장애인체육에 대한 지원과 참여를 확대하고, 사회적 인식을 개선해야 한다. 장애인체육은 장애인의 건강과 행복뿐 아니라, 진정한 사회적 평등과 통합을 이루는 기반이 될 수 있다.

3) 장애인체육의 현황

건전한 여가의 활용은 장애인들에게 미래 사회의 발전 가능성을 가늠하여 주는 요인이라는 점에서 사회 복지적 측면에서도 매우 중요하다. 이러한 측면에서 장애인을 위한 건전한 여가 활동의 기회를 제공해 줄 수 있어야 하지만 현재적, 경제적, 이동적 어려움으로 신체활동 참여에 어려움을 가지고 있다. 또한 장애로 인한 신체활동의 감소로부터 야기되는 건강과 체력의 감퇴를 예방하고 신체활동을 지속적으로 유지해야 하지만, 장애인이 이용할 만한 장소 및 프로그램이 부족하다는 문제가 있다. 근래 반다비 장애인 체육관 개관을 하고 있지만, 그 시설을 이용하기 위해서는 상당한 시간과 프로그램의 다양성이 있어야만 하는데 중증장애인이 신체적 이동이 어려운 상황에서 시설 이용을 한다는 것은 사실상 불가능에 가깝다고 할 수 있을 것이다. 신체적으로 불편한 장애인들은 자신에게 맞는 신체 활동 수행에 어려움을 가지게 되므로 건강과 체력 증진을 도모하는 다양한 교육과정을 운영할 수 있는 종목 발굴이 무엇보다도 중요하다. 특히, 장애로 인해 정신적 스트레스와 긴장, 소외감과 고립감을 가지게 되므로 그에 대한 발산의 기회를 제공하는 목적으로 체육이 운영되어야 하지만, 여러 이유로 신체 프로그램 참여의 어려움을 느끼는 것을 넘어 장애인과 비장애인이 함께 살아가는 세상에서 자칫 고독과 외로움, 자괴감 등으로 인한 2차적 문제가 발생할 수 있다. 즉, 사람과 인간적인 관계를 맺으면서 공동체 내에서 생활하는 기회가 확대되어야 할 부분이 무시되는 경우가 있을 수 있다는 것이다. 그러므로 장애인의 체육 활동은 비장애인에 비해 무엇보다도 중요한 부분으로, 자연스럽게 공동의 장을 제공하여 인간적 유대를 강화해 줄 뿐만 아니라 대인 관계에도 영향을 미칠 것이다. 이로 인하여 **사회성을 기를 수 있는 장이 되며, 신체활동을 통해** 규칙이나 타인에 대한 예의 등 자연스럽게 많은 것을 배우게 된다. 아동들 사이에서뿐만 아니라 부

모와 자녀가 지내는 시기에 여러 가지 사회성을 기를 수 있는 장이 되는 것이다. 이러한 장에서 인간 생활의 기본적인 규칙, 매너, 협조심, 인간애를 기를 수 있을 것이다.

① 슐런 프로그램의 적용

보편적 스포츠인 슐런은 거동이 불편한 장애인 및 정신적 장애인, 시각적 장애인 등 다양한 유형의 장애인이 언제 어디서나 체육 활동을 위한 장소 및 공간적 제약을 받지 않을 수 있는 종목으로, 많은 장애인이 슐런 동호인으로 참여하고 있다. 특히, 장애인의 신체의 이차적 퇴보를 예방하고, 사회적 소통을 더불어 할 수 있는 동시에 여가적 활동을 겸할 수 있는 종목이기도 하다. 신체적 활동을 통한 건강한 삶을 영위하고 장애인 스스로 사회적 편견을 제거하고 떳떳한 구성원으로서 스스로 변화할 수 있다는 점에서 의미가 있다. 장애인이 슐런 활동을 통해 건강을 찾고, 신체기능의 향상으로 자신의 도전 정신을 기를 뿐만 아니라 건전한 여가 활동으로 인한 장애인들의 미래 사회의 발전 가능성을 가늠하여 주는 요인이라는 점에서 사회 복지적 측면에서도 매우 중요하다. 그러나 신체 활동에 참여하지 않은 장애인의 경우 정신적, 육체적으로 자신에게 주어진 삶을 이겨 내지 못한 경우가 있다. 이러한 문제의 해결과 사회적 장애인에 대한 편견을 제거하기 위해서는 무엇보다도 생활체육 참여를 독려하고 신체 활동의 기회를 제공해서 건강과 체력 증진을 도모하여 더욱 적극적인 사회생활을 하도록 해 주어야 할 것이다.

장애인이 할 수 있는 스포츠는 극히 제한적이지만 최근에 들어와서 장애를 극복하고 비장애인이 즐기는 스포츠에 도전하려는 사람들이 많이 늘어나는 추세기도 하다. 그러나 이러한 사람들은 전체 장애인 수에 비해 극소수에 불과하며, 대부분 장애인은 쉽게 접근할 수 있는 스포츠 종목의 부족, 장소 및 시설에 대한 접근의 어려움, 장비 구매에 따른 비용 부담 등으로 아예 체육 활동을 할 엄두를 내지 못하는 것이 현실이다. 이러한 현실은 장애인에게 정신적 스트레스와 긴장, 소외감과 고립감을 가중하게 되므로 그에 대한 발산의 기회를 제공하는 데에 생활체육으로서의 슐런은 최적이라고 생각된다. 모두가 동등한 입장에서 함께 할 수 있는 슐런의 생활체육 적용을 통하여 장애인은 비장애인과 함께하는 기회를 얻는다. 앞으로는 장애인에 대한 인식이 긍정적으로 변화됨에 따라 비장애인과 상호 인간적인 관계를 맺으면서 공동체 내에서 생활하는 기회가 확대되어 갈 것이다. 그러므로 생활체육 활동은 자연스럽게 공동의 장을 제공하기 때문에 참가자들 사이에 인간적 유대를 강화시켜 줄 뿐만 아니라 대인 관계에도 긍정적 영향을 미칠 것이다.

② 기대효과

장애인에게 슐런을 도입함으로써 기대되는 효과를 요약하면 다음과 같다.

- 장애인을 위한 건전한 여가 활동의 기회 제공
- 재활 체육으로 신체 퇴화 예방 및 어깨 근육 강화, 조정력 향상
- 장애로 인한 정신적 스트레스와 긴장, 소외감과 고립감 해소
- 비장애인과의 경기를 통한 자존감 및 자신감 향상, 인간적 유대의 강화
- 장애인의 사회성 함양, 장애인에 대한 사회 편견이나 인식 개선 효과
- 생활체육으로 보급하여 누구나 쉽게 참여 가능한 보편적 건강복지 실현
- 능동적인 스포츠 참여로 장애인 스포츠의 한계 극복
- 일자리 창출의 효과, 특수체육 발전에 기여

4. 재활 체육

재활 체육(Rehabilitation Sports)은 신체적 장애, 질환, 또는 사고로 인해 기능이 저하된 개인이 신체적, 정신적, 사회적 회복을 이루도록 지원하는 체육 활동으로 치료와 운동을 결합하여, 장애인이나 환자가 잔존 기능을 최대한 활용하고 독립적인 삶을 영위하도록 돕는 데 초점을 두고 있다. 재활 체육은 단순한 신체 활동을 넘어, 재활과 삶의 질 개선을 동시에 목표로 하는 전문적이고 체계적인 체육 활동으로 신체적 기능 회복을 위한 근육 강화, 유연성 향상, 관절 가동 범위 회복, 심폐 기능 향상 등 신체기능을 복구하거나 유지하도록 돕고, 재활 과정에서 비활동성으로 인한 근육 약화나 관절 경직을 예방하는 데 효과적이다.

이는 장애인의 정신적 안정과 자아실현으로 운동을 통해 스트레스를 해소하고 우울증, 불안과 같은 심리적 문제를 해결할 수 있으며, 장애인이나 환자는 체육 활동 중 목표를 달성하면서 성취감을 느끼고, 자신감을 회복할 수 있다. 또한, 사회적·통합적인 부분에서 재활 체육은 사회적 활동으로서, 환자들이 다른 사람들과 소통하며 사회적 고립감을 줄이고, 긍정적인 인간관계를 형성하도록 도울 수 있으며, 독립성과 삶의 질 향상에도 막대한 영향을 미치고 있다. 일상생활에서의 독립성을 높이고, 환자 스스로 자기 삶의 주체로 자리 잡게 하는 데 중요한 역할을 담당하고 있다.

1) 재활 체육의 구성 요소

재활 체육은 개별화된 프로그램이 필요하며, 각 개인의 장애 유형, 건강 상태, 운동 능력에 따라 맞춤형으로 설계하는 것이 무엇보다 중요하다고 볼 수 있다.

예를 들어, 다양한 유형의 장애가 있는 사람들에게 그에 맞는 맞춤형 프로그램 적용이 필요하며 지체 장애가 있는 사람과 신경계 질환을 앓는 사람의 운동 방식은 다르게 접근해야 한다.

이를 위해 다양한 운동 방법으로 유산소 운동, 근력 운동, 균형 훈련, 스트레칭으로 유연성 증대와 근육 긴장 해소가 필요하다. 그러므로 무엇보다도 장애인 특성에 맞는 재활프로그램을 개발 및 확대가 필요한 시점이다. 특히, 장애인의 경우 움직임이 비장애인보다 어렵다 보니 체육활동 장소로 이동하는 어려운 상황에서 집합교육 프로그램 참여 시간을 맞춘다는 것은 중증장애인에게는 현실적 스포츠 참여의 제약을 둔다고 볼 수 있다. 이를 위해 중증장애인의 특성에 맞는 공간, 시간, 프로그램 발굴이 무엇보다도 중요하며, 언제 어디서나 재활체육을 진행할 수 있는 근거리의 프로그램 운영 장소의 확보가 필요한 시점이다.

이를 위해 2025년 장애인체육관(반다비)을 준비하거나 개관한 지역이 늘어나고 있는 추세이지만, 중증장애인이 포함된 국내 등록 260만 명의 장애인 이용할 수 있는 체육관은 턱없이 부족한 실정이다. 이러한 관점에서 시군구 지역별 장소를 세분화하여 각 지역(동별) 체육시설 확대가 필요하다고 볼 수 있다. 이는 장애인 누구나 가까운 곳에서 언제 어디서나 장소에 구애를 받지 않고 프로그램 참여를 할 수 있어, 다양한 프로그램으로 장애인 여가활동과 전문체육 향상에 도움이 되리라 생각한다.

2) 재활 체육의 슐런 프로그램 활용 방안

신체적 관점에서의 재활 체육은 신체적 약화와 합병증을 예방하며, 운동 능력을 회복하여 장애인이 독립적인 일상생활을 유지하도록 도울 수 있으며, 뇌졸중, 척수 손상, 골절 등으로 인한 운동기능 손실을 최소화할 수 있다.

장애인의 재활 체육은 **사회적 측면**에서 환자가 사회활동에 점진적으로 참여할 기회를 얻고 사회적 고립을 줄일 수 있는 동시에 생산적이고 건강한 사회구성원으로 자리매김하게 할 수 있다.

정신적 관점에서는 장애나 질병으로 인한 심리적 스트레스를 완화하고, 삶의 희망과 동기를 부여하여 성취감을 통해 자기 효능감을 증진해 우울증과 불안감을 감소시킬 수 있을 것이다. 재활 체육은 신체적 재활뿐 아니라 정신적 안정, 사회적 참여를 촉진하여 장애인과 환자의 삶의 질을 크게 향상하는 중요한 도구이다. 이는 단순히 신체기능을 회복하는 것에 그치지 않고, 개인의 자립과 사회 통합, 그리고 포용적 사회를 구축하는 데 이바지한다. 재활 체육이 발전하기 위해서는 전문 인력과 시설의 확대, 그리고 사회적 관심과 지원이 필수적이다.

신체적 관점에서 재활 체육은 신체적 약화와 합병증을 예방하며, 운동 능력을 회복하여 장애인이 독립적인 일상생활을 유지하도록 도울 수 있고, 뇌졸중, 척수 손상, 골절 등으로 인한 운동기능 손실을 최소화할 수 있다.

5. 외국의 장애인체육 사례

1) 미국의 장애인체육 정책

① 법적 기반 및 주요 법률

- 미국장애인법(ADA, Americans with Disabilities Act, 1990년 제정): ADA는 장애인의 차별을 금지하고, 공공시설과 프로그램에 대한 접근성을 보장하고 있으며, 이를 통해 장애인들이 체육 활동에 참여할 수 있는 권리를 법적으로 보호하고 있다.
- 재활법(a rehabilitation method, 1973년 제정): 이 법은 연방 재정 지원을 받는 프로그램에서 장애인에 대한 차별을 금지하며, 장애인의 체육 및 레크리에이션 프로그램 참여를 촉진하고 있다.

② 장애인체육 프로그램 및 지원

- 스페셜 올림픽(Special Olympics): 지적 장애인을 위한 국제 스포츠 프로그램이다. 미국에서도 활발히 운영되며 장애인의 신체활동 참여를 장려하고 있으며, 재활 체육 프로그램 확대를 통해 중도장애인이 퇴원 후 일상에서 생활체육 단계에 도달할 수 있도록 지원하는 프로그램으로, 재활과 생활체육의 연계를 강화하고 있다.

또한, 장애인의 피트니스 센터와 체육시설 접근성을 높이기 위한 법안이 제안되어, 장애인들이 운동 기구와 피트니스 수업에 쉽게 접근할 수 있도록 하는 노력이 진행 중이다.

2) 독일의 장애인체육 정책

독일은 장애인의 체육 참여를 적극적으로 장려하여 법적 기반과 다양한 프로그램을 통해 장애인들이 스포츠를 통해 재활하고 사회적으로 통합될 수 있도록 지원하고 있다. 장애인체육 정책은 연방 및 지방 정부, 스포츠 단체, 건강보험 시스템 등이 협력하여 운영되며, 장애인의 권리를 보호하는 법적 장치와 지원 체계를 갖추고 있다.

① 기본법률과 정책
- 기본법(Grundgesetz, 독일 기본법): 독일 헌법에 해당하는 기본법에서는 모든 국민이 차별받지 않을 권리를 명시하고 있고, 장애인도 동등한 권리를 가지도록 보장하고 있다. 사회법전 제9권(SGB IX, Sozialgesetzbuch IX)은 장애인의 재활과 참여를 보장하는 법으로, 장애인의 체육 활동 지원을 명시하고 있으며, 장애인체육을 포함하여 재활, 고용, 교육 등 포괄적인 복지 정책을 포함한다. 평등기회법(BGG, Behindertengleichstellungsgesetz)에 의해 장애인의 평등한 권리를 보장하기 위해 제정된 법으로, 체육시설 접근성과 스포츠 활동 기회 제공을 강조하고 있다. 또한, 장애인체육진흥법의한 독일 연방정부 및 주 정부 차원에서 장애인체육을 활성화하기 위해 체육시설 개선, 교육 프로그램 개발, 스포츠 단체 지원 등을 법적으로 명시했다.

② 독일 장애인스포츠

독일장애인스포츠협회(DBS, Deutscher Behindertensportverband)는 1951년에 설립된 장애인 스포츠를 대표하는 가장 큰 단체로서 장애인 올림픽 및 패럴림픽 활동을 지원하여, 생활체육부터 엘리트 스포츠까지 폭넓은 프로그램을 운영하고 있으며, 독일 내 17개의 주(州) 단위 장애인 스포츠 연맹과 협력하여 장애인들의 스포츠 참여를 활성화하는 데 지원하고 있다. 또한 건강보험(gesetzliche Krankenversicherung)을 통한 재활체육 지원으로 건강보험 체계를 통해 장애인들에게 재활체육(Rehabilitationssport) 및 적응체육(APA, Adapted Physical Activity) 프로그램을 지원하는 것이 특징이다. 의사의 처방을 받은 경우, 건강보험공단에서 특정 기간 동안 무료로 재활 스포츠 활동에 참여할 수 있도록 보장하고 있다.

- **특수학교 및 통합교육에서의 체육 활동 지원**: 독일의 특수교육 시스템에서는 장애 학생이 체육 활동에 적극적으로 참여할 수 있도록 맞춤형 교육과정을 제공하고 있으며, 통합학교(Inclusive Schools)에서도 장애 학생이 비장애 학생과 함께 체육을 즐길 수 있도록 체육 교육을 운영한다.
- **장애인체육 프로그램 및 주요 활동, 재활 스포츠(Rehabilitationssport)**: 의료적 재활의 연장선에서 장애인의 신체기능 회복을 지원하는 체육 활동을 지원하고 있으며, 건강보험 및 연금보험의 재정 지원을 받아 제공되며, 주로 물리치료, 유산소 운동, 근력 운동 등을 포함하고 있다.
- **생활체육 및 여가 스포츠(Breitensport für Menschen mit Behinderung)**: 비장애인과 마찬가지

로 장애인들도 여가 스포츠를 즐길 수 있도록 다양한 스포츠 프로그램이 운영하고 있으며, 장애 유형별 맞춤형 스포츠(휠체어 농구, 시각장애인 축구 등)가 활성화되어 있다.

- **패럴림픽 및 엘리트 스포츠 지원**: 독일은 장애인 엘리트 스포츠 육성을 적극적으로 지원하여, 패럴림픽 국가대표 선수들에게 체계적인 훈련과 후원을 제공함과 동시에 장애인 선수들을 위한 전문 훈련센터와 스포츠 연구소를 운영하며, 경기력 향상을 위한 과학적 접근을 시도하고 있다.
- **장애인 체육시설 및 접근성 보장**: 장애인의 공공 체육시설의 접근성 개선을 위해 장애인이 자유롭게 체육시설을 이용할 수 있도록 법적으로 접근성을 강화하기 위해 공공 체육관, 수영장, 경기장 등에 휠체어 경사로, 점자 안내판, 장애인 전용 탈의실 및 샤워 시설 등을 의무적으로 설치하도록 규정하고 있다.
- **스포츠용품 및 장비 지원**: 독일 정부 및 관련 단체는 장애인들이 스포츠 활동을 할 수 있도록 맞춤형 장비를 지원하고 있다.

이로써 독일의 경우 장애인스포츠 참여율은 유럽 내에서도 높은 수준이고 패럴림픽과 같은 국제대회에서 강국으로 자리 잡고 있으며, 재활 스포츠와 생활체육이 잘 정착되어 있어, 장애인들이 스포츠를 통해 신체적·정신적 건강을 증진할 수 있는 환경을 조성하고 있다.

독일은 법적 기반, 건강보험 지원, 스포츠 클럽 활성화 등을 통해 장애인체육 정책을 체계적으로 운영하고 있으며, 재활체육과 생활체육의 연계를 강화하여 장애인이 스포츠를 통해 사회에 적극적으로 참여할 수 있는 것이 특징이다. 장애인체육의 지속적인 발전을 위해 정책적 지원 확대와 함께, 장애인과 비장애인이 함께할 수 있는 통합 스포츠 환경을 조성하고 있다.

독일의 장애인체육 정책은 법적 보호, 재활 및 생활체육 지원, 엘리트 스포츠 육성 등 다각적인 접근을 통해 장애인의 스포츠 참여를 적극적으로 장려하고 있다. 이를 통해 장애인들이 더욱 건강하고 자립적인 삶을 살아갈 수 있도록 지원하는 것이 독일 장애인체육 정책의 핵심 목표이다.

3) 호주의 장애인체육 정책

① 법적 기반 및 주요 정책

호주는 장애인의 체육 참여를 촉진하고, 이를 통해 사회 통합과 평등을 실현하기 위해 다양한 정책과 프로그램을 시행하고 있으며, 장애인들이 스포츠를 통해 삶의 질을 향상하고 사회에 적극적으로 참여할 수 있도록 지원하는 데 중점을 두고 있다.

법적 기반 및 주요 정책의 호주의 장애인체육 정책은 1986년에 개정된 장애인 서비스법(Disability Services Act)을 기반으로 한다. 이 법은 장애인의 인권 존중과 사회 통합을 목표로 하며, 장애인이 능동적인 역할을 할 수 있도록 다양한 복지 서비스를 제공하고 있다. 호주 장애 전략 2021-2031(Australian Disability Strategy 2021-2031)은 UN 장애인 인권협약의 원칙을 반영하여, 장애인의 완전한 사회 참여와 평등을 실현하기 위한 정책, 프로그램, 서비스 및 시스템을 개발하고 실행하고자 노력하고 있다.

② 장애인체육 지원 체계

호주는 장애인체육을 지원하기 위해 다양한 기관과 프로그램을 운영하고 있으며, 호주 장애인스포츠 연맹(Australian Paralympic Committee)은 장애인스포츠를 총괄하는 주요 기관으로, 다양한 장애인스포츠 종목의 발전과 참여를 촉진하고자 한다.

③ 장애인 교육 프로그램

정부는 체육 코치뿐만 아니라 일반 교사들에게도 장애인 교육 프로그램을 운영하도록 권장하여, 장애인들의 스포츠 활동 참여를 돕고 있다.

④ 주요 프로그램 및 활동

호주는 장애인의 체육 참여를 촉진하기 위해 다양한 프로그램을 운영하고 있다.

- **Aussie Able 프로그램**: 스포츠 소외계층에게 참여 기회를 제공하는 대표적인 프로그램으로, 장애인들이 다양한 스포츠에 참여할 수 있도록 지원하고 대학 연계 프로그램인 호주 장애인 체육회와 18개의 대학이 협력하여, 패럴림픽 국가대표 선수들이 대학 체육 수업의 강사로 참여하는 프로그램을 운영하고 있다.

⑤ 접근성 개선 노력

호주는 장애인의 체육 참여를 위해 접근성 개선에 주력하고 있으며, 스포츠 시설 접근성 강화로 장애인들이 다양한 스포츠 시설을 이용할 수 있도록 물리적 접근성을 개선하고, 필요한 장비와 지원을 제공하고자 노력한다. 특히, 교육 프로그램 개발을 통해 체육 코치와 교사들을 대상으로 장애인스포츠 교육 프로그램을 개발하여, 장애인들의 스포츠 참여를 지원하고 있다.

⑥ 국제 교류 및 협력

호주는 국제적인 장애인체육 발전을 위해 다른 국가와의 교류와 협력을 강화하고 있으며, 2024년 11월, 재호주 대한장애인체육회와 광주광역시장애인체육회는 상호 협력과 교류를 통해 장애인체육 발전에 이바지하기 위한 업무협약을 체결하였으며, 이를 통해 국제장애인 체육 정보와 경험 교환, 선수와 지도자 교류 프로그램 운영, 장애인체육 관련 행사와 대회 상호 참가 지원 등을 추진하고 있다.

호주는 이러한 노력을 통해 장애인들이 체육 활동을 통해 사회에 적극적으로 참여하고, 평등한 기회를 누릴 수 있는 환경을 조성하고자 지속적으로 노력하고 있다.

4) 프랑스의 장애인체육 정책

프랑스는 장애인의 체육 참여를 촉진하고, 이를 통해 사회 통합과 평등을 실현하기 위해 다양한 정책과 프로그램을 시행하고 있고, 특히 2024년 파리 패럴림픽을 계기로 장애인스포츠에 관한 관심과 지원이 더욱 강화되고 있다.

① 법적 기반 및 주요 정책

프랑스는 장애인의 권리와 체육 참여를 보장하기 위해 여러 법률과 정책을 마련했으며, 2005년에 제정된 장애인법(Loi Handicap)은 장애인의 권리, 접근성, 교육, 고용 등을 포괄적으로 다루며, 체육 활동에의 접근성을 강조하고 있다. 이는 장애인 평등권 보장으로, 프랑스는 장애인에 대한 차별을 금지하고, 장애인의 공공시설 및 서비스 접근성을 보장하기 위한 법적 장치를 마련하였다.

② 장애인체육 지원 체계

프랑스는 장애인체육을 지원하기 위해 다양한 기관과 프로그램을 운영하고 있다. 프랑스 장애인 스포츠 연맹(FFH, Fédération Française Handisport)이 장애인 스포츠를 총괄하는 주요 기관으로, 다양한 장애인스포츠 종목의 발전과 참여를 촉진하고 있다. 프랑스 장애인 올림픽 및 패럴림픽 위원회(CPSF, Comité Paralympique et Sportif Français)는 패럴림픽 준비와 장애인스포츠의 홍보를 담당하며, 2024년 파리 패럴림픽을 통해 장애인 스포츠의 인식을 개선하고 참여를 확대하고자 노력하고 있다.

③ 주요 프로그램 및 활동

프랑스는 장애인의 체육 참여를 촉진하기 위해 다양한 프로그램을 운영하고 있으며, 일반 스포츠 클럽의 장애인 프로그램 지원으로 일반 스포츠 클럽이 장애인 프로그램을 도입하면 최대 5,000유로의 지원금을 제공하고 있다. 2021년에 시작된 장애인 자원봉사 프로젝트는 2024년 올림픽까지 연장되어, 장애인 400명이 올림픽 및 패럴림픽 기간에 자원봉사자로 참여하였다.

④ 접근성 개선 노력

프랑스는 장애인의 체육 참여를 위해 접근성 개선에 주력하고 있고, 스포츠 시설 접근성 강화를 위해 스포츠 시설뿐만 아니라 의료 및 사회복지 시설, 청소년 스포츠 클럽 등을 장애인 스포츠 활동 장소로 활용하고 있다.

2024년 파리 패럴림픽 이후 프랑스의 장애인체육 정책에 중요한 전환점이 될 것으로, 전문가의 견해로 **사회적 인식 개선을 위하고** 패럴림픽을 통해 장애인 선수들의 역량을 강조하고, 장애인들도 스포츠에 참여할 수 있다는 메시지를 전달하고자 하였다. 또한, 올림픽으로 생긴 15만 개의 일자리는 장애인 고용 시 유리하도록 정책을 마련하여 장애인 고용을 촉진하고 있다.

프랑스는 이러한 노력을 통해 장애인들이 체육 활동을 통해 사회에 적극적으로 참여하고, 평등한 기회를 누릴 수 있는 환경을 조성하고자 지속해서 노력하고 있다.

VIII.
다양하고 재미있는 슐런 게임

1. 소개

슐런은 간단한 규칙이 적용되고 신체적 부담이 적어 노인, 장애인, 청소년 등 다양한 연령층이 즐길 수 있는 스포츠로 팀 간 협동과 전략적 사고 및 스포츠맨십을 강조하는 활동으로 구성되어 있다.

1) 목적
다양한 게임 활동으로 슐런의 기본 규칙과 스킬을 익히고 효과적인 퍽의 방향 조절 및 푸쉬 전략을 학습하며 팀워크와 스포츠맨십을 이해하고 실천한다.

2) 목표

① 기술적 목표
- 기초 기술 습득: 푸쉬, 팔의 각도, 손목 동작, 퍽 잡는 방법, 자세 등 기본적인 슐런 기술에 숙달한다.
- 전략 활용: 경기 상황에 맞는 전술과 전략을 이해하고 실행한다.

② 교육적 목표
- 팀워크 강화: 팀원 간의 협력과 의사소통을 통해 팀 전체의 성과를 극대화한다.
- 경기 분석 능력 배양: 상대 팀의 강점과 약점을 분석하여 경기력을 향상시킨다.

③ 심리적 목표
- 자신감과 인내심 함양: 도전과 성취를 통해 자신감을 키우고, 실패를 극복하는 태도를 배양한다.
- 집중력 향상: 게임 상황에서 요구되는 높은 집중력과 냉철한 판단력을 키운다.

④ 사회적 목표
- 스포츠를 통한 관계 형성: 팀 동료, 상대 선수, 코치들과의 상호작용을 통해 인간관계를 형성한다.
- 공동체 의식 함양: 팀원과의 협력을 통해 공동 목표를 이루는 경험을 쌓는다.

⑤ 평생 스포츠로서의 목표
- 슐런을 통해 신체활동을 지속하며 건강한 삶을 유지한다.
- 여가 활동 및 사교적 스포츠로서의 역할을 수행한다.

슐런의 목적은 단순히 경기에서 승리하는 것을 넘어서 신체적·정신적·사회적 성장을 이끄는 데 있으며, 목표는 개인의 기술 향상과 팀 전체의 성과를 극대화하는 데 있다. 이를 통해 슐런은 평생 스포츠로서 삶의 질을 높이고, 다양한 사회적 가치를 실현할 수 있는 활동으로 자리 잡을 수 있다.

3) 대상 및 적절성
- 대상: 초등학교 고학년부터 노인까지 전 연령으로, 수준에 따라 난이도 조절이 가능하다.
- 적절성: 규칙이 간단하고 신체적 부담이 적어 누구나 쉽게 접근할 수 있고, 전략과 협력이 중요해 학생의 사고력과 협동력을 향상시킨다.

4) 지도 방법
- 단계적 접근: 기초 기술 → 전술 이해 → 실전 적용
- 교사가 직접 시범을 보이고 반복적인 훈련으로 학생에게 익숙하게 만듦
- 학생의 기술과 동작에 대한 긍정적이고 구체적인 피드백 제공
- 소그룹 활동으로 구성원 간 협력 및 경기 이해도 향상

5) 기대효과
- 신체적 효과: 손과 눈의 협응력, 균형 감각, 근력 강화
  - 개인전이나 단체전으로 퍽의 움직임을 파악하여 조정력을 기를 수 있다.
  - 퍽을 푸쉬(push)하는 힘의 강약 조절을 통해 집중도와 유연성을 기를 수 있다.

- 인지적 효과: 전략적 사고력과 문제해결 능력 향상
  - 다양한 스포츠의 규칙을 익힐 수 있다.
  - 원하는 관문에 퍽을 넣는 성취감과 점수계산으로 암산 능력을 기를 수 있다.
- 사회적 효과: 타인과의 협력으로 팀워크와 의사소통 능력 발달 및 스포츠맨십 함양
  - 경기 규칙 준수와 순번에 의한 경기 진행으로 공동체 질서를 배울 수 있다.
  - 전략 전술 수립을 통해 두뇌 활성도를 높이고 협동심을 기를 수 있다.
- 심리적 효과: 성취감과 자신감 향상 및 스트레스 해소와 심리적 안정

6) 지도상 유의점

- 교사는 최대한 학생이 올바른 손동작과 자세를 취하도록 유도한다.
- 모든 학생이 경기에 참여할 방법을 구안한다.
- 학생이 강한 힘으로 경기에 참여할 경우 적당한 피드백을 제공한다.
- 학습 전후 건강 확인 및 준비체조, 정리운동을 실시한다.
  - 몸이 불편하고 건강에 이상이 있는 학생은 별도 지도하거나 휴식할 수 있도록 한다.
  - 모든 스포츠는 준비운동으로 시작되며, 슐런 또한 스포츠이므로 반드시 스트레칭과 기본 체조를 하고, 유산소운동을 생활화하도록 지도한다.
  - 학습이 종료되면 반드시 준비운동과 같은 순서로 정리운동을 실시한다.
- 푸쉬 동작 시 주변 사람과의 안전거리를 유지하게 한다.
- 경기에 사용되는 개인별 퍽의 수를 정확히 확인한다.
- 경기 규정을 학생이 정확히 이해했는지 또는 개인별로 몇 번에 걸쳐 푸쉬해야 하는지 수시로 확인한다.
- 팀 경기일 경우 대표(주장)를 선발하여 팀을 통제하도록 한다.
- 점수는 매회 정확히 기록하고 모두가 볼 수 있도록 공지한 후 다음 회차를 진행한다.
- 승패보다 과정의 중요성을 안내하고 팀원 간 원활한 의사소통과 긍정적 응원을 격려한다.

2. 왕 퍽 넣기 게임

1) 개요
슐런보드 중앙에 놓인 '왕 퍽(Puck)'을 일반 퍽으로 맞혀 관문에 넣는 경기로서 개인전 또는 단체전으로 운영할 수 있다.

2) 목표
- 왕 퍽(Puck) 넣기의 기본 규칙과 경기운영 방법을 익힌다.
- 퍽을 정확하게 푸쉬(Push)하여 목표 관문에 통과시키는 기술을 연습한다.
- 상황에 맞는 최적의 전략을 수립하고 팀원과 협력한다.
- 팀워크를 통하여 소통 능력을 기르고 스포츠맨십을 실천한다.

3) 지도 계획
- 교사는 사용한 퍽이 보드에 있는 상태에서 경기할지 또는 사용한 퍽을 수거(보드에서 뺌)할지 선택하여 지도한다.
- **경기의 흥미도를 높이기 위해 자주 사용하는 손 또는 반대 손 중 어떤 손을 사용할지에 대해** 선택하여 운영한다.
- 학생들의 참가 인원수와 보드의 수를 파악하여 개인전 또는 단체전으로 지도한다.
- 경기 중 경기 규칙을 상기시키고 점수를 작성할 수 있는 현황판을 준비한다.
- 왕 퍽은 스티커 또는 색으로 표시한다.
- 몇 회차까지 경기를 진행할 것인지 사전에 결정한 후 이를 주지시킨다.
- 크기가 작은 바둑알 등을 이용하여 왕 퍽이 관문함에 쉽게 들어갈 수 있도록 하여 동기부여를 한다.

- 경기 후 학생들이 스스로 복기하도록 지도한다.
- 개별 학생의 기술과 팀워크 능력을 관찰하고 즉각적인 조언을 제공한다.
- 10주 프로그램 예시
  - 1~2주차: 왕 퍽 넣기의 규칙과 기본 장비(슐런보드) 사용법 소개하기
  - 3~4주차: 퍽 푸쉬 연습과 거리 조절, 힘의 강약, 추리력 기술 익히기
  - 5~6주차: 관문에 퍽 통과 연습 및 전략적 플레이 훈련하기
  - 7~8주차: 팀 구성 후 실전 연습 및 경기 진행하기
  - 9~10주차: 경기 후 복기로 개선점 논의 및 기술 강화하기

4) 교수 학습 전개

① 학습 자료
- 일반 교구: 칠판(보드판), 영상 설비(빔 프로젝터), 교재 또는 PPT 자료, 필기도구
- 슐런 도구: 슐런보드, 퍽, 점수판 등

② 기초 기술 지도
- 교사가 시범을 보이며 퍽 잡는 방법과 푸쉬 자세를 설명한다.
- 학생 한 명씩 실습하고 교사가 피드백을 제공한다.
- 소그룹으로 팀을 나누어 관문(게이트) 통과 및 전략을 연습한다.
- 목표 지점을 향한 거리 조절과 방향 설정을 연습한다.
- 간단한 게임 형태로 경기를 진행하며 규칙 이해와 전략 적용을 유도한다.

③ 활동

▶ **인원: 10명을 기준으로 학생당 퍽 5개**

▶ **준비물: 퍽(왕 퍽 1개, 백색 퍽 5~15개, 흑색 퍽 5~15개)**

(1) 교사는 왕 퍽을 경기 시작 전에 보드 바닥 중앙에 올려놓는다.
(2) 학생은 개인별 5개의 퍽을 푸쉬하여 왕 퍽을 넣는지 확인하고 기록한다.
   * 학생의 퍽이 관문함에 들어가면 그 퍽은 해당 경기에서 사용할 수 없다.

＊ 관문에 들어간 일반 퍽은 다음 회차에서도 다시 사용할 수 없다.

(3) 적은 수의 퍽을 이용하여 왕 퍽이 관문에 들어가도록 한다.

　　＊ 최소한의 푸쉬로 퍽이 들어가면 남은 퍽의 개수를 점수로 인정한다.

(4) 개인별 5개의 퍽을 모두 푸쉬하면 경기는 종료된다.

(5) 왕 퍽이 관문에 들어가지 않고 학생의 퍽이 관문에 들어가면 관문의 점수를 (-)로 기록한다.

(6) 왕 퍽이 들어간 관문에 따라 점수를 기록하고 다른 학생이 경기를 진행한다.

　　＊ 다음 회 시작은 점수가 가장 낮은 학생이 먼저 시작한다.

(7) 학생의 수와 가용 시간에 따라 횟수는 변경할 수 있다.

(8) 최종 회차 경기가 종료되면 기록된 개인별 점수를 모두 합산하여 승패를 가른다.

(9) 동점일 때 연장전을 1회 운영한다.

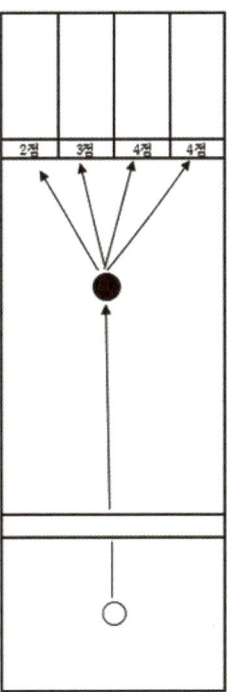

5) 평가

- 기술 평가: 관문(게이트) 통과 성공률, 공 타격 정확도로 평가한다.
- 전략 평가: 상황 분석과 팀 내 전략 수립 및 적용 능력을 확인한다.
- 사회적 평가: 팀워크와 의사소통 태도 및 스포츠맨십을 평가한다.
- 발전 평가: 초기 수준 대비 기술 및 태도의 발전 정도를 확인한다.
- 자기 평가 및 복기: 학생 스스로 경기에서 잘한 점과 부족한 점을 분석하도록 한다.

6) 기대효과

- 신체적 효과: 손과 눈의 협응력, 균형 감각, 근력 강화
- 인지적 효과: 전략적 사고력과 문제해결 능력 향상
- 사회적 효과; 팀워크와 의사소통 능력 발달, 타인과의 협력 및 스포츠맨십 함양
- 심리적 효과: 성취감과 자신감 향상, 스트레스 해소와 심리적 안정

응용 동작 만들어 보기

3. 야구형 슐런

1) 개요

야구형 슐런 게임은 기술 습득, 전략 이해, 협동심 및 규칙 준수와 같은 다양한 목표를 설정하고 팀워크를 습득한다.

팀명	1회	2회	3회	4회	5회	6회	7회	8회	9회	총합
장군이	0	0	0							0
멍군이	0	0	0							0

 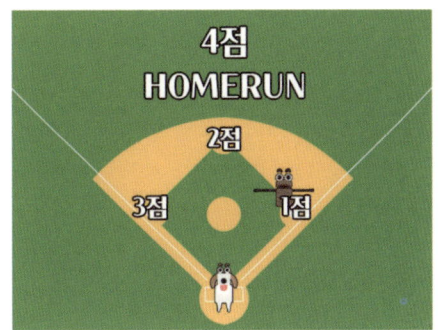

2. 떡이 관문을 통과할 경우 해당 점수만큼 n루타가 인정되며 진루합니다.

2) 목표

- 전략 이해: 야구의 기본 규칙을 이해하고 상황에 맞는 전술을 활용할 수 있다.
- 팀워크와 스포츠맨십 함양: 팀 스포츠로서의 협동심과 상대를 존중하는 태도를 기른다.
- 체력 증진: 신체 활동을 통해 근력, 순발력, 협응력, 심폐 지구력을 향상시킨다.

3) 지도 계획

- 학생의 성별 및 특성에 따라 팀을 구성하고 인원에 따라 청/백팀으로 나눈다.
- 사전에 야구형 게임판과 필기도구를 준비하여 학습에 문제가 없도록 한다.
- 야구 규칙과 야구형 슐런의 규칙을 이해시킨다.
- 경기 진행하지 않은 팀은 경기 진행팀에 대한 점수를 채점하게 한다.
- 경기에 참여하지 않는 선수나 경기하지 않은 팀에 대한 방안을 모색한다.
- 6주 프로그램 예시
    - 1~2주차: 야구점수판 구성과 선수의 움직임 학습하기
    - 3~4주차: 기본 규칙, 방어 전략 학습하기
    - 5~6주차: 기본 오프닝 및 전술 실습 및 실전 연습하기(소그룹 경기와 대그룹 경기)

4) 교수·학습 전개

① 학습 자료
- 일반 교구: 칠판(보드판), 영상 설비(빔 프로젝터), 교재 또는 PPT 자료, 필기도구
- 슐런 도구: 슐런보드, 퍽, 점수판 등

② 기초 기술 지도
- 기초 기술 학습: 퍽 푸쉬하기, 손목 및 팔의 각도 조정하기, 정확한 푸쉬 자세와 거리 감각(조정력) 연습하기
- 퍽 잡는 동작 익히기, 기본적인 하체 동작 익히기(기마자세, 앞 굽히기 자세, 뒷 굽히기 자세), 전술 및 게임 이해하기
- 포지션별 역할 이해: 다음 플레이어의 역할 알아보기
- 게임 전략 및 규칙 이해: 아웃, 스트라이크, 볼, 홈런 등의 기본 규칙 익히기

③ 활동
▶ 인원: 2~12명(반 전체 참여 가능하나 주의 집중을 위해 보드 1개당 팀별 5명 이내 권장)
▶ 준비물: 개인별 퍽 3개

(1) 학생은 야구 규칙에 따라 경기를 진행하고 개인별 3개의 퍽을 지급 후 하나씩 푸쉬한다.

(2) 푸쉬한 퍽이 관문에 들어가면 관문의 점수만큼 출루한다.

　*슐런보드의 관문 점수 1점은 1루, 2점 2루, 3점은 3루, 4점은 홈런으로 한다.

(3) 학생은 3개의 퍽을 푸쉬하여야 하는데, 첫 번째에 퍽이 관문에 들어가면 나머지 2개의 퍽은 사용하지 않는다(이때 관문에 들어간 점수만큼 출루한다).

　*예시: 첫 번째 퍽은 관문에 들어가지 않았고(그 퍽은 그대로 둠), 두 번째 퍽이 관문에 2점에 들어가면 나머지 한 개의 퍽은 사용하지 않고 학생은 2루로 출루한다.

(4) 이 게임은 도루가 없으며 베이스를 차례대로 밀어내며 경기가 진행된다.

(5) 한 팀이 3아웃으로 경기가 끝나면 반대편 팀이 경기를 진행한다.

(6) 9회 말까지 경기할 수 있으며 상황에 따라 회차(경기 수)를 조정할 수 있다.

5) 평가

- 기술 평가: 실습에서 투구·타격·수비 기술을 평가한다.
- 전술 이해: 상황별 전략과 의사결정을 구두로 설명하거나 게임에서 시연한다.
- 팀워크 평가: 팀 내 협동심, 소통 능력, 규칙 준수 태도를 평가한다.

6) 기대효과

- 야구 규정을 이용한 경기 이해도가 향상된다.
- 협동심과 스포츠 정신이 강화된다.
- 체력과 운동 능력이 전반적으로 개선된다.
- 학습자가 슐런을 통해 성취감과 자신감을 느낀다.

응용 동작 만들어 보기

4. 골프형 슐런

1) 개요

골프형 슐런은 필드 게임으로 경기 방식은 골프와 같다. 기본 기술부터 전략적인 경기운영, 그리고 규칙을 익히는 과정을 지도하고 학생이 골프형 슐런을 통하여 기술적, 정신적, 사회적 측면을 균형 있게 배울 수 있도록 한다. 이 게임은 실내 및 실외에서 학습할 수 있고 슐런보드를 이용하지 않고 학생의 다양한 동기를 유발한다.

2) 목표

① 기술적 목표

- 올바른 푸쉬, 퍽을 잡는 동작과 보내는 자세, 하체의 기본자세, 몸의 균형 등 핵심 기술을 익힌다.
- 관문에 퍽을 넣을 수 있는 정확도를 높이고, 상황에 맞는 힘의 강약, 각도 등을 고려하는 방법을

익힌다.
- 경기 중 환경 요소(퍽의 위치 등)를 고려하여 효과적인 전략을 실행한다.

② 정신적 목표
- 실수 후에도 냉정함을 유지하며 다음 푸쉬에 집중하는 태도를 기른다.
- 개인적인 자세의 변형 개선이나 특정 기술 숙달 등 단계적 목표를 설정하고 달성한다.

③ 사회적 목표
- 동반자와의 협력 및 규칙 준수를 통해 성숙한 스포츠맨십을 발휘한다.
- 슐런을 통해 사회적 관계를 확장하고 긍정적 교류를 이룬다.

④ 경기적 목표
- 경기에서 낮은 횟수를 기록하며 경쟁에서 우위를 점한다.
- 지속적인 연습과 경기 경험을 통해 경기력을 개선한다.
- 경기 운영 방법을 익히고, 골프형 슐런의 규칙 및 예절 이해하여 예의를 학습하여 스포츠맨십을 함양한다.
- 코스 공략법, 샷 선택 등 전략적 의사결정 능력을 기른다.
- 슐런을 통해 근력, 유연성, 균형 감각을 강화하고 집중력과 인내심을 기른다.

3) 지도 계획
- 기본기부터 힘의 강약 등 조정력과 집중력을 높일 수 있는 사전 운동(마주 보면서 공 맞히기, 홀 안에 공 넣기, 박스 안에 밀어서 공 넣기 등)을 실시하여 단계적으로 접근한다.
- 학생의 학년, 성격, 신체 조건에 맞춘 맞춤형 피드백을 제공한다.
- 학생의 성별 및 특성에 따라 4명씩 팀을 구성한다(상황에 따라 인원 변경 가능).
- 팀별 조장을 만들고, 필기도구를 준비하여 학습에 참여해야 한다.
- 실내 및 실외의 상황에 맞게 미리 학습 준비를 한다.
- 공이나 그릇 등을 맞혀 넣는 경우 튕기지 않도록 힘의 강도를 약하게 하도록 한다.

- 교사의 시범을 통해 정확한 동작을 보여 주고 반복연습으로 숙달한다.
- 연습에서 배운 기술을 실제 코스에 적용하여 실전 감각을 익힌다.
- 야외 운동은 부상의 위험이 있을 수 있으므로 스트레칭과 올바른 자세를 강조하여 부상을 예방한다.
- 초급자에게는 무리한 거리 욕심보다는 정확성을 중시하도록 지도한다.
- 일정 간격을 두고 2번째 팀을 출발시켜 코스 관리 및 소음 제한, 속도 유지 등 예절을 지키도록 한다.
- 6주 프로그램 예시
  - 1~2주차: 놀이를 이용한 게임(원 안에 공 넣기, 3~10m 거리의 선에 공이나 퍽 가까이하기 등) 하기
  - 3~4주차: 마주 보면서 근거리 또는 원거리의 퍽이나 플라스틱 그릇을 다양한 방법(손 또는 발)으로 맞히기
  - 5~6주차: 9~18홀 경기하기(실전연습)

4) 교수 학습 전개

① 학습 자료
- 공, 원반, 플라스틱 그릇, 박스, 라인기, 매직(원을 그릴수 있는 도구), 필기도구

② 기초 기술 지도

[실내]
- 학생들이 마주 보고 공이나 그릇을 밀어서 상대방의 공이나 그릇 맞히기
- 미리 그려 놓은 원 안에 공이나 그릇을 정확히 넣기
- 미리 그려 놓은 선에 공이나 그릇이 걸치게 하기

[실외]
- 운동장이나 지정된 곳에서 마주 보고, 서로의 공 맞히기
- 공을 굴려 홀에 넣기

③ 활동
▶ **인원: 팀별 4명이 기준이나 증감 가능**
(1) 골프 규칙에 따라 9홀이나 18홀에 적은 수의 푸쉬(발 사용 가능)로 경기를 끝낸 학생이 승리한다.
(2) 4명이 1팀으로 운영하며, 학생이 1번 홀에 몇 번에 걸쳐서 그릇이나 공을 넣는지 판단한다. 이때 동료 학생이나 교사가 홀에 공이나 그릇 등을 넣는 횟수를 기록한다.
(3) 3번 홀까지 1팀이 가면 2번째 팀이 출발하고 같은 방식으로 경기는 지속한다.
(4) 경기가 끝나면 총 푸쉬(Push) 횟수를 합산하여 순위를 결정한다.

5) 평가
- 기술 평가: 힘의 조절, 정확성, 거리 조절, 방향성 등을 평가한다.
- 전략 이해 평가: 코스 공략 계획과 환경 요소 분석 능력을 평가한다.
- 규칙 및 예절 평가: 규칙 준수와 예절 실천 여부를 관찰한다.

6) 학습 효과 및 기대 결과
- 골프형 슐런으로 경기 이해도가 향상된다.
- 규칙 준수와 스포츠맨십을 바탕으로 성숙한 태도를 기른다.
- 신체적 건강과 정신적 집중력을 동시에 강화한다.
- 소통 능력과 네트워킹 기회를 얻는다.

응용 동작 만들어 보기

5. 윷놀이 슐런

1) 개요

윷놀이는 한국의 전통 민속놀이로, 삼국시대 이전부터 즐겨온 것으로 고대 농경 사회에서 농사의 성공과 풍년을 기원하며 시작된 놀이다. 윷의 네 개 막대기는 사방(동서남북)과 오행(목, 화, 토, 금, 수)을 상징한다. 주로 설날이나 추석 같은 명절에 가족과 친지들이 모여 함께 즐겼으며, 공동체 놀이로 행해지고 있으며, 윷놀이는 단순한 놀이를 넘어 전략적 사고, 공동체 의식, 전통문화 계승 등 다방면의 장점이 있다. 또한, 남녀노소 누구나 참여할 수 있어 가족과 이웃 간의 유대를 강화하고, 한국 고유의 전통문화를 자연스럽게 체험할 수 있는 놀이로서 큰 가치를 지니고 있다. 이러한 윷놀이의 긍정적 요인과 네덜란드의 전통적 놀이인 슐런이 조화를 이루고 교육적 관점과 흥미적, 여가적 관점 등을 고려한 놀이로 재구성하여 경기를 진행한다.

[학습 주제]

윷놀이의 기초 규칙 및 말의 이동 방법을 익힐 수 있다.
- 전략과 전술: 상대의 경기 흐름과 자신의 경기 전략을 고려하여 공격과 방어를 공략한다.
- 개념적 이해: 경기 방법의 충분한 이해를 통해 자의적으로 경기를 진행할 수 있도록 한다.
- 사고력과 경기 분석: 상대 팀의 경기 방법을 추론하여 진행할 수 있다.

2) 목표

① 기초 목표
- 윷놀이판 구성, 말의 이동 방법, 기본 규칙을 이해하고 윷놀이의 방어 기술을 익힌다.

② 기술적 목표
- 다양한 오프닝 전략 및 포지션 플레이를 활용하고 복잡한 상황에서 최적의 수를 계산하고 판단한다.

③ 인지적 목표
- 논리적 사고력과 문제해결 능력을 강화한다.
- 경기 중 계획을 수립하고 상황 변화에 대응한다.
- 경기 방법의 충분한 이해를 통해 자의적으로 경기를 진행한다.

④ 사회적 목표
- 상대방을 존중하고 승리와 패배를 겸허히 받아들인다.
- 경기 후 복귀를 통하여 협력적 학습을 진행한다.

3) 지도 계획
- 초급자에게는 규칙을 서두르지 않고 천천히 설명하며 실습을 병행한다.
- 개인 차이를 고려하여 학생의 이해도와 속도에 맞춰 지도한다.
- 학생의 수준에 따라 맞춤형 피드백 및 코칭을 제공한다.
- 승리에 집착하거나 패배에 좌절하지 않도록 격려한다.
- 지나친 경쟁으로 과도한 스트레스와 갈등이 발생하지 않도록 예방한다.
- 빽도는 규칙에서 배제한다.
- 흥미를 위하여 전자 슐런과 오프라인 슐런을 적절하게 이용한다.
- 실제 경기와 비슷한 상황을 설정해 전략적 사고를 유도한다.
- 다양한 전략을 사용할 수 있도록 지도하고 학생들 간의 실전 게임을 진행할 때 피드백을 제공한다.
- 긴 경기 시간으로 집중하지 못하는 학생을 관리하는 방안을 마련하다.
- 10주 프로그램 계획
  • 1~2주차: 윷놀이판 구성과 말의 움직임 학습하기

- 3~4주차: 기본 규칙과 방어 전략 학습하기
- 5~6주차: 기본 오프닝 및 전술 실습하기
- 7~8주차: 미들게임 전략과 복잡한 상황에서의 판단 연습하기
- 9~10주차: 엔드게임 기법 학습 및 실전 경기와 복기하기

4) 교수·학습 전개

① 학습 자료

- 일반 교구: 현황판 및 윷놀이판, 말, 필기도구 등
- 슐런 도구: 슐런보드, 퍽

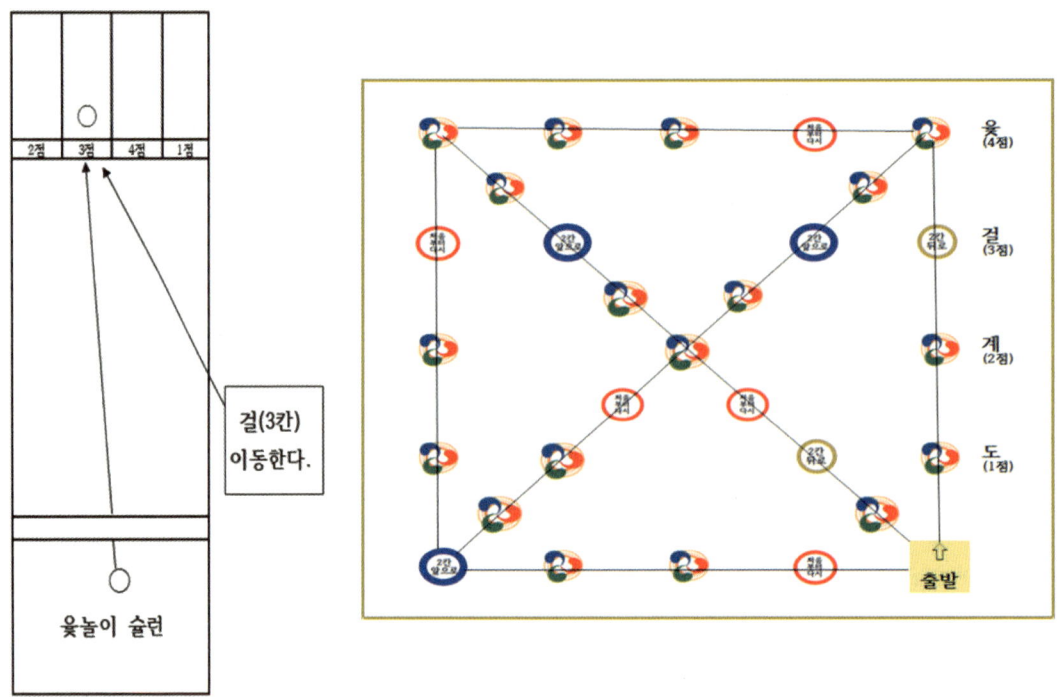

② 기초 기술 지도

- 윷놀이판의 구성 및 말의 움직임을 설명한다.
- 슐런보드의 점수 취득 시 말의 움직임을 동시에 설명한다.

- 간단한 오프닝과 전술(동시 함께 가기, 상대 퍽 잡고 다시 경기하기 등)을 학습한다.
- 시각적 자료 및 게임 시뮬레이션을 활용한다.

③ 활동
▶ **인원: 팀별 2~4명이 기준이나 증감 가능**
▶ **준비물: 2팀당 슐런보드 1세트, 개인별 퍽 3개**
(1) 참가자들에게 퍽을 3개씩 나눠 준 후 윷놀이 규칙에 맞게 팀별로 순서를 정하여 푸쉬한다.
　　단, 퍽이 관문에 들어갔을 때 나머지 퍽을 사용하지 않는다.
　　* 예: 'A팀 1번(3퍽 사용) → B팀 1번 → A팀 2번 → B팀 2번…'의 순서로 번갈아 가면서 진행한다.
(2) 개인별 푸쉬가 끝난 퍽은 정리한다.
(3) 퍽을 4점 관문에 넣거나 상대의 말을 잡을 경우 해당 선수에게 푸쉬 기회를 1회 더 준다.
(4) 관문에 들어간 점수만큼 윷놀이판의 위치로 이동한다.

5) 평가

- 기술 평가
  • 말의 이동 방법과 기본 규칙 숙지 여부를 평가한다.
  • 체크메이트와 방어 기술의 숙련도를 확인한다.
- 전략 평가
  • 오프닝 및 미들게임 전략 활용 능력을 분석한다.
  • 경기 상황에서의 문제해결 능력을 평가한다.
- 경기 평가
  • 실전 경기 결과와 경기 후 복귀 태도를 평가한다.
  • 상대방을 존중하며 스포츠맨십을 발휘하는지 관찰한다.
- 발전 평가
  • 초기 수준 대비 기술적·전략적 성장도를 평가한다.
  • 학생이 윷놀이를 즐기며 지속해서 참여하려는 태도를 보이는지 평가한다.

6) 기대효과

- 인지적 효과: 문제해결 능력, 논리적 사고력, 창의적 사고력 향상

- 정신적 효과: 인내심, 집중력, 스트레스 관리 능력 강화

- 사회적 효과: 스포츠맨십 함양, 동료와의 협력 및 경쟁 능력 향상

- 학문적 연계: 수학적 사고와 계획적 사고 능력 발전

응용 동작 만들어 보기

6. 지뢰 피하기 슐런

1) 개요

지뢰 피하기는 보드게임으로 참가자들이 위험(지뢰)을 피해 안전한 경로를 찾아가는 과정에서 문제 해결력, 논리적 사고, 협력 및 의사소통 능력을 기를 수 있는 놀이이다. 이를 슐런에 접목하면 학생이 재미를 느끼면서도 전략적 사고와 문제해결 능력을 배울 수 있고 협력과 소통으로 팀워크가 향상된다.

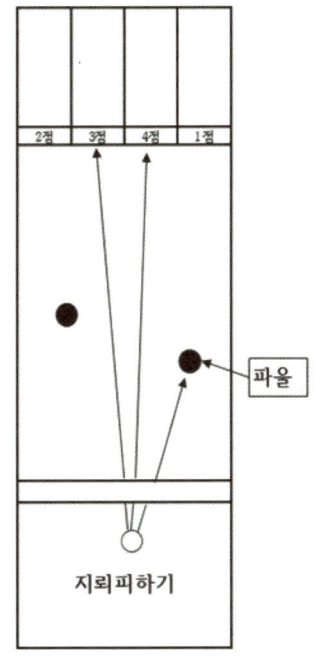

지뢰를 피해서 경기진행

2) 목표

- 문제해결 능력 향상: 주어진 환경에서 위험을 예측하고 최적의 경로를 선택하는 능력을 배양한다.
- 전략적 사고 개발: 제한된 정보를 기반으로 지뢰의 위치를 유추하고, 전략을 세운다.
- 협력과 의사소통 능력 강화: 팀원 간의 의견을 공유하고 협력하여 목표를 달성한다.
- 감정 조절 및 실패 극복: 실패를 경험하면서도 이를 극복하고 성취감을 느낀다.

3) 지도 계획

- 소그룹(2~4명)으로 팀을 구성하고 팀원 간 전략을 논의하며 진행한다.
- 초급(지뢰 수 적음) → 중급(지뢰 수 증가 및 경로 복잡화) → 고급(협력 플레이 포함) 단계로 난도를 높인다.
- 학생들이 게임을 진행하며 선택한 전략과 결과에 대해 교사가 피드백을 제공한다.

- 게임이 끝난 후 학생들이 성공 및 실패 요인을 분석하며 학습한다.
- 지나친 승부욕이 발생하지 않도록 협력과 과정의 중요성을 강조한다.
- 소극적인 학생에게도 역할을 부여하여 적극적인 참여를 유도한다.
- 모든 학생이 공평한 조건에서 게임에 참여할 수 있도록 보장한다.
- 놀이의 결과보다 학습 목표 달성에 초점을 맞춘다.
- 10차시 프로그램 계획
  - 1~2차시: 지뢰 피하기 규칙 이해 및 초급 난이도 게임 진행하기
  - 3~4차시: 중급 난이도 게임과 팀별 전략 논의하기
  - 5~6차시: 고급 난이도 게임과 협력 플레이 적용하기
  - 7~8차시: 게임 중 발생한 문제 분석 및 개선 방안 논의하기
  - 9~10차시: 실제 환경과의 연결 학습 및 복합 시나리오 적용하기

4) 교수·학습 전개

① 학습 자료
- 일반 교구: 현황판, 보드마카 등 필기도구
- 슐런 도구: 슐런보드, 퍽

② 기초 기술 지도
- 교사가 간단한 규칙(예: 안전한 길 찾기, 지뢰 발견 시 벌칙 등)을 시범으로 보여 준다.

③ 활동
▶ **인원: 10명(팀당 3~5명씩, 개인전과 단체전 가능)**
▶ **준비물: 2팀당 슐런보드 1세트, 지뢰 Puck 2~3개, 흑·백 퍽 5~15개(스티커 가능)**

(1) 지뢰 Puck 1~2개를 경기 시작 전에 슐런보드 중앙에 놓는다.
　* 지뢰 위치는 중앙 또는 양 팀 대표가 1개씩 놓을 수 있다.
(2) 선수는 5명 이내 단체전으로 하며 퍽은 1인당 3개씩 가진다.
(3) 팀전으로 경기를 진행하며, 지뢰를 피해서 점수를 얻어야 한다. 만약, 지뢰를 맞추거나 건드

릴 경우 퍽은 제외한다.

(4) 지뢰가 관문함에 들어갈 경우 해당 점수만큼 점수를 제외하고 관문에 들어간 지뢰는 다시 설치한다.

   * 예시: 개인별 퍽의 개수 중 하나의 퍽이 지뢰를 맞추거나 넣으면 다음 경기 때 해당 선수의 퍽 개수를 차감한다.

(5) 한 팀의 경기가 종료되면 상대 팀이 경기를 진행한다.
(6) 관문에 들어간 퍽에 따라 양 팀의 점수를 기록하고 다음 쿼터를 다시 시작한다.
(7) 경기는 인원과 가용 시간에 따라 3~5회 진행한다.
(8) 최종 회차 경기가 종료되면 두 팀의 점수를 모두 합산하여 승패를 가른다.
(9) 점수는 매회 정확히 기록하고, 모두가 볼 수 있도록 공지한 후 다음 회차를 진행한다.

5) 평가

체계적인 지도와 평가를 통해 학생들이 놀이를 통해 실질적이고 유의미한 성장을 이룰 수 있도록 해야 한다.

- 기술적 평가: 문제 상황에서 적절한 전략을 세우고 실행했는지 평가한다.
- 협력적 평가: 팀원 간의 의사소통과 협력 정도를 관찰하여 평가한다.
- 자기 평가 및 반성: 학생이 자신의 게임 과정과 결과를 스스로 평가한다.
- 정량적 평가: 지뢰를 피해 목표 지점까지 도달한 횟수나 성공률을 측정한다.
- 정성적 평가: 학습 과정에서의 태도, 노력, 실패 극복 의지를 평가한다.

6) 기대효과

- 인지적 효과: 문제해결 능력, 논리적 사고, 창의력 향상
- 사회적 효과: 협력과 의사소통 능력 증진
- 정서적 효과: 게임 과정에서의 성취감 및 도전의식 고취와 실패를 긍정적으로 받아들이고 재도전하는 태도 함양
- 교육적 효과: 학습 과제를 놀이 형태로 변형하여 흥미를 유발하고 학습 몰입도를 높임

응용 동작 만들어 보기

7. 포켓 슐런

1) 개요
　포켓볼 규칙을 슐런 게임 형태로 변형하여 전략적 사고, 공간 지각력, 팀워크, 규칙 준수의 중요성을 배울 수 있다. 포켓볼의 주요 규칙과 원리를 간단한 도구(보드판, 미니 공, 큐, 카드 등)로 구현해 누구나 참여 가능하며 문제해결 능력을 학습하고 전략적 사고와 협동심을 동시에 기를 수 있는 활동이다.

2) 목표
- 기술적 목표: 포켓볼 규칙의 핵심 요소(점수계산, 공 배치 원리)를 이해하고 적용한다.
- 인지적 목표: 제한된 조건 속에서 최적의 전략을 세우는 문제해결 능력을 기른다.
- 사회적 목표: 팀 활동을 통해 의사소통 능력과 협력의 가치를 경험한다.
- 정서적 목표: 슐런 프로그램 과정을 통해 도전의식을 키우고 성취감을 느낀다.

3) 지도 계획
- 학생 스스로 전략과 점수계산 방법을 탐구할 방안을 모색하고 협동 학습을 위해 팀 단위로 수업을 진행한다.
- 기본 기술과 규칙을 단계적으로 지도하고 팀별 협력을 통한 경기로 진행한다.
- 공 배치와 각도 계산에 대해 학생 스스로 탐구하도록 실전 중심으로 연습하게 한다.
- 학생의 점수계산, 차례 진행 방식 등 규칙 이해 부족으로 인한 혼란이 발생하지 않도록 조를 편성한다.
- 전략적 사고 부족 등으로 인한 퍽의 위치 선정 등에 실패하지 않도록 지도한다.
- 팀원들이 활동에서 소극적으로 참여하지 않도록 지속해서 피드백을 제공한다.

- 모든 팀이 같은 조건에서 게임을 진행하도록 공정한 환경을 조성한다.
- 모든 학생이 적극적으로 참여할 수 있도록 역할을 부여하고 참여 의지를 높일 수 있는 방안을 마련한다.

4) 교수 학습 전개

① 학습 자료
- 일반 교구: 현황판, 보드마카 등 필기도구
- 슐런 도구: 슐런보드, 퍽

② 기초 기술 지도
- 퍽을 잡는 방법, 푸쉬 자세 및 하체 기본자세, 다양한 경기 방법을 이해한다.
- 추론을 통한 퍽의 이동 및 위치 계산, 각도 조절 방법을 연습한다.
- 교사가 간단한 규칙(예: 안전한 길 찾기, 지뢰 발견 시 벌칙 등)을 시범으로 보여 준다.
- 기본 벌칙과 점수계산 방법을 알고 연습한다.
- 퍽의 배치에 따른 최적의 이동 경로 설정 및 상대방의 수를 예측하며 전략적으로 플레이한다.
- 1:1 대결, 팀 대결, 릴레이 게임 등 다양한 방식으로 실전 연습한다.

③ 활동
▶ **인원: 2~10명(팀당 1~5명 이내 단체 또는 개인전으로 진행)**
▶ **준비물: 포켓 Puck 4개, 팀이나 개인별 구분할 수 있는 스티커 준비**
(1) 학생 인원 및 시간에 따라 횟수를 정한다.
(2) 포켓 Puck 4개를 경기 시작 전 슐런보드 중앙에 그림과 같이 놓는다.
(3) 팀별 색상이 다른 퍽을 개인별 1개씩을 가져서 팀별로 번갈아 가면서 경기를 진행한다.
(4) 푸쉬 퍽은 수거한다. 만약, 자신의 퍽이 관문에 들어가면 페널티를 한번 받는다.

(5) 퍽의 선정은 먼저 들어간 퍽의 색상에 따라 변할 수 있다.
(6) 포켓 Puck이 모두 관문에 들어가면 경기를 종료한다.
(7) 관문에 들어간 포켓 Puck으로 양 팀의 점수를 기록하고, 다음 경기를 시작한다.
(8) 최종 회차 경기가 종료되면 두 팀의 점수를 모두 합산하여 승패를 가른다.

교사는 보드판과 도구를 이용해 기본 규칙을 설명하고 시범을 보인 후 조별 활동을 위해 2~4명으로 구성된 팀별 활동으로 경쟁 및 협력 진행을 위한 사전 지도안을 마련해야 한다. 단계별 지도를 위해 퍽의 개수를 나누거나 줄여서 초급 → 중급 → 고급으로 점진적으로 난이도를 조정하여야 한다.

- 시범 및 설명: 교사가 시범을 보이며 기본자세와 기술을 설명
- 개별 연습: 큐 사용법과 공 타격 연습을 개별적으로 진행
- 소그룹 활동: 2~4명으로 구성된 팀으로 소규모 경기 진행
- 실시간 피드백: 학생들의 자세와 기술을 관찰하며 개별 피드백 제공
- 경기 분석 및 복기: 경기 후 자신의 플레이를 분석하고 개선점을 찾는다.

※ 관문에 먼저 들어간 퍽의 색상이 학생의 퍽이 된다.
※ 학생이 사용한 퍽은 사용 후 보드 바닥에서 꺼낸다.
※ 검정 퍽이 제일 나중에 들어가야 하지만, 경기 도중 들어가면, 퍽을 넣은 학생이 지게 된다.

5) 평가
- 기술적 평가: 규칙 이해 및 점수계산의 정확성을 평가한다.
- 전략적 평가: 퍽의 배치와 전략적 플레이의 적절성을 평가한다.
- 사회적 평가: 팀원 간 협력과 의사소통 태도를 평가한다.
- 자기 평가: 자신의 게임 전략과 학습 성과를 스스로 분석하게 한다.
- 발전 평가: 초기 수준 대비 전략과 규칙 적용 능력의 발전 정도를 평가한다.
- 정성적 평가: 참여 태도, 집중력, 도전 의지를 관찰하여 평가한다.

- 정량적 평가: 게임에서 획득한 점수나 승리 횟수로 평가한다.

6) 기대 효과

- 신체적 효과: 손과 눈의 협응력, 균형 감각, 소근육 발달
- 인지적 효과: 공간 지각 능력, 문제해결 능력, 논리적 사고력 향상
- 사회적 효과: 팀워크와 의사소통 능력 발달 및 스포츠맨십과 공정한 경쟁 태도 함양
- 정서적 효과: 성취감 및 자신감 향상과 집중력을 기르고 스트레스를 해소

응용 동작 만들어 보기

8. 슐런 당구

1) 개요

당구 규칙을 슐런 게임 형태로 변형하여 공간 지각 능력, 전략적 사고, 팀워크, 집중력을 함양할 수 있고, 기존 당구 규칙을 간소화하여 누구나 쉽게 접근할 수 있도록 제작된 슐런 프로그램으로 전략적 접근과 기술적 요소를 동시에 학습할 수 있다. 일반 퍽으로 슐박 벽면을 1회 또는 여러 차례 먼저 맞힌 다음 보너스 퍽을 맞히거나 관문에 넣는 경기로, 당구 규칙을 활용한 전략적 게임으로 창의적 문제해결을 학습한다.

2) 목표

'슐런 당구' 경기 진행 방식을 숙지하고 학생들을 지도할 수 있어야 하며, 경기를 진행하는 목적과 학습 효과를 이해시킬 수 있어야 한다.

- 기술적 목표: 당구의 기본 규칙과 공 배치 전략을 이해하고 적용한다.
- 인지적 목표: 제한된 조건 속에서 최적의 공 배치와 이동 경로를 계산한다.
- 사회적 목표: 팀원 간 협동과 의사소통을 통해 문제를 해결한다.
- 정서적 목표: 게임을 통해 성취감을 느끼고 스포츠맨십을 실천한다.

3) 지도 계획

- 2~4인 팀으로 구성하여 협동 게임이 가능하도록 진행한다.
- 기본 기술과 규칙을 단계적으로 지도하고 팀별 협력을 통한 경기로 진행한다.
- 퍽의 이동과 목표 공략 연습을 학생 각자 하게 한다.
- 퍽의 경로 계산, 이동 조작과 최적의 공 배치에 실패하지 않도록 피드백을 제공한다.

- 게임 중 기술과 전략에 대해 개별적 또는 팀별로 피드백을 제공하고 게임 후 자신의 플레이와 전략을 복기하여 개선방안을 토론하게 한다.
- 팀원들이 활동에서 소극적으로 참여하지 않도록 지속해서 피드백을 제공하고 규칙을 준수하게 한다.
- 모든 팀이 동일한 조건에서 게임을 진행하도록 공정한 환경을 조성한다.
- 결과보다 과정의 중요성을 강조하며 스포츠맨십을 실천하게 한다.
- 모든 학생이 적극적으로 참여할 수 있도록 역할을 부여하고 참여 의지를 높일 방안을 마련한다.
- 슐런보드 도구 사용 시 안전사고가 발생하지 않도록 지도한다.
- 특정 상황에서 '보너스 카드'나 '벌칙 카드'를 활용하여 특수 규칙을 추가하고 긴장감을 부여한다.

4) 교수 학습 전개

① 학습 자료
- 일반 교구: 현황판, 보드마카 등 필기도구
- 슐런 도구: 슐런보드, 퍽

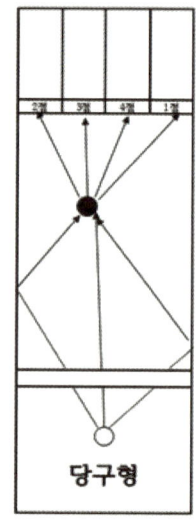

당구형

② 기초 기술 지도
- 기본 당구 규칙과 퍽의 이동 원리, 포인트 계산 방식, 차례 진행 방법 등을 설명하고 교사가 시범을 보인다.
- 개인전 자신의 차례에 점수를 최대한 얻기 위한 공략법을 지도한다.
- 팀별로 협력하여 팀전에서 최적의 공 배치와 전략을 설정하게 한다.

③ 활동

▶ **인원: 2~10명(팀당 1~5명씩 단체 또는 개인전으로 진행)**

▶ **준비물: 보너스 퍽 1개, 개인별 퍽 3개(팀별 색상이 다른 퍽 준비)**

(1) 양 팀 모든 선수는 1인당 퍽 3개씩을 가지고 퍽의 종류(색깔)를 확인한다.
(2) 심판은 보너스 퍽 1개를 보드 중앙에 놓는다.
(3) 팀별 순서에 따라 교대로 퍽을 푸쉬하여 슐박 벽면을 1회(또는 2회, 3회) 맞힌 다음 보너스 퍽

을 맞히거나 보너스 퍽을 관문에 넣는다.

* 각 팀별 정해진 순번을 어기면 그 사람의 퍽을 파울 처리한다.

* 일반 퍽이 관문에 들어가면 무득점, 파울 처리한다.

(4) 보너스 퍽이 관문에 들어가게 되면 해당 (+)점수를 가산한다.
(5) 점수산정은 보너스 퍽을 맞힐 때마다 1점을, 보너스 퍽이 관문에 들어갈 때마다 들어간 관문에 따라 점수를 획득한다.
(6) 양 팀의 선수 전원이 퍽을 모두 푸쉬하면 1쿼터가 종료된다.
(7) 경기는 인원과 가용 시간에 따라 3~5회를 진행한다.
(8) 최종 회차 경기가 종료되면 두 팀의 점수를 모두 합산하여 승패를 가른다.
(9) 3회의 경기 후에도 양 팀 모두 점수를 얻지 못하거나 동점이면 2회까지 연장전을 실시한다.

학습제재	주요 학습 내용
슐런 당구	- 경기 방식을 이해한다. - 보너스 퍽의 위치에 따라 퍽을 푸쉬하는 각도와 방향에 숙달한다. - 푸쉬(push)하는 퍽이 관문에 들어가지 않도록 힘 조절하는 방법을 배운다. - 간접 충격 방법으로 보너스 퍽을 관문에 넣는 방법을 터득한다. - 보너스 퍽을 맞혔을 때와 관문에 넣었을 때의 신속하고 정확한 점수계산 방법을 익힌다.

5) 평가

- 기술적 평가: 공 이동 및 배치 전략의 정확성을 평가한다.
- 전략적 평가: 게임 중 전략적 의사결정의 적절성을 평가한다.
- 사회적 평가: 팀원 간 협력과 의사소통 태도를 평가한다.
- 자기 평가: 자신의 게임 진행 및 학습 성과를 스스로 분석하게 한다.
- 발전 평가: 초기 대비 규칙 이해 및 전략 적용 능력의 발전 정도를 평가한다.
- 정성적 평가: 게임 참여 태도, 집중력, 스포츠맨십을 평가한다.
- 정량적 평가: 게임 결과 점수, 승리 횟수 등 구체적 데이터를 분석하여 평가한다.

6) 기대효과

- 인지적 효과: 퍽의 이동 경로를 계산하며 공간 지각 능력과 논리적 사고를 강화

- 사회적 효과: 팀워크를 통해 의사소통과 협력 능력을 함양.

- 정서적 효과: 놀이를 통한 스트레스 해소와 도전의식 고취

- 기술적 효과: 손과 눈의 협응력 및 정교한 조작 기술 발달

응용 동작 만들어 보기

9. 수학 슐런

1) 개요

산술 연산(+, -, ×, ÷)을 활용하여 수학적 사고력과 문제해결 능력을 길러 주는 슐런 게임 활동으로 학생들은 게임 규칙에 따라 숫자와 연산 기호를 조합해 점수를 계산하며 창의적이고 논리적인 사고를 발달시킬 수 있다. 수학적 개념을 실생활과 연결하여 재미있고 자연스럽게 학습할 수 있는 프로그램이다.

2) 목표

산수를 활용한 창의적 점수계산 게임으로 연산 기호 선택의 전략과 점수 최적화 학습을 위한 수학적 사고가 있어야 한다.

- 기술적 목표: 산술 연산(+, -, ×, ÷)을 정확히 이해하고 활용한다.
- 인지적 목표: 숫자와 연산 기호를 활용하여 최적의 점수를 계산한다.
- 사회적 목표: 팀원과 협력하며 전략적 결정을 내린다.
- 정서적 목표: 게임을 통해 수학에 대한 흥미와 자신감을 갖는다.

3) 지도 계획

- 도입: 숫자와 연산 카드의 사용 방법과 기본 규칙 설명하고 개인이나 팀 단위로 수업을 진행한다.
- 개별 연습: 간단한 예제를 통해 연산 적용 및 점수계산 연습을 진행한다.
- 팀 활동: 팀별로 게임 진행. 팀원들과 논의하여 최적의 연산 방법을 결정한다.
- 실시간 피드백: 계산 오류와 전략적 선택에 대해 교사가 즉시 피드백을 제공한다.
- 복기 및 토론: 게임 종료 후 전략과 결과를 돌아보며 개선점을 논의한다.

4) 교수 학습 자료

① 학습 자료

- 일반 교구: 칠판(보드판), 영상 설비(빔 프로젝트), 교재 또는 PPT 자료, 필기도구, 연산부호 등
- 슐런 도구: 슐런보드, 퍽

② 교수 학습 전개

- 기술적 문제: 연산 기호의 잘못된 사용이나 점수계산 오류
- 인지적 문제: 숫자와 연산 조합의 최적화 실패
- 참여 문제: 게임 규칙 이해 부족으로 인한 소극적 참여
- 탐구 학습 모형: 숫자와 연산의 조합을 탐구하며 학습
- 협동 학습 모형: 팀별로 점수계산 전략을 논의하며 협력
- 게임 중심 모형: 실전 게임 활동 중심으로 진행하여 재미와 학습 목표를 결합

③ 활동

▶ **인원: 2~10명(팀당 1~5명 이내, 단체 또는 개인전으로 진행)**
▶ **준비물: 보드마카, 보드, 칠판 등**

(1) 양 팀 또는 개인별 1인당 퍽 3개씩을 가진다.
(2) 교사는 높은 수에 도달할 수 있도록 부호를 이용하여 충분히 설명한다.
(3) 학습자가 자신의 관문에 넣은 점수를 해당 칸 안에 기입하도록 하거나 교사가 도와준다.
(4) □의 부호는 학습자가 자의적으로 기재할 수 있도록 도와주어야 한다.
(5) 3개의 퍽 중 첫 번째 퍽이 관문에 들어갈 때 나머지 2개의 퍽은 사용하지 않는다. 만약 퍽이 관문에 하나라도 들어가지 않을 경우 반대편 경기자가 경기를 진행하면 된다.

(6) 위와 같은 방식으로 높은 수의 점수로 이기면 우승자로 한다. 또한, 낮은 점수나 점수를 미리 선정하여 도달할 수 있는 게임으로도 가능하다.

5) 평가 방법

- 정확성 평가: 연산 기호와 숫자 카드 사용의 정확성
- 전략 평가: 최적의 연산 선택과 점수 극대화 전략
- 참여 평가: 게임 규칙 준수와 적극적인 참여 태도
- 자기 평가: 자신의 연산 선택과 게임 진행 과정에 대한 반성 및 분석
- 팀워크 평가: 팀원 간 협력과 의사소통 수준
- 정량적 평가: 점수 기록과 연산 성공 횟수로 객관적인 평가
- 정성적 평가: 게임 참여 태도, 창의적 연산 선택, 팀 활동 기여도 평가

산술 연산을 활용한 슐런 게임은 학습자들에게 수학적 사고력, 창의적 문제해결 능력, 협력적 태도를 동시에 길러 주는 유익한 활동이다. 간단한 규칙과 재미있는 게임 방식으로 수학에 대한 흥미를 유도하고, 체계적인 지도와 평가로 학습 효과를 극대화할 수 있다. 다만, 학습자의 수준을 고려하여 변형된 연산 슐런 활동을 하여도 무방하다.

6) 기대 효과

- 인지적 효과: 산술 연산과 숫자 조합 능력 강화
- 사회적 효과: 친구들과 협력하고 규칙을 준수하며 건강한 경쟁 학습
- 정서적 효과: 수학 학습에 대한 흥미와 자신감 향상
- 문제해결 능력: 최적의 연산 선택으로 점수를 극대화하는 전략적 사고 능력 강화

응용 동작 만들어 보기

10. 목표점 도달하기 슐런(10점 만들기)

1) 개요
슐런 게임을 활용하여 목표 점수에 정확히 도달하도록 연습함으로써 집중력, 전략적 사고 능력, 계산 능력, 그리고 목표 설정 및 성취 능력을 향상하는 교육 과정이다. 본 과정은 점수를 정확하게 조절하는 능력을 기르도록 설계되었다.

2) 목표
슐런 게임을 활용한 목표 점수 도달 훈련을 통한 조정력과 집중력, 암산 능력을 배양할 수 있다.

3) 지도 계획
- 슐런 게임의 기본 규칙 학습을 알 수 있도록 한다.
- 슐런보드의 구성 요소 및 점수계산 방법을 이해한다.
- 슐런 디스크의 푸쉬 방법 등 기본 동작을 익힌다.
- 목표 점수 정확히 도달하는 방법 연습 경기 전 사전 실천한다.
- 점수를 정확히 맞추는 연습(10점을 초과하거나 부족하면 실패)을 하도록 한다.
- 퍽(디스크) 개수 조절 및 배치 전략을 습득하도록 유도하고, 전략적 플레이를 훈련하는 방법을 알 수 있도록 한다.
- 초기 푸쉬 전략 vs 후반 조정 전략을 이해하여 점수계산 및 예측 능력 훈련이 가능하도록 한다.
- 팀별 협력 및 개별학습을 통한 제한된 기회(예: 10번의 기회 내 목표 점수 도달) 내에 최대한 도달할 수 있도록 한다.

학습 제재	주요 학습 내용
10점 슐런	- 경기 방식을 이해한다. - 앞, 뒤 선수가 서로 협력하여 관문에 넣는 전략을 배운다. - 협동하여 상대 팀의 득점 전략을 저지하는 방법을 익힌다. - 다양한 방법으로 10점에 도달하는 방법과 최저 점수로 승리하는 전술을 익힌다. - 10점, 20점, 30점 등 10배수 점수 획득을 위한 방법과 신속한 점수계산 방법을 익힌다.

4) 교수 학습 자료

① 학습 자료

- 일반 교구: 현황판, 보드마카 등 필기도구
- 슐런 도구: 슐런보드

도입 단계	전개 단계	정리 단계
- 슐런 게임의 개요 및 목표 점수 도달 규칙 설명 - 시범 플레이를 통한 기본 기술 소개	- 기본 연습(슐런 디스크 푸쉬 연습) - 점수 조절 훈련(목표 점수 근접 훈련) - 개인 및 팀별 전략적 플레이 진행	- 개별 피드백 제공(점수 조절 능력 분석) - 팀별 리뷰 및 개선점 토론 - 목표 점수 도달 성공률 향상을 위한 추가 연습방법 안내

② 수업 진행

10명을 기준으로 본 지도(안)는 학습자의 개인전, 퍽 5개를 가지고 하는 경기 방법으로 운영한다.

- 탐구 중심 학습 모형: 문제해결을 위한 사고력과 전략적 접근법 훈련
- 협력 학습 모형: 팀별 게임을 통한 협력 및 전략 수립 능력 강화
- 실습 중심 학습 모형: 반복 실습을 통한 감각적 숙련도 향상

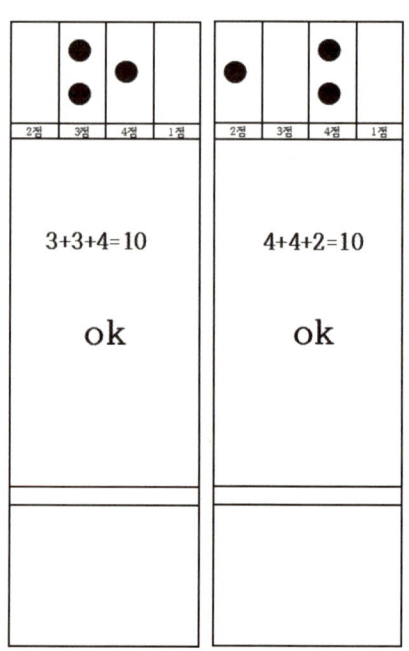

목표점수 도달하기

③ 진행 절차

(1) 팀별 선수 인원에 따라 퍽은 1인당 5개씩을 가진다.

(2) 개인별 3쿼터를 진행하여 10점을 만들어야 한다.

(3) 팀별 차례로 양 팀이 교대로 퍽을 푸쉬하여 관문에 퍽을 넣는다.

(4) 사전 교육과정에 따라 10점(또는 20점, 30점 등 사전 약속한 점수)에 먼저 도달한 팀이 1승을 한다.

(5) 개인별 3쿼터를 혼자 진행이 가능하고, 팀별로 3명이 경기하여 쿼터별 개인이 경기하는 방식으로도 할 수 있다. (예: 1쿼터 나선수, 2쿼터 홍길동, 3쿼터 갑순이가 차례로 경기. 만약, 홍길동이 10점을 만들었으면 홍길동, 갑순이는 경기 진행하지 않음.)

(6) 선수들이 가지고 있는 퍽을 모두 푸쉬하고도 어느 한 팀이 10점대 점수를 얻지 못하면 무승부 처리하고 1회차를 종료한다.

(7) 점수산정은 슐런 경기방법과 같이 한다.

(8) 경기는 인원과 가용 시간에 따라 3~5회를 진행한다.

(9) 최종 회차 경기가 종료되면 두 팀의 점수를 모두 합산하여 승패를 가른다.

④ 경기 규칙

- 정확히 10점을 득점 못 하고 9점에서 11점 이상으로 건너뛰면 패하거나 무승부가 된다.
- 이때, 상대 팀은 1점 이상 득점해야 1승이 인정되고, 그때까지 0점이면 무승부가 된다.
- 상대 팀이 10점대 점수에 도달하지 못하도록 상대 팀 퍽을 맞혀 관문에 넣는 등 방해 전략과 전술을 사용할 수 있다.
- 팀별 정해진 순번을 어기면 그 사람의 퍽을 파울 처리한다.
- 3회의 경기 후에도 양 팀 모두 점수를 얻지 못하거나 동점이면 2회까지 연장전을 실시한다.

⑤ 주의 사항

- 슐런 디스크 푸쉬 시 과도한 힘 사용으로 상처를 입지 않도록 지도한다.
- 점수계산 오류가 발생하지 않도록 명확한 기록 및 검토를 진행한다.
- 참여자 간 공정한 경쟁을 유지하며 긍정적인 스포츠맨십을 강조한다.
- 경기 전에 퍽의 종류별 개수를 정확히 확인한다. (백퍽, 흑퍽)
- 단체전의 경우 반드시 팀 대표(주장)를 선발하여 팀을 통제할 수 있도록 한다.

- 어느 경기 방식보다도 명확하게 경기 방식을 주지시키고 진행한다.
  * 예: 한 팀이 11점 이상을 득점했더라도 상대 팀이 0점이면 무승부라는 사실, 10점 내기를 할 것인지 20점 내기를 할 것인지 등.
- 몇 회차까지 경기를 진행할 것인지 사전에 결정한 후 이를 주지시키고 진행한다.
- 팀 단위 경기가 아니라 양 팀이 교대로 퍽을 던져 어느 한 팀이 먼저 승리해야 다음 회차로 넘어간다는 것을 주지시키고 진행한다.
- 단체전은 팀별 차례로 질서 있게 줄을 서서 진행하도록 지도한다.
- 점수는 모두가 볼 수 있도록 공지한 후 다음 회차를 진행한다.
- 학습 전후 건강 확인 및 준비체조, 정리운동을 실시한다.

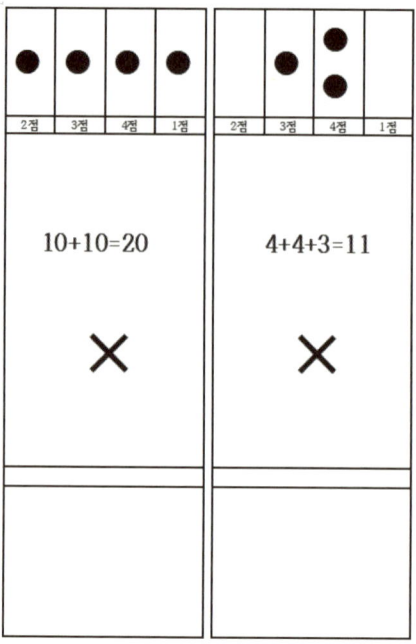

잘못된 점수에 도달한 예시

5) 평가 방법
- 기능 평가: 목표 점수(예: 10점)에 도달하는 정확도 측정, 디스크 조절 능력 및 힘 조절 기술 평가
- 전략적 사고 평가: 목표 점수 달성을 위한 푸쉬 전략 수립 능력, 점수 조절 및 팀 전략 실행 여부
- 태도 및 협력 평가: 규칙 준수 및 스포츠맨십 발휘 여부, 팀원과의 협력 및 전략적 의사소통 능력
- 자기 평가 및 피드백: 참가자가 자신의 플레이를 돌아보고 개선점 도출, 강사가 개인별 피드백 제공 및 보완점 지도

이 교육과정을 통해 학습자들은 전략적 사고력, 집중력, 그리고 목표 달성을 위한 자기 조정력을 효과적으로 향상시킬 수 있다.

6) 기대 효과

- 수리적 사고력 및 점수계산 능력 향상
- 목표 설정 및 달성을 위한 집중력 향상
- 힘 조절 및 정밀한 손동작 능력 강화
- 협업과 전략적 문제해결 능력 증진
- 성취감 및 자기 조절력 향상

응용 동작 만들어 보기

11. 블랙홀 슐런

1) 개요

본 교육과정은 슐런의 기량 증가와 재미있는 슐런 놀이를 통한 경기 방식과 전략적 과 방향 감각이 중요한 스포츠로, 슐런을 보다 전략적으로 운영하는 방법을 학습한다. 이를 통해 정밀한 컨트롤, 전략적 사고, 팀워크 및 문제해결 능력을 향상하는 것을 목표로 한다. 요소를 슐런 게임에 변형하여 경기하는 방식이다. 블랙홀 슐런은 모두 정확한 힘 조절

2) 학습 목표

- 블랙홀 슐런의 규정을 이해하여 즐거운 게임 실습을 하기 위함이다.
- 블랙홀의 기본 규칙과 경기운영 방식을 이해하고 즐거운 슐런 활동을 할 수 있다.
- 번갈아 가며 퍽을 투구하는 방식으로 경기운영 능력을 익힌다.
- 목표 관문(게이트)을 설정하고 통과하는 정확한 힘과 방향 조절 능력을 기른다.
- 상대 퍽을 방해하거나 유리한 위치에 배치하는 전략적 사고를 습득한다.
- 팀원과 협력하여 경기 전략을 수립하고 실행할 수 있다.
- 스포츠맨십을 실천하며 규칙을 준수하는 태도를 기른다.

3) 지도 계획

기본 슐런 규정과 블랙홀 슐런의 공통점 및 차이점을 이해하고 퍽 푸쉬 방식, 득점 방식, 전략 개념 학습을 통한 퍽 조절 방법 및 점수계산 원리를 학습시킨다.

도입 단계	전개 단계	정리 단계
- 블랙홀 슐런의 원리 및 경기 방식 설명 - 기본 동작 및 경기 흐름 시범 제공	- 개별 기술 연습(퍽의 힘 조절 및 방향 조절) - 상대 퍽을 활용하는 전술 및 방어 전략 연습 - 개별 연습: 힘 조절 및 방향 조절 연습 - 팀별 연습: 전략적 퍽 배치 및 방어 연습	- 경기 리뷰 및 피드백 제공 - 팀별과 개인별 개선점 분석 - 실전 경기 진행 후 피드백 및 전략 분석

(1) 상대 팀의 퍽을 공격하여 블랙홀에 넣을 수 있다.
(2) 푸쉬(push)한 퍽은 경기가 종료될 때까지 보드에 그대로 남겨 둔다.
(3) 각 팀별 정해진 순번을 어기면 그 사람의 퍽은 파울 처리한다.
(4) 3~5회의 경기 후에도 동점이면 2회까지 연장전을 실시한다.

4) 교수 학습 전개

① 학습 자료
- 일반 교구: 칠판(보드판), 영상 설비(빔 프로젝트), 교재 또는 PPT자료, 필기도구
- 슐런 도구: 슐런보드, 퍽, 점수판

② 기초 기술지도
- 직접 교수법: 슐런 기본 기술 및 경기운영 방식 지도
- 탐구 학습 모형: 게임 전략 및 문제해결 능력 강화
- 협력 학습 모형: 팀워크 및 전략적 사고 훈련
- 실습 중심 학습 모형: 반복연습을 통한 감각 익히기
- 퍽을 푸쉬할 때 과도한 힘 사용을 방지한다. (슐런보드 손상 및 부상 예방)
- 경기 중 충돌 및 부상을 방지한다. (슐런보드 내 안전한 투구 거리 유지)
- 공정한 경기 운영을 위해 규칙 준수 및 페어플레이를 강조한다.
- 경기 전에 퍽의 종류별 개수를 정확히 확인한다. (백퍽, 흑퍽/스티커 가능)
- 단체전의 경우 반드시 팀 대표(주장)를 선발하여 팀을 통제할 수 있도록 한다.
- 각 팀의 인원수에 따라 개인별 퍽을 골고루 분배하도록 지도한다.

- 점수가 낮은 관문을 블랙홀로 지정할 경우 차감점수가 낮아 재미가 덜하므로 3점 또는 4점 관문을 블랙홀로 지정하도록 지도한다.
- 몇 회차까지 경기를 진행할 것인지 사전에 결정한 후 이를 주지시키고 진행한다.
- 상대 팀의 퍽을 블랙홀에 넣는 전략전술 등을 구사하여 재미를 더할 수 있도록 회차마다 두 팀이 교대로 퍽을 푸쉬(push)하도록 지도한다.
- 단체전은 각 팀별 차례로 질서 있게 줄을 서서 진행하도록 지도한다.
- 점수는 매회 정확히 기록하고, 모두가 볼 수 있도록 공지한 후 다음 회차를 진행한다.
- 학습 전후 건강 확인 및 준비체조, 정리운동을 실시한다.

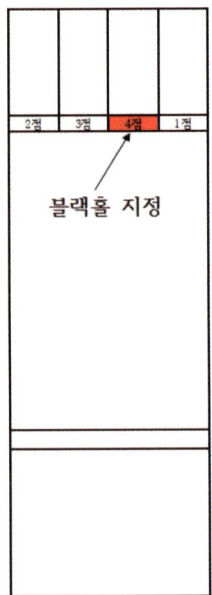

③ 활동

▶ **인원: 2~30명(팀당 1~10명씩 단체 또는 개인전으로 진행)**

(1) 각 팀의 인원수에 따라 개인별 퍽은 1~10개씩 지급한다.
(2) 교사는 순서를 정하는 방식을 선정하여 경기 순서를 정한다.
(3) 3점, 4점 관문 중 1개를 블랙홀로 지정하고 스티커를 붙인다.
(4) 퍽이 블랙홀에 들어갈 때 그만큼 점수를 차감한다.
(5) 기타 경기 방식은 기본 슐런과 같이 진행한다.
(6) 한 회차에 두 팀이 교대로 퍽을 푸쉬(push)하며, 개인에게 지급된 퍽을 한 번에 모두 푸쉬하고, 두 팀 전원이 푸쉬하면 1쿼터를 종료한다.
(7) 점수산정은 기본 슐런과 동일하게 하되 블랙홀에 들어간 점수를 차감한다.
(8) 경기는 인원과 가용 시간에 따라 3~5회를 진행한다.

5) 평가 방법

- 기능 평가
  - 목표 지점(게이트)에 퍽을 정확하게 통과시키는 능력
  - 상대 퍽을 방해하거나 활용하는 전략적 기술

- 전략적 사고 평가
  - 번갈아 가며 투구하는 방식에서 최적의 전략 수립 여부
  - 상대 팀플레이 분석 및 대처 전략
- 협업 및 태도 평가
  - 팀원 간 의사소통 및 협력 능력
  - 경기 규칙 준수 및 스포츠맨십 실천 여부
- 자기 평가 및 피드백
  - 자신의 경기운영 및 기술에 대한 분석
  - 피드백을 기반으로 한 개선점 도출

이 지도안을 통해 학습자는 블랙홀 슐런의 원리를 결합하여 더욱 전략적인 게임 운영 능력을 습득하고, 정밀한 컨트롤, 팀워크 및 협력 능력을 향상할 수 있다.

6) 기대 효과
- 정확한 컨트롤 및 조준 능력 향상
- 힘 조절 및 방향 감각 발달
- 전략적 사고 및 문제해결 능력 증진
- 팀워크 및 의사소통 능력 향상
- 집중력 및 목표 달성을 위한 자기 조절력 강화
- 스포츠맨십 및 규칙 준수 태도 함양

응용 동작 만들어 보기

12. 빙고형 슐런

1) 개요

본 교육과정은 빙고 게임의 규칙과 슐런의 투구 기술을 결합하여 학습자가 전략적 사고력과 정밀한 컨트롤 능력을 향상시킬 수 있도록 하는 프로그램이다. 빙고의 줄 완성 원리를 슐런보드에 적용하여, 목표 위치에 퍽을 배치하고 전략적으로 점수를 획득하는 방식으로 진행된다. 이를 통해 정확한 힘 조절, 공간 활용 능력, 문제해결 능력, 그리고 팀워크를 동시에 배양할 수 있다.

2) 목표

- 빙고의 줄 완성 원리와 슐런의 점수 획득 방식을 이해한다.
- 슐런보드 위 특정 위치에 퍽을 배치하는 기술을 습득한다.
- 가로, 세로, 대각선 줄을 완성하는 전략적 플레이를 학습한다.
- 상대방의 전략을 예측하고, 방해하거나 차단하는 전술적 사고력을 기른다.
- 팀원과 협력하여 빙고 완성을 위한 최적의 전략을 수립할 수 있다.
- 규칙을 준수하며 페어플레이 정신과 스포츠맨십을 함양한다.

3) 지도 계획

- 빙고와 슐런의 원리 및 목표를 설명하고 기본 동작 및 경기 흐름 시범을 보인다.
- 개별 기술 연습(퍽의 힘 조절 및 방향 조절) 및 빙고 방식을 적용한 슐런 게임 진행(줄 완성 전략 연습)을 설명하고, 상대 팀의 플레이를 분석하고 대응하는 전략 연습을 설명한다.
- 경기 리뷰 및 피드백 제공과 함께 팀별 및 개인별 개선점 분석으로 빙고와 슐런의 개념정리와 빙고의 기본 원리(줄 완성 방식)를 이해시킨다.
- 슐런의 기본 원리(퍽 조절 및 점수계산 방식) 및 빙고와 슐런의 공통점 및 차이점을 이해시킨다.

- 빙고판을 응용하여 슐런보드를 구성(숫자 또는 특정 목표 구역 설정)하고 각 줄(가로, 세로, 대각선)을 완성하기 위한 전략을 수립하도록 한다.
- 실전 연습 및 경기 진행
    • 개별 연습: 힘 조절 및 방향 조절 연습
    • 팀별 연습: 전략적 퍽 배치 및 방어 전략 실습
    • 실전 경기 후 피드백 및 전략 분석

4) 교수 학습 자료

① 학습 자료
- 일반 교구: 칠판(보드판), 영상 설비(빔 프로젝트), 교재 또는 PPT자료, 필기도구
- 슐런 도구: 슐런보드, 퍽, 빙고판

② 활동

▶ **개인전과 단체전을 운영할 수 있으며, 개인별 퍽 3~5개 이내로 경기를 진행한다.**

(1) 각 팀 및 개인전일 경우 인원수에 따라 개인별 퍽은 3~5개씩 지급한다.
(2) 교사는 순서를 정하는 방식을 선정하여 경기 순서를 정한다.
(3) 순서는 양 팀이나 개인별 번갈아 가면서 경기 진행한다. 다만, 학습자의 상황에 맞게 한 팀이 경기하고 이후 반대편 학습자가 진행할 수 있다.
(4) 빙고가 되면 점수를 줄을 만드는 점수로 부여한다.
   * 예: 2+3+4=9점, 2+2+2=6점, 사선으로 빙고를 만들 때에는(×) 점수를 부여한다.
(5) 경기 순서는 상황에 맞게 조정이나 변경할 수 있다.
(6) 경기는 인원과 가용 시간에 따라 3~5회를 진행한다.

5) 평가 방법

- 기능 평가

- • 목표 지점(빙고 칸)에 퍽을 정확하게 배치하는 능력
- • 상대 퍽을 방해하거나 활용하는 전략적 기술
- 전략적 사고 평가
  - • 빙고 줄 완성을 위한 최적의 전략 수립 여부
  - • 상대팀 플레이 분석 및 대처 전략
- 협업 및 태도 평가
  - • 팀원 간 의사소통 및 협력 능력
  - • 경기 규칙 준수 및 스포츠맨십 실천 여부
- 자기 평가 및 피드백
  - • 자신의 경기운영 및 기술에 대한 분석
  - • 피드백을 기반으로 한 개선점 도출

이 지도안을 통해 학습자는 빙고 게임의 전략적 요소를 슐런에 접목하여 창의적이고 효과적인 경기운영 능력을 익히고, 팀워크, 정밀한 컨트롤 및 문제해결 능력을 향상시킬 수 있다.

6) 기대효과
- 정확한 컨트롤 및 힘 조절 능력 향상
- 전략적 사고 및 공간 활용 능력 강화
- 문제해결 능력 및 즉각적인 의사결정 능력 배양
- 팀워크 및 협력 능력 증진
- 집중력 및 목표 달성을 위한 자기 조절력 향상
- 경기 규칙 준수 및 스포츠맨십 실천 태도 함양

응용 동작 만들어 보기

13. 퍽 쟁취하기 슐런

1) 개요
　본 교육과정은 한국 전통 민속놀이 '땅따먹기'의 원리를 슐런 게임에 접목하여 진행한다. 땅따먹기의 공간 점령 원리와 슐런의 정확한 투구 기술을 결합하여 전략적 사고, 정밀한 힘 조절, 공간 활용 능력을 키우는 것을 목표로 한다. 학습자는 슐런의 기본 원리를 익히면서도 공간을 점령하고 확장하는 전략적 사고를 자연스럽게 습득할 수 있다.

2) 목표
- '퍽 쟁취하기' 경기 진행 방식을 숙지하고 학생들을 지도할 수 있어야 하며, 경기를 진행하는 목적과 학습 효과를 이해시킬 수 있어야 한다.
- 슐런보드를 활용하여 점령 가능한 공간을 확보하는 전략을 학습한다.
- 퍽의 방향과 힘을 조절하여 원하는 영역을 차지하는 기술을 습득한다.
- 상대방의 퍽을 밀어내거나 방어하는 방법을 익혀 전략적 사고력을 키운다.
- 팀원과 협력하여 공간 점령 전략을 수립하고 실행하는 능력을 기른다.
- 규칙을 준수하고 공정한 경기 태도(스포츠맨십)를 실천한다.

3) 지도 계획
- 전래 놀이인 땅따먹기와 슐런의 원리 및 목표를 설명하고 기본 동작 및 경기 흐름 시범을 보인다.
- 개별 기술 연습(퍽의 힘 조절 및 방향 조절)에 따라 학습자에게 조정력에 따른 퍽의 움직임을 알린다.
- 번갈아 가며 푸쉬하는 땅따먹기 방식의 공간 점령을 적용하는 방법을 이용하여 다양한 교육과정을 적용할 수 있어야 한다.

- 경기 전에 퍽의 종류별 개수를 정확히 확인한다.
- 단체전의 경우 반드시 팀 대표(주장)을 선발하여 팀을 통제할 수 있도록 한다.
- 퍽은 팀별 1개로 진행하며, 득점했을 때만 점수만큼 추가로 지급됨을 주지시킨다.
- 득점할 때마다 추가로 퍽이 지급되어 팀 인원이 많으면 순번 늦은 사람은 지루할 수 있으므로 팀별 인원을 5명 이내로 한다.
- 득점 시 반드시 심판이 추가로 퍽을 지급하고, 푸쉬(push) 후 관문에 들어가지 않은 퍽도 심판이 회수한다.
- 몇 회차까지 경기를 진행할 것인지 사전에 결정한 후 이를 주지시키고 진행한다.
- 팀 단위 경기가 아니라 양 팀이 교대로 퍽을 푸쉬하며, 마지막 선수까지 다 푸쉬하고 나면 1회차 경기가 종료되므로 팀별 순번을 잘 확인하며 진행한다.
- 단체전은 팀별 차례로 질서 있게 줄을 서서 진행하도록 지도한다.
- 점수는 매회 정확히 기록하고, 모두가 볼 수 있도록 공지한 후 다음 회차를 진행한다.
- 학습 전후 건강 확인 및 준비체조, 정리운동을 실시한다.

예시) A팀 검정에만 퍽 넣기(2점,4점)

B팀 동그라미 관문 퍽 넣기(3점,1점)

4) 교수 학습 자료

① 학습 자료
- 일반 교구: 칠판(보드판), 영상 설비(빔 프로젝트), 교재 또는 PPT 자료, 필기도구
- 슐런 도구: 보드, 퍽 10개(백퍽 1~5개, 흑퍽 1~5개)

② 활동 1

▶ **인원: 2~10명(팀당 1~5명. 단체 또는 개인전으로 진행)**

(1) 팀별 퍽 1개만을 가지고 진행한다.

(2) 퍽을 푸쉬 후 득점하면 그 점수만큼 퍽을 더 받아 다음 경기자는 푸쉬한다.

　*예: 3점에 퍽이 들어가면 최초 1개의 퍽 + 취득점수 3점 = 다음 경기자는 4개로 경기 진행, 같은 방법으로 차례로 실시한다.

(3) 팀별 차례로 양 팀이 교대로 퍽을 푸쉬하여 관문에 넣는다.
(4) 학습자가 푸쉬(push)한 퍽이 관문에 들어가지 않으면 수거한다.
(5) 경기는 인원과 가용 시간에 따라 1~3회를 진행한다.
(6) 점수 산정은 팀별 쟁취한 퍽의 개수를 점수로 환산한다.

③ 활동 2
▶ **인원: 2~10명(팀당 1~5명. 단체 또는 개인전으로 진행)**
▶ **준비물: 기본 퍽 30개(팀별 퍽 30개)**

(1) 팀별 퍽의 종류와 개수를 정확히 확인한다.
(2) 경기자는 해당 퍽을 전부 푸쉬한다. 관문에 들어가 점수만큼 상대 팀의 퍽을 쟁취한다.
(3) 경기 순서는 번갈아 가면서 경기한다.
(4) 응원점수를 부여하여 경기 비참여자의 참여율을 높이고 점수산정은 팀별 쟁취한 퍽의 개수를 점수로 환산한다.
(5) 최초 퍽은 팀별 1개로 진행하며, 득점했을 때만 점수만큼 추가로 지급됨을 주지시킨다.

　*득점할 때마다 추가로 퍽이 지급되어 팀 인원이 많으면 순번 늦은 사람은 지루할 수 있으므로 팀별 인원을 5명 이내로 한다.

(6) 득점 시 반드시 심판이 추가로 퍽을 지급하고, 푸쉬(push) 후 관문에 들어가지 않은 퍽도 심판이 회수한다.
(7) 몇 회차까지 경기를 진행할 것인지 사전에 결정한 후 이를 주지시키고 진행한다.
(8) 팀 단위 경기가 아니라 양 팀이 교대로 퍽을 푸쉬하며, 마지막 선수까지 다 푸쉬하고 나면 1회차 경기가 종료되므로 팀별 순번을 잘 확인하며 진행한다.
(9) 점수는 매회 정확히 기록하고, 모두가 볼 수 있도록 공지한 후 다음 회차를 진행한다.

5) 평가 방법
- 기능 평가
    - 목표 지점(점령 구역)에 퍽을 정확하게 배치하는 능력
    - 상대 퍽을 방해하거나 활용하는 전략적 기술
- 전략적 사고 평가
    - 번갈아 가며 투구하는 방식에서 최적의 전략 수립 여부
    - 상대 팀플레이 분석 및 대처 전략
- 협업 및 태도 평가
    - 팀원 간 의사소통 및 협력 능력, 경기 규칙 준수 및 스포츠맨십 실천 여부
- 자기 평가 및 피드백
    - 자신의 경기운영 및 기술에 대한 분석 및 피드백을 기반으로 한 개선점 도출

이 지도안을 통해 학습자는 전통 민속놀이 '땅따먹기'의 전략적 요소를 슐런 게임에 접목하여 새로운 방식으로 놀이를 경험하고, 정밀한 컨트롤, 전략적 사고 및 협력 능력을 향상시킬 수 있다.

6) 기대효과
- 정확한 힘 조절 및 방향 감각 발달
- 공간 활용 능력 및 전략적 사고력 향상
- 문제해결 능력 및 즉각적인 의사결정 능력 배양
- 팀워크 및 협력 능력 증진
- 집중력 및 목표 달성을 위한 자기 조절력 강화
- 전통 놀이에 대한 흥미 유발 및 계승 의식 고취

응용 동작 만들어 보기

14. 축구형 슐런

1) 개요

본 교육과정은 축구의 승부차기 규칙을 슐런 게임에 적용하여, 순차적으로 공을 차는 방식으로 정확한 투구 기술과 차례대로 진행되는 경기운영 능력을 기르는 프로그램이다. 승부차기의 순차적인 진행을 슐런 게임에 접목하여 학습자는 순서대로 퍽을 푸쉬하며 순서와 전략에 맞는 투구 기술을 익히고, 게임의 흐름과 전략적 사고를 향상시킬 수 있다.

2) 목표

- 축구 승부차기의 순차적 진행 방식을 슐런 게임에 적용하여 전략적 사고와 정확한 푸쉬 방법을 익혀 슐런 게임의 조정력의 정확성을 높인다.
- 축구 승부차기의 기본 규칙과 슐런의 규칙을 이해한다.
- 승부차기에서 차례대로 공을 차는 방식을 슐런 게임에 접목하여 진행한다.
- 힘과 방향을 정확하게 조절하여 목표 지점에 퍽을 넣는 기술을 익힌다.
- 순차적인 투구 방식을 통해 게임을 효율적으로 관리하고, 각각의 차례에 맞는 전략적 사고를 배운다.
- 상대방의 차례를 예측하고 방어하는 기술을 통해 전략적 대처 능력을 기른다.
- 순서와 타이밍을 고려한 팀워크와 협력을 통해 게임을 진행한다.

3) 지도 계획

학습 제재	주요 학습 내용
축구형 슐런	- 경기 방식을 이해한다. - 앞, 뒤 선수가 서로 협력하여 관문에 넣는 전략전술을 배운다. - 다른 퍽을 쳐서 관문에 넣는 능력을 키운다. - 다른 퍽을 맞혀 넣을 때 힘의 강도와 각도 조절 능력을 키운다. - 정확한 점수 기록과 신속한 점수계산 방법에 숙달한다. - 동점일 경우 연장전 진행 방식을 연습한다.

- 축구 승부차기 규칙과 슐런 기본 규칙을 비교하여 설명하여 학습자의 순차적 푸쉬 방식에 대한 이해 및 실습, 시범을 제공한다.
- 개인별 기술 연습(힘 조절, 방향 조절, 정확한 푸쉬 연습) 방법과 팀별 전략 연습(각 차례에 맞는 전략적 사고 훈련) 규정을 알려 준다.
- 승부차기 방식의 슐런 게임 실습(각 팀원 차례대로 퍽을 차는 방식 적용)을 슐런에 적용하여 게임 진행 후 피드백 제공한다.

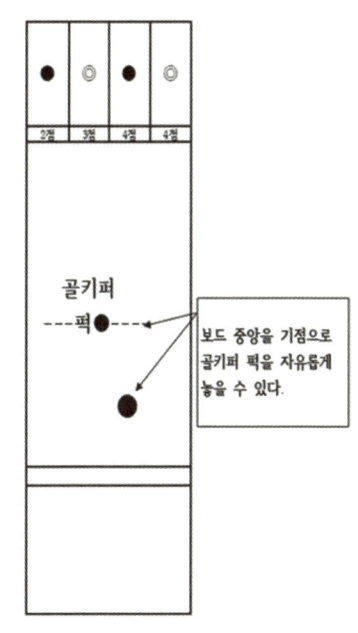

골키퍼 퍽을 상대팀이 경기 전에
보드 바닥에 올려 놓는다.

① 축구 승부차기와 슐런 규칙 학습
- 축구 승부차기의 기본 규칙: 승부차기에서 공을 차는 순서, 점수계산, 골대와 상대 수비자 역할
- 슐런 게임의 기본 원리: 퍽을 정확히 목표 지점에 넣는 방법, 점수 획득 방식
- 승부차기 방식의 순차적 진행과 슐런의 차례대로 투구 방식 비교 및 적용

② 승부차기 방식의 슐런 경기운영
- 차례대로 공을 차는 규칙을 슐런 게임에 적용(한 사람씩 차례대로 푸쉬)
- 각각의 차례에 맞는 전략적 사고 훈련(팀 전략 수립, 목표 지점 정하기)
- 순서에 따른 공격과 방어 전략 훈련(상대방의 퍽 방해 및 자기 퍽 보호)

③ 실전 연습 및 경기 진행
- 개별 연습: 퍽의 힘 조절, 방향 조절, 정밀한 투구 기술 연습
- 팀 연습: 승부차기 순서에 맞는 순차적 경기 진행 연습
- 실전 경기: 실제 승부차기 방식으로 진행, 승부차기 후 전략 분석 및 피드백 제공
- 개인별로 3~5개의 퍽을 지급한다. 상대 팀은 골키퍼의 역할을 위해 자의적 퍽을 보드 중간 이내의 골키퍼 퍽을 놓는다.
- 학습자는 골키퍼 퍽을 피하여 점수를 득해야 한다.

4) 교수 학습 전개
① 학습 자료
- 일반 교구: 현황판, 보드마카 등 필기도구
- 슐런 도구: 슐런보드, 퍽

② 교수 학습 자료
- 일반 교구: 칠판(보드판), 영상 설비(빔 프로젝트), 교재 또는 PPT 자료, 필기도구
- 슐런 도구: 보드, 퍽
- 수업 진행: 많은 수의 인원일 경우 활동하기 좋으며, **10명을 기준으로 본 지도(안)는 학습자의 개인전, 1~5개 이내의 퍽을 이용하여 운영한다.**

- 직접 교수법: 기본 규칙과 기술에 대한 설명 및 시범 제공
- 탐구 학습 모형: 승부차기 순서에 맞는 전략적 사고 훈련
- 협력 학습 모형: 팀워크와 협력 능력 강화
- 실습 중심 학습 모형: 실전 게임을 통한 기술 및 전략 습득

5) 평가 방법
- 기능 평가
  • 정확한 푸쉬 자세와 관문 목표 지점에 퍽을 넣는 능력 평가

- 힘과 방향 조절 능력을 통한 정확한 퍽 배치 능력 평가
- 전략적 사고 평가
  - 순차적인 푸쉬에 맞는 최적의 전략 수립 여부
  - 상대 팀의 전략 분석과 이에 맞는 대처 능력 평가
- 협력 및 태도 평가
  - 팀원 간 의사소통과 협력 능력 평가
  - 경기 규칙 준수와 스포츠맨십 실천 여부 평가
- 자기 평가 및 피드백
  - 개인별 경기 운영 및 전략에 대한 자기 분석
  - 피드백을 통해 개선점 도출 및 향후 전략 보완

이 교육과정을 통해 학습자는 축구 승부차기 방식을 슐런에 접목하여 순차적 사고력, 정밀한 컨트롤, 전략적 대처 능력, 그리고 팀워크를 자연스럽게 향상시킬 수 있다.

6) 기대효과

- 정확한 투구 기술과 힘과 방향의 조절 능력 향상
- 순차적 사고를 통해 게임 흐름을 효율적으로 관리하는 능력 배양
- 전략적 사고력 및 문제해결 능력 향상
- 팀워크와 협력을 통해 경기의 승패를 결정하는 능력 강화
- 집중력 및 목표 달성을 위한 자기 조절력 향상
- 경기 규칙 준수와 스포츠맨십을 실천하는 태도 함양

응용 동작 만들어 보기

15. 컬링형 게임

1) 개요

컬링의 경기 방식과 전략적 요소를 슐런 게임에 적용하여 진행하는 교육과정이다. 슐런의 기본 기술(힘 조절, 방향 조절, 장애물 활용 등)과 컬링의 경기운영 방식(번갈아 가며 푸쉬, 팀 전략 수립, 상대 팀의 실수를 유도하는 전략 등)을 접목하여 팀별 경쟁을 통해 게임 이해도를 높이고, 정밀한 컨트롤과 전략적 사고를 기를 수 있도록 구성하였다.

2) 학습 목표

- 슐런 게임의 기본 규칙과 컬링의 푸쉬 방식을 결합하여 응용할 수 있다.
- 번갈아 가며 퍽을 푸쉬하는 방식으로 경기 운영 능력을 익힌다.
- 목표 지점에 퍽을 넣기 위한 힘 조절 및 방향 감각을 습득한다.
- 상대 팀의 실수를 유도하거나 방어 전략을 활용하여 게임 운영 능력을 향상시킨다.
- 팀워크를 발휘하여 협력하며 경기 전략을 수립하고 실행할 수 있다.
- 스포츠맨십을 실천하며 페어플레이를 한다.

3) 지도 계획

- 컬링과 슐런의 원리 및 목표를 설명하고 번갈아 가면서 경기 진행방식을 시범을 보인다.
- 개별 기술 연습(힘 조절, 방향 조절), 번갈아 가며 푸쉬하는 팀플레이나 개인전으로 경기나 연습할 수 있도록 한다.
- 상대 퍽을 활용하는 전술 연습(상대 팀 퍽으로 인하여 반대 팀 퍽이 들어갈 수 있다) 방법을 학습자에게 알린다.
- 경기 리뷰 및 피드백 제공으로 팀별 또는 개인별 개선점 분석하여 학습 동기를 부여한다.

① 컬링과 슐런의 개념 학습

- 컬링과 슐런의 유사점 및 차이점 이해

- 컬링에서의 투구 방식 및 경기운영 원리 학습

- 슐런의 기본 기술(힘 조절, 방향 조절, 장애물 활용) 익히기

② 컬링 방식의 슐런 경기 운영 방법 학습

[컬링형]

- 팀 구성 및 번갈아 푸쉬 방식 적용: 2팀으로 나누어 한 명씩 번갈아 가며 퍽을 푸쉬

- 상대방 퍽 활용 전략: 상대방 퍽을 밀어내거나 활용하는 전술 이해

[라인형]

- 팀 구성 및 번갈아 푸쉬 방식 적용: 2팀으로 나누어 한 명씩 번갈아 가며 퍽을 푸쉬

- 힘의 조절 활용: 퍽이 점수 라인 안쪽으로 들어갈 수 있는 힘의 조절

- 승리 조건: 목표 점수 도달 방식 또는 특정 위치에 퍽이 안쪽(점수)으로 들어가는 방식

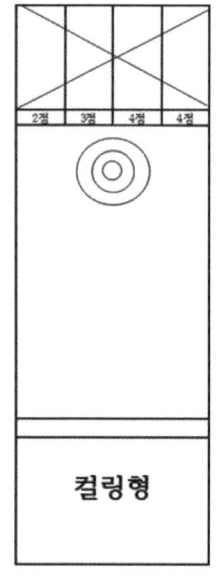

1. 관문을 사용하지 않는다.
2. 지워지는 펜 등을 사전 학습준비를 한다.

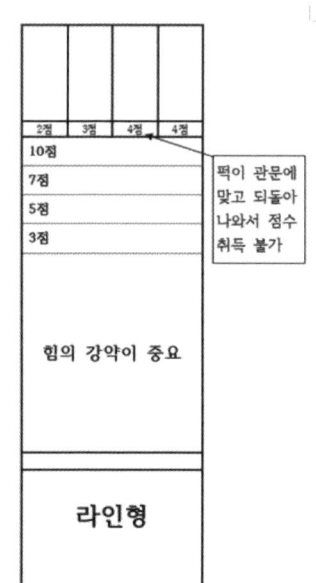

1. 관문을 사용하지 않는다.
2. 지워지는 펜 등을 사전 학습준비를 한다.

4) 교수 학습 자료

① 학습 자료

- 일반 교구: 칠판(보드판), 영상 설비(빔프로젝터), 필기도구, 점수판
- 슐런 도구: 슐런보드, 퍽

② 기초 기술 지도

▶ **10명을 기준으로 본 지도(안)은 학습자의 개인전, 1~3개 이내의 퍽을 가지고 운영한다.**
- 개인전: 개인별 5~10개의 퍽을 지급한다.
- 단체전: 개인별 3개 이내의 퍽을 지급한다.
- 공통: 퍽의 색상을 다르게 한다. 스티커로 퍽을 구분할 수 있다. 관문 점수에 들어가지 않은 퍽은 수거를 할지 아니면 보드 바닥에 그대로 놓고 계속 경기를 진행할지 사전에 학습자에게 알려 주어야 한다.
  * 라인 경기를 할 경우 관문을 맞고 라인에 들어가면 안 된다.

③ 활동

(1) 교사나 경기자의 반대편의 학습자가 퍽을 보드 바닥의 중간(5/5)에 퍽을 올려놓는다.
(2) 학습자는 중간에 놓인 퍽을 피하여 점수를 획득한다.
(3) 중간에 놓인 퍽을 맞추면 아웃이나 페널티를 받는다.
(4) 경기는 순서대로나 번갈아 가면서 진행할 수 있다.
(5) 경기 종료 후 합산 점수를 평가한다.

5) 평가 방법

- 기능 평가
  • 목표 지점(관문)에 퍽을 정확하게 도달시키는 능력
  • 상대 퍽을 활용하거나 방어하는 전략적 기술
- 전략적 사고 평가
  • 번갈아 가며 투구하는 방식에서 최적의 전략 수립 여부

- 상대 팀플레이 분석 및 대처 전략
- 협업 및 태도 평가
  - 팀원 간 의사소통 및 협력 능력
  - 규칙 준수 및 스포츠맨십 실천 여부
- 자기 평가 및 피드백
  - 자신의 경기 운영 및 기술에 대한 분석
  - 피드백을 기반으로 한 개선점 도출

이 지도안을 통해 학습자는 컬링과 슐런의 원리를 결합하여 게임을 더욱 전략적으로 이해하고, 정밀한 컨트롤 및 협력 능력을 향상할 수 있다.

6) 기대 효과
- 컬링과 슐런의 기본 원리 및 경기운영 능력 향상
- 정밀한 힘 조절 및 방향 감각 발달
- 문제 해결력 및 전략적 사고력 강화
- 팀워크 및 의사소통 능력 증진
- 집중력 및 목표 달성을 위한 자기 조절력 향상
- 스포츠맨십 및 규칙 준수 태도 함양

응용 동작 만들어 보기

IX.
학습계획서 작성

1. 학습 프로그램의 구성

    교육과정은 사전 계획에 의하여 운영하여야 한다. 다만, 기관의 사정 및 학습자의 수준 등을 고려하여 계획서를 작성 및 운영해야 한다. 학습계획서는 기관의 양식에 의해 작성하여야 하고 연간계획서는 매년 10~11월 경, 3월 학기가 시작되고, 분기별로 운영되며, 차기 년도 2월까지 운영된다. 이때 지도사는 연간계획서를 기관에 제출하고 계획서에 맞게 교과를 운영한다. 연간계획서는 3줄 이내로 작성하는 것을 권장한다.

(1) 수업의 구성은 연간 운영계획과 월간 운영계획, 일간 사업계획서대로 진행하도록 하여야 하며, 충분한 기관 담당자와의 소통을 통해서 학습자의 수준과 참여 정도를 파악하여 운영한다.
(2) 학습 주제, 학습 목표 평가 방법을 사전에 기관 담당자와 소통하여 편성한다.
(3) 수업 계획을 세웠으나 학습자의 동기에 따라 일부 교육과정은 변경되거나 늦을 수 있다는 점을 이해시키고, 학습 목표를 크게 잡지 않고 수준에 따른 계획을 세운다.
(4) 학령기 학생의 경우 학년에 따른 편차가 있을 수 있으므로 사전 담당자와 협의를 거쳐 교과를 운영한다.

2. 대상별 학습 지도 주안점

1) 비장애 아동 슐런 지도
- 정확한 규정과 규칙을 지도한다.
- 활동 위주의 체육 활동을 지향하는 기관으로 다양한(응용) 슐런을 중점으로 한다. (단조로운 학습 진행에 쉽게 싫증을 내므로 다양한 게임 방식 진행으로 호기심을 자극한다).
- 팀 협력과 단체 활동을 통한 협동심, 사회성 함양에 중점을 둔다.
- 월간 대회 및 학기별 대회 운영을 지향하여야 한다.
- 수업은 활동 1~2로 구분하여 수업시간 절반은 응용 슐런을 하고 나머지 시간은 5개의 퍽으로 3개월, 10개의 퍽으로 3개월 형식으로 퍽의 개수를 올리면서 하여야 한다.
- 수업 때마다 개인의 점수를 기재하여 분기별 최고점 등을 시상하여 성취감을 맛볼 수 있도록 한다.
- 처음부터 어려운 4개의 관문을 사용하는 것이 아닌 2개 관문, 3개 관문, 4개 관문으로 점차 난이도를 올려 도전 정신과 성취감을 느끼게 한다.
- 학기가 시작할 때에는 학생들과 수업과정에 관한 규정(지각, 체벌 등)을 제정하도록 한다.

2) 장애인 슐런 지도
- 장애인의 특성에 맞는 교육과정을 운영한다. (뇌성마비의 경우 보드를 비스듬히 하고 스틱을 이용하여 경기할 수 있도록 한다.)
- 시각장애인의 경우 시작 부분에 별도의 점자를 붙여 학습을 원활히 할 수 있도록 유도한다.
- 기본기에 충실할 수 있도록 퍽을 보내고 쉬운 놀이형 게임으로부터 시작한다. (이후 점차 고난도의 학습을 진행할 수 있도록 계획한다.)
- 자신감을 가질 수 있도록 관문에 퍽을 걸쳐 맞는 연습을 충분히 하고 2인 1조를 만들어 언제든

- 연습할 수 있는 환경을 조성한다.
- 발달 장애(지적, 자폐)의 경우 힘의 조절이 안 되는 부분이 있으므로, 힘의 강약을 조절할 수 있도록 충분한 연습을 하여야 한다.
- 슐런에 대한 동기부여를 할 수 있도록 관문에 걸친 퍽 맞추기 연습과 퍽을 한 번에 관문에 넣는 연습을 하여야 한다.
- 월간 대회 및 분기별 대회를 통한 동기부여를 한다.
- 개인별 일간 수업 내용에 따라 점수를 기재하여 학습 동기를 높이고, 적절한 상품 등을 통한 피드백을 제공한다.
- 안전한 수업 운영을 위한 위험요소를 제거하고, 불필요한 언행은 삼간다.
- 분기별 개인전과 단체전으로 나누어 기관 상황에 맞게 교육과정을 운영한다.

3) 노인 슐런 지도

- 흥미 위주의 교육과정을 운영하여 즐거움을 맛볼 수 있게 해야 한다.
- 관문에 퍽을 걸쳐서 학습자의 자신감을 높일 수 있도록 해야 한다.
- 처음부터 지나친 자세를 요구하지 말고 충분한 흥미가 있을 때 자세 등을 지도하도록 한다.
- 친근한 윷놀이형 게임 등을 통하여 공감대를 형성한다.
- 피드백은 개인별로 조용히 면담 형태로 할 수 있으며, 모두 앞에서 충분한 피드백을 제공한다. 이때 학습자에 대한 공개적·개인적 불필요한 언행은 삼가야 한다.
- 일일 교육과정은 2가지로 하며, 수업에 대한 충분한 이해를 지도하고 운영한다.
- 안전한 수업 운영에 있어 위험요소를 사전에 제거한다.
- 처음부터 어려운 경기방법을 지양하고 흥미를 느낄 수 있는 퍽 맞추기, 관문에 한 번에 퍽 넣기 등을 통해 학습 동기부여를 하여야 한다.
- 작은 목표 달성에도 지나친 칭찬 등을 하여 행복과 자신감을 주어야 한다.
- 경기는 원별, 분기별 대회 등을 통해 경쟁심을 유도하고, 참가자 전원에게 똑같은 피드백을 제공한다. 이때 주변 기관과 협력을 통해 작은 선물 등을 준비하는 것이 좋다.

4) 수업계획안

차시별 교육과정 계획서는 기관의 특성 및 참여자의 학년, 장애 정도, 연령 등을 고려하여 수업계획안을 작성해야 한다.

【연간 수업계획서】

월	주제	목표	지도 내용	비고
1				
2				
3				
4				
5				
6				
7				
8				
9				
10				
11				
12				

【월간계획서】

프로그램명		슐런		대상		수강인원		명
강 사 명		나강사		연락처				
분기수강료	수강횟수		회당시간	요일		강의시간대		
	주1회					오전	오후	야간
프로그램 소　개								

0000년 00월 00일 ~ 00월 00일 강의계획서			
주	주제	목표	내용
1주			
2주			
3주			
4주			
5주			

※ 일일 월간계획서는 기관에 따라 계획서 폼이 다를 수 있다.

【수업계획서】

성명: _____

학습주제	
지도기관	교과영역 (장애인/노인/학생)　　※ 교과영역에 ○ 표시하시오!
지도내용	
학습목표	

단계	학습내용	시량	자료 및 유의점
도입	◇ 학습 동기 유발 ◇ 학습 문제 확인하기	5분	
전개	◇ 활동1: ◇ 활동2:	40분	관련 자료:
정리	◇ 학습 내용 정리하기 ◇ 다음 차시 수업 안내하기	5분	

※ 일일 수업계획서는 기관에 따라 계획서 폼이 다를 수 있다.

3. 연수계획서 예시

【연수계획서】

교사: 나선생

1) 교과소개

슐런은 19세기 후반부터 시작되었으며, 당시 Holland 혹은 Sjoelbak 또는 Sjoelen이라고 불렀으며, 유럽에서 인기를 끌었던 운동 종목이다. 특히 네덜란드를 중심으로 벨기에 등 많은 나라에서 행해지는 스포츠이다. 독일의 경우, 처음 슐런을 유명하게 만든 Jakkolo Schmidt의 이름을 따서 흔히 Jakkolo로 통칭되는데, 유럽과 미국, 영국 등 사교 행사에 많이 사용하였다(장철운, 2017). 그리고 슐런은 네덜란드 전통 스포츠로서 1976년부터 2년마다 슐런 월드컵이 개최되고, 유럽 챔피언스 리그가 활성화된 세계인이 함께하는 스포츠이며, 놀이와 게임 스포츠가 혼합된 재활 체육으로 다양한 교육과정을 운영하고 있으며, 특히, 성장기 어린이의 경우 두뇌와 대근육, 소근육을 적절히 사용한 체육활동으로 뇌 발달과 신체 기능에 도움이 된다고 밝히고 있다(대한슐런협회, 2022). 이처럼 슐런은 오랜 시간 동안 내려온 전통게임으로 다양성과 신체적 특성이 있으며 학생들에게 적합한 운동으로, 신체적 능력을 요구하지 않고 누구나 쉽게 즐겁게 참여 가능한 종목으로 학령기 시작인 늘봄학교 아이들에게 적합하고, 단체 활동을 통한 사회성을 기를 수 있는 장이 될 것이다.

2) 목적

○○학교의 운영 여건을 조성하고 다양한 놀이 게임 활동을 통해 아이들이 학교생활에 적응하고 만족할 수 있는 교육과정 운영과 효율적 운영 방안을 마련하고자 한다.

첫째, 교육환경과 학생의 특성에 맞는 다양한 '슐런' 프로그램 운영으로 활기찬 교육문화 환경을 조성한다.

둘째, 다양한 맞춤형 '슐런' 프로그램으로 아이들의 슐런 참여율을 높이고 흥미를 유도하여 ○○학교 정상화를 유도한다.

셋째, 교육공동체와의 연계 활동으로 일반화 방안의 모색과 함께 평생 체육 활동으로 나아갈 수 있도록 한다.

넷째, 아이들의 운동 신경과 성별에 구분이 없이 진행할 수 있는 슐런의 적용으로 공동체 의식 함양과 건강한 학교 풍토를 조성한다.

3) ○○학교 슐런 프로그램의 기대효과
- 아동의 체력증진 및 공동체 의식 함양
- 주의력과 집중력을 향상시키고, 평형성 및 조정력을 강화
- 규칙적인 운동 기회를 제공함으로써 건전한 사고방식 함양
- 스포츠 활동으로 우애심 함양과 늘봄 학교 조성
- 즐거운 ○○ 학교 분위기 조성
- 교육 활동으로 건강한 글로벌 시민 육성

4) 수업 일수
- 17차시

5) 수업 방침
- '보는 스포츠'에서 **'하는 스포츠'**로의 전환 수업
- 집중력 향상으로 학업성취도 향상 프로그램 운영
- 자아존중감 향상과 교우관계 개선을 위한 교육
- 모두가 참여할 수 있도록 지도
- 주의력, 집중력 향상을 위한 두뇌 프로그램 운영

6) 평가 계획: 정량평가/정성평가

【수업계획안】

교사: 나선생

주차	목적	목표	지도내용	비고
			OO학교 수업계획(안) 예시	
1	슐런의 역사와 전통놀이의 특징을 이해하여 문화를 이해한다.	슐런 체험을 통한 경기 방법과 역사성을 알 수 있다.	1. 슐런의 역사적 배경 설명 2. 슐런의 자세 익히기 3. 자유로운 슐런 체험하기	
2	조정력과 집중력 향상을 위한 다양한 방법으로 적용하여 기량향상을 할 수 있다.	원·근거리 물체 맞추기와 퍽 맞추기를 통해 일정 이상의 기량에 도달할 수 있다.	1. 큰 공과 작은 공 맞추기 2. 퍽의 근거리, 장거리에서 맞추기 3. 5개의 퍽을 이용한 최고점 만들기	
3	퍽의 이동 경로 파악으로 추리력 향상을 할 수 있다.	퍽의 정면, 좌우면 퍽 맞추기로 퍽의 이동 방향을 파악하는 것을 목표로 한다.	1. 보드 중간에 놓인 퍽 다양한 각도에서 맞추기 2. 개인별과 단체로 구분하여 연습 3. 5개의 퍽을 이용한 최고점 만들기	
4	슐런 활동을 통한 수의 미는(Push)힘의 강도와 경기 분석방법을 익힌다.	왕 퍽 넣기를 통한 다양한 응용방법을 익히고 슐런 퍽을 이용하여 개인별 높은 점수에 도달할 수 있도록 한다.	1. 관문 점수 앞에 놓인 퍽 맞추기 　- 정면, 좌·우측 　- 거리 및 관문 앞에 놓인 퍽을 이동시키면서 반복 연습하기 2. 번갈아 맞추기 및 개인별 연속 연습하기 3. 퍽 밀기(push)로 교사가 지정한 특정 관문에 퍽을 넣기 * 주의사항: 5개의 퍽이 관문에 들어가지 않더라도 보드 팜 위에 놓아 둔다.	
5	슐런을 통한 신체활동과 수학의 부호 활용을 통한 수학적 사고를 기를 수 있다.	신체기능과 산수(부호)를 이용한 게임으로 개인별 뇌 활성화를 높이는 것을 목표로 한다.	1. 학습자는 자신의 점수를 기입한다. 　(부호: +, ×, ÷) 2. 특정 점수에 정하여 도달하거나, 부호를 기입하여 점수를 높이거나 내려가도록 한다. 3. 10개의 퍽을 이용한 경기진행	
6	상호 존중과 스포츠 맨십 함양을 위한 상대팀 이기기 게임으로 한다.	상대팀의 점수를 높일 수 있는 다양한 방법을 구사 및 적용할 수 있다.	1. 2그룹으로 자신의 퍽으로 상대팀 퍽을 번갈아 가면서 관문에 넣는다. 2. 자신의 퍽이 관문에 들어가지 않게 작전하거나 반대로 상대의 퍽을 최대한 관문에 넣도록 노력한다.	

7	컬링 규칙을 적용한 슐런게임으로 흥미요소와 즐거움을 만들 수 있다.	협동과 단결을 배우고 조정력과 추리력을 이용한 점수 높게 만들기.	1. 2그룹으로 번갈아 가면서 컬링판에 슐런 퍽을 중간에 넣도록 한다. 2. 개인별 또는 단체전으로 경기하되, 경기방법은 컬링 경기와 같다.	
8	다양한 점수 만들기를 통해 수학적 사고와 흥미도를 높일 수 있다.	퍽 5개를 이용한 10점 만들기로 수의 개념을 향상시킬 수 있다.	1. 점수(10점)를 만들어야 하며, 점수가 높거나 낮으면 안 된다. - 5개의 퍽을 이용(3쿼터) 2. 개인별 연속하여 경기하거나 번갈아가면서 경기진행한다.	
9	윷놀이 슐런의 전통 놀이를 이해할 수 있다.	윷놀이 경기방식과 슐런 경기를 접목하여 학습효과를 높일 수 있다.	1. 경기방법은 윷놀이 룰을 따른다. 2. 각 관문에 퍽이 들어가면 윷놀이 이동방향과 동일하게 적용한다. 3. 개인별 퍽은 3개로 한정하고 퍽이 슐런 관문에 들어가면 나머지 퍽은 사용하지 않는다.	
10	야구형 게임을 통한 협동심을 기를 수 있다.	단체전 경기로 9회 말까지 개인별 2번 이상 출루를 목표로 한다.	1. 야구 경기방법을 적용하여 개인별 3개씩 지급하여 경기진행한다. 2. 관문에 들어간 점수만큼 출루하며, 도루는 없다. 3. 3개의 퍽 중 첫 번째나 두 번째 퍽이 관문에 들어가면 나머지 퍽은 사용하지 않는다.	
11	퍽 쟁취하기로 협동심을 배양할 수 있다.	1개의 퍽을 이용하여 최대한 많은 퍽을 만들기.	양팀을 구분하고 1번에게만 퍽 1개만 지급하고 퍽이 관문에 들어간 만큼 퍽을 늘려 가는 경기	
12	도구를 이용한 슐런 게임으로 교육적 효과를 높일 수 있다.	주사위를 이용한 집중력 향상과 조정력, 경기력 향상으로 경기 점수를 던져 해당된 점수를 높일 수 있다.	1. 주사위를 이용한 경기방법으로 주사위에 나온 수를 슐런보드의 해당된 점수 관문에 퍽을 넣는 경기. 2. 경기는 번갈아 하며, 전체 점수를 종합 합산한다. 3. 주사위에 해당된 퍽이 관문에 들어가지 않으면 상대편에게 공격권이 주어진다. 이때도 퍽이 관문에 들어가지 않으면 반복적으로 실시한다.	
13	슐런 경기규정을 적용하여 경쟁할 수 있다.	개인전과 단체전으로 나누어 경기하여 도전과 협동심을 배양할 수 있도록 한다.	1. 퍽은 개인별 10개 이내로 3쿼터 3경기를 진행한다. 2. 단체전은 팀별 20개의 퍽을 이용하여 선수가 번갈아 가면서 3쿼터를 진행한다.	

X.
체육단체의 역사

1. 대한체육회의 역사

　대한체육회(大韓體育會, Korean Sport & Olympic Committee, KSOC)는 대한민국의 스포츠를 총괄하는 스포츠 행정 기구이다. 대한민국 체육 운동의 범국민화 및 우수 선수 양성으로 국위 선양과 민족 문화 발전에 이바지하기 위하여 1920년 7월 13일 전신인 조선체육회(朝鮮體育會)로 설립된 후 대한체육회로 명칭을 바꾼 문화체육관광부 소관의 특수법인이며, 대한민국의 아마추어 스포츠 단체를 총괄, 지도하는 문화체육관광부 산하 기타 공공기관이다. 또한, 국제 올림픽 위원회, 아시아 올림픽 평의회에서 대한민국을 대표하는 국가 올림픽 위원회로서 올림픽, 아시안 게임을 비롯한 국제 스포츠대회에 참가하는 대한민국의 선수들을 대표한다. (출처: 2025, 위키백과)

　대한체육회의 시작은 조선체육회로 민족체육회라는 가치 아래 창립되었고, 전국체육대회 전신인 제1회 전국 야구대회를 1920년 7월 13일에 개최하였고, 1924년 6월 29일 조선 여자 육상대회, 1930년 1월 전조선 빙상경기대회, 1931년 제1회 전조선 농구대회를 개최하였으나, 일본에 의해 1938년 7월 4일 창립 18년 만에 강제 해산되어, 조선 체육협회(일본체육단체)와 통합되었다. 해방 후 1945년 11월 26일 조선체육회가 부활하고 이후 1947년 6월 20일 대한올림픽위원회(KOC)가 설립되고 IOC에 가입하게 된다. 1948년에는 대한체육회로 명칭이 변경되었다.

2. 대한장애인체육회

 2004년 이전에는 장애인체육 담당을 보건복지부에서 주관하여 아테네 패럴림픽 이후 청와대에서 열린 환영 오찬 당시 고 노무현 대통령에게 선수와 임원들이 복지부에서 문체부로 옮겨 달라고 건의했으며, 이를 받아들여 이관 설립 후 2005년 11월 25일 창립했다.

 당시 장애인체육은 보건복지부와 문화체육관광 영역 분야에서 주무 부처의 상반된 내용을 언급하며, 특히 용어의 내용처럼 '장애인', '체육' 명칭처럼 장애인의 경우 보건복지부, 체육의 경우 문화체육관광부의 의견이 갈리는 경우가 있었다. 또한 장애인 정책의 일환으로 재활을 보건복지부에서 관리하고 있었다.

 당시 한정된 예산에 장애인복지 정책이 뒷전으로 밀리다가 체육에 대한 이해도와 훈련시설이 미비로 어려움이 있었다.

 이에 대한체육회가 장애인체육을 담당하는 것이 유력했으나, 고 노무현은 장애인과 비장애인이 함께할 경우 어려움이 있다는 생각으로 별개의 기관을 설치하자는 제안을 받아들여 대한장애인체육회가 설치된 것이다.

[장애인 스포츠]

 세계 최초의 장애인 스포츠 대회는 1948년 독일 출신의 유대인으로 영국으로 이주한 루트비히 구트만이 제2차 세계대전 부상병들이 입원되어 있던 스토크맨더빌 병원에서 스토크더빌 게임을 연 것이다. 이것은 패럴림픽의 전신이며 현재 국제 휠체어절단장애인 경기대회로 이어져 오고 있다. 지적 장애인을 위한 대회는 1960년대에 시작되었다.

* 정의: 장애인의 운동 참여라는 체육의 기본적인 목표를 성취하기 위해 여러 변인을 변화시킴으

로써 운동 참여의 방해 요소를 최소화하고 운동 참여의 촉진 요소를 최대화시키는 학문.

3. 근대올림픽(Olympic)의 역사

고대 그리스인들이 고대 그리스 절대신인 제우스(Zeus)에게 바치는 일종의 종교행사로부터 시작되었으며, 당시 펠로폰네소스 반도에 있는 서부 연안의 올림피아라는 지역에서 개최되어 그 이름을 따서 올림픽이라고 부르게 되었다. 고대 그리스에서는 4년마다 올림픽 경기가 열렸으며, BCE 776년경부터 시작된 고대 올림픽 경기 안양시 동안은 전쟁도 멈추었고, 국가 간의 교역도 중단될 정도였다. (출처: https://gdlsg.tistory.com)

아테네올림픽

고대 올림픽은 여성은 경기에 출전은 물론 관람도 금지되었으며 남성들만을 위한 잔치였으며, 당시의 로마 황제들은 기독교를 통치하고 392년 테오도시우스 황제는 기독교를 로마의 국교로 만들었다. 또한 기독교를 제외한 태양신을 숭배한 종교를 탄압하고 이교 행위를 하였다. 고대 그리스의 여러 국가에서 선발된 선수들이 경기를 치렀으며, 주 종목을 육상과 격투기 전차 경기로 열렸다. 고대 올림픽 기간을 올림피아드(Olympiad)라고 했으며, 처음 열린 시점은 기원전 776년으로 인정되고 있다. 이후 4년 경기가 열렸다는 기록이 있으며, 종목으로 육상(멀리뛰기, 레슬링, 원반던지기, 창던지기), 복싱, 레슬링, 승마 경기가 있었다. 올림픽은 기원전 5~6세기에 절정에 이르렀으나 로마가 패권을 잡고 그리스에서 주축이 된 올림픽은 쇠퇴하게 되었으며, 모든 이단 숭배 및 예배를 금지한 테오도시우스 1세 황제에 의해 393년 고대 올림픽이 마지막이라고 추정한다.

당시 황제는 올림픽 행위를 고대 그리스 신을 찬양으로 간주하여 올림픽을 중단시켰다. 1,500년이 지난 이후 프랑스 남작 피에르 드 쿠베르탱이 1892년 27세의 나이에 올림픽 경기 부활을 제창한다. (출처: https://gdlsg.tistory.com/1469)

4. 패럴림픽(Paralympic)의 역사

　신체·감각 장애가 있는 운동선수가 참가하는 국제 스포츠대회로, 장애인 올림픽이라 하며, 제2차 세계대전에 참전한 군인들의 사회 복귀 차원에서 실시하였다. 1948년 런던 올림픽과 함께 몇몇 병원들이 참여하여 경기했고, 최초 루트만의 세계 휠체어, 신체 부자유자대회(World Wheelchair and Amputee Games)로 알려진 이 대회는 매년 열리는 스포츠대회가 되었다. 12년이 넘도록 구트만과 다른 사람들은 스포츠를, 상처를 치료하는 방법의 하나로 간주하여 계속 대회 개최에 노력을 기울였다.

　로마에서 열린 1960년 하계 올림픽 때 구트만은 400명의 선수를 'Parallel Olympics'에 참가시켰으며 이것이 곧 1회 패럴림픽으로 알려지게 되었다. 그때부터 패럴림픽은 하계 올림픽이 열린 연도에 열리게 되었다. 서울에서 열린 1988년 하계 올림픽부터는 하계 올림픽을 개최한 도시는 패럴림픽도 같이 개최하기로 하였다. (출처: 2025, 위키백과)

5. 데플림픽(농아인 올림픽)의 역사

IOC의 승인을 받은 국제 청각장애인 스포츠 위원회에서 주최하는 청각장애인이 참가하는 세계 스포츠대회이다. 청각장애를 뜻하는 'deaf'와 올림픽이 합쳐져서 만들어진 이름이며, '청각장애인/장애자 올림픽' 또는 '농아(聾啞) 올림픽', '세계 농아 체육대회'라고도 부르지만, 2017년 삼순 하계대회부터 '데플림픽'이라는 이름이 쓰이고 있다. 장애인 올림픽으로 널리 알려진 패럴림픽보다 훨씬 빠른 1926년부터 시작되었다. (출처: 2025, 나무위키)

스포츠를 통한 심신 단련과 세계 농아 간의 유대 강화를 목적으로 4년마다 개최되는 청각장애인을 위한 국제농아올림픽대회다. 1924년 파리에서 처음 열린 대회는 월드 사일런트 게임(World Silent Games)이라고 하고, 청각장애인을 위한 스포츠기구는 여러 국가에서 1차 대전 이전에 조직되었지만(독일의 경우 1888년 베를린에서 최초의 청각장애인 스포츠기구가 발족됨), 1924년 이전까지는 그다지 큰 활동을 하지 못하였다. 프랑스 청각장애인인 E. Rubens Alcais는 당시 활동하는 6개 국가의 청각장애인을 위한 스포츠기구와 함께 농아인스포츠의 국제화에 크게 이바지하였다. 그리하여 1924년 8월 10일부터 17일까지 8일간 파리에서 9개국(벨기에, 체코슬로바키아, 프랑스, 영국, 네덜란드, 폴란드, 헝가리, 이탈리아, 루마니아) 133명의 선수가 참가한 가운데 제1회 세계농아체육대회가 열렸다. 이때의 대회 종목은 육상, 사이클, 축구, 사격, 수영이었다. 첫 1회 대회 이후, 1924년 8월 26일 파리에서 대회 참가국 대표자들이 모여 국제농아스포츠위원회(ICDS)를 결성하고 세계농아체육대회를 운영·관리하는 공식기구로 출발함과 동시에 농아인의 체육활동을 주관하게 되었다. 우리나라는 1985년 미국 로스앤젤레스에서 개최된 제15회 대회에 처음으로 선수단을 파견하였다. (2025, 한국농아인스포츠연맹)

6. 올림픽 위원회(국제패럴림픽위원회) 구성

IPC는 국제 장애인스포츠의 대표적인 조직으로서의 역할을 한다.

Paralympics라는 용어는 하지마비를 뜻하는 Paraplegia의 접두어 Para와 Olympics의 어미 lympics를 조합한 합성어로, 이는 지난 1964년 도쿄 장애인올림픽대회 당시 주최 측의 해석으로 쓰이기 시작했다. 그 후 올림픽과 함께 장애인올림픽대회가 거듭 개최되면서 참가 장애의 폭이 넓어져, 척수장애 이외에도 시각장애, 뇌성마비, 절단 및 기타장애인 등 전반적인 장애인을 포괄하게 되자 국제조정위원회(ICC)에서는 Para를 '부수적인(attached to)'의 뜻으로 정의하게 된다.

그 뒤 국제장애인올림픽위원회(International Paralympic Committee, IPC) 창립에 따라 Para를 '함께하는(with)'의 뜻으로 재정의하였다. 이에 따라 Paralympic이라는 말은 올림픽대회와 함께 하는 올림픽이라는 의미를 뜻하게 되었다.

IPC는 1989년 9월 22일 독일의 뒤셀도르프에서 창립되었고 독일 본에 본부를 두고 있다. IPC는 엘리트 스포츠의 패럴림픽과 다른 다양한 장애의 경기를 조직하고, 감독하고, 조정한다. 국제 비영리조직인 IPC는 181개국의 국가패럴림픽위원회(NPC)와 5개의 특정 장애 국제스포츠기구로 구성 및 운영되고 있다. 우리나라는 1989년 창립 시부터 회원국으로 참여해 왔으며 대한장애인체육회(Korean Paralympic Committee, KPC)가 회원기구이다.

국제패럴림픽위원회
(International Paralympic Committee, IPC)

- 설립연도: 1989년 9월
- 회장: Andrew Parsons (브라질)
- 본부: 독일 - Bonn
- 회원국수: 181개국(아프리카 49개국, 아메리카 33개국, 아시아 43개국, 유럽 47개국, 남태평양 9개국)
- 주요기능: 장애인 스포츠 활동을 통한 세계 평화에 기여, 장애인의 스포츠 참여와 운동능력 향상을 위한 기회 확대
- 주요 대회 개최 및 승인: 패럴림픽대회, 종목별 세계선수권대회, 지역선수권대회 등 개최, 국제올림픽위원회(IOC) 등 국제스포츠 기구와의 협력

X. 체육단체의 역사

우리나라 가입: KOSAD로 1989년 가입 → 2006년 KPC(대한장애인올림픽위원회)로 변경 등록	※ 2016년 7월 IPC-IOC MOU 체결, 2018년 3월 IPC-IOC 장기협약 체결 (2032년까지 유효) ※ 장애청소년 체육발전 및 각종 위원회 운영 등

7. 아시아패럴림픽위원회/국제농아인스포츠위원회(ICSD) 구성

1) 아시아패럴림픽위원회(Asia Paralympic Committee, APC)

IPC의 아시아지역을 대표하는 장애인스포츠기구로서, 아시아 지역 내 각종 국제대회의 승인과 패럴림픽 무브먼트 운동을 확산하고, 스포츠 참여기회를 확대하는 데 목적을 두고 있다.

APC는 지역위원회인 아시아장애인올림픽위원회(Asia Paralympic Council, APC)와 FESPIC 연맹과의 통합을 통하여 아시아지역을 대표하는 스포츠기구로써 2005년 11월 창립되었다.

APC의 목표는, 아시아지역에서의 IPC의 목적과 목표 달성을 위한 지원, 아시아지역에서 정치, 지역, 경제, 장애, 성별, 인종의 차별 없이 모든 장애인을 위한 스포츠 증진, 아시아지역 장애인들의 교육, 재활, 인성개발, 지식교류를 통해 일반적인 관심과 복지, 활발한 교류 증진, 아시아지역에서 APC에 의해 승인된 APC대회(장애인아시아경기대회)와 다른 경기대회의 제정, 관리와 조정 개인 그리고 연맹의 목적과 원칙에 부합하는 조직에 대하여 공헌도를 인지하여 아시아 장애인 올림픽 훈장 시상, IPC, 국제장애인스포츠기구(ISODs) 그리고 목적과 원칙으로 임무를 수행하는 다른 기관과 함께 장애인스포츠의 조정과 협력, 아시아지역의 국제적인 스포츠 활동에 장애인 생활체육을 통합시키기 위한 IPC와의 교섭과 IPC 회원 스포츠조직들의 자율성 존중과 장애인 스포츠의 정체성 보장과 보호 목적을 달성하는 데 있다.

2) 국제농아인스포츠위원회(ICSD)

프랑스인 E. Rubens-Alcais는 국제농아인체육대회를 처음으로 주최한 청각장애인으로 알려져 있다. 1924년 8월 파리에서 열린 이 대회에는 9개국의 선수들이 참가했고, 6개국의 농아인경기연맹이 후원했다. 참가한 9개국의 대표들은 대회가 끝난 후 모든 청각장애인 경기단체를 통합하기로 결정하고 이 기구의 정관을 정하는 모임을 했다.

국제농아인스포츠위원회(International Committee of Silent Sports)로 시작된 이 기구는 1979년

총회에서 명칭이 ICSD(Comite International des Sports des Sourds)로 바뀌었다.

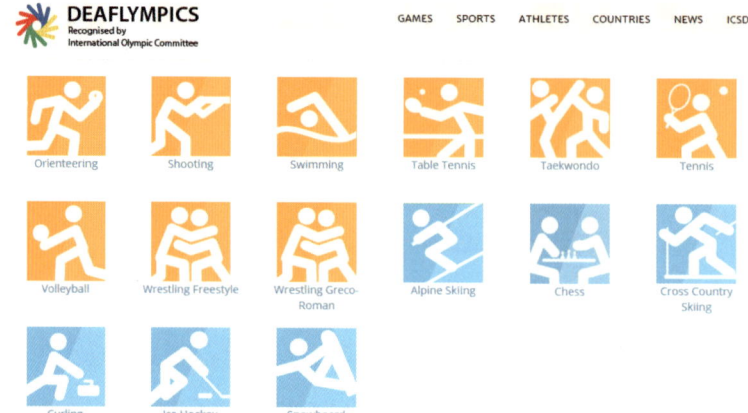

8. 기타 스포츠 연맹

1) 국제지적장애인스포츠연맹(INAS)

국제지적장애인스포츠연맹(Intellectual Sports Federation for Persons With Intellectual Disability, INAS)은 지적장애를 담당하는 스포츠 기구로서 가장 최근에 조직된 국제기구이다. INAS는 1986년 네덜란드에서 처음 결성되었다. INAS는 1989년 7월 스웨덴에서 열린 최초의 세계육상 및 수영 선수권대회와 1992년 9월 마드리드에서 열린 지적장애인을 위한 장애인올림픽대회 등의 국제대회를 개최하였다.

2000년 시드니 패럴림픽에서 육상, 수영, 탁구, 농구 4개 종목에 정식종목으로 참여했으나 농구 종목의 부정선수 사건으로 인해 정식종목 참여가 다시 유보되어 2004년 아테네 패럴림픽에서는 소수의 지적장애인 선수들만이 시범종목에 참가하였다. 2012년 런던 패럴림픽대회부터 조정, 탁구, 수영, 육상 등 4개의 하계종목이 정식종목으로 채택되었으며, 동계종목의 경우 스키 등을 중심으로 종목 추가 논의 중에 있다.

INAS는 87개 회원국이 있고 육상, 사이클, 노르딕스키, 수영, 테니스, 탁구 등의 개인종목에서 지적장애인 선수에게 대회 참가 기회를 제공한다. 팀 경기종목으로는 농구와 축구가 있다. INAS는 IPC의 회원이다. INAS는 지적장애 스포츠에서 가장 영향력 있는 기관으로서 인정되고 있다.

INAS의 일반적인 목표는 지적 장애인들이 국제행사에 쉽게 참여할 수 있도록 문호를 개방하며, 스포츠와 레크리에이션 활동을 할 수 있도록 돕는 것이다. INAS의 구체적인 활동 목표는 다음과 같다.

INAS의 이념은 지적 장애를 안고 있는 선수들이 지역별 레크리에이션 활동에서 국제적인 엘리트경기에 이르기까지 각 개인의 능력에 알맞은, 그들이 선택하는 스포츠에 참여할 수 있도록 하자는 것이다. 이러한 이념은 지적 장애인들도 사회에서 모든 이들과 같은 권리, 기회 그리고 의무를 진 사회의 구성원으로서 인정돼야 한다는 일반적인 원칙에 기초하고 있다. INAS와 SOI는 몇 가지 다른 점들이 있다.

INAS는 지적 장애인들이 자신이 원하는 능력 수준에서 그들의 선택에 의해 스포츠에 참여할 수 있는 권리를 가져야 한다고 믿는다. 선수들이 소그룹(연령별, 능력별로 그룹을 만들어 경기하는, 스페셜올림픽의 등급구분으로 알려진) 경기에 참여를 선택할 수 있도록 하는 것은 스페셜올림픽뿐만 아니라 INAS의 오픈 경기에서도 제공된다. 이 두 조직은 국제 지적장애인 스포츠 프로그램뿐만 아니라 국가별 지적장애인 스포츠 프로그램의 제공에서도 중요한 역할을 한다. 실제적으로 INAS의 회원 국가들은 마찬가지로 스페셜올림픽 프로그램도 제공하고 있다.

2) 국제시각장애인스포츠연맹(IBSA)

국제시각장애인스포츠연맹(International Blind Sports Federation, IBSA)은 1981년 파리에서 설립되었으나 4년이 지난 1985년 노르웨이 총회까지도 첫 번째 정관을 채택하지 못했다. 현재 IBSA는 시각장애인 스포츠를 위한 가장 권위 있는 기구이고 전 세계 100개 이상의 회원국으로 구성되어 있다. IBSA는 국제장애인경기연맹(ISOD)에 의해 인정된 마지막 장애인스포츠 조직이었고 ISOD의 후원 아래 활동하였다. IBSA는 시각장애인 스포츠를 위한 국제적인 경기단체로서 권위를 가지고 있고 IPC의 회원이다.

3) 국제뇌성마비스포츠 및 레크리에이션협회(CPISRA)

뇌성마비인경기대회는 국제뇌성마비협회(ICPS) 산하 스포츠레저분과위원회의 후원에 힘입어 분리되어 열렸다.

국제뇌성마비협회 산하의 스포츠레저분과위원회는 1968년 프랑스에서 뇌성마비인 선수들을 위한 최초의 국제선수권대회를 개최하였다. 이 분과위원회는 그 후에도 계속적인 활동을 해 왔고, 1978년에는 독립된 협회인 국제뇌성마비스포츠 및 레크리에이션협회(Cerebral Palsy International Sports and Recreation Association, CPISRA)이 스코틀랜드 에든버러 국제대회에서 정관이 승인됨으로 인해 창립되었다.

　국제장애인경기연맹(ISOD)은 1978년 공식적으로 CPISRA를 국제 뇌성마비 스포츠기구로 인정하게 되었다. 이러한 자격으로 1988년 서울패럴림픽대회에서 처음으로 주도권을 지닌 스포츠 조직인 세계장애인스포츠기구 국제조정위원회(ICC)의 회원이 되었다. 현재는 국제패럴림픽위원회(IPC)의 회원으로 활동하고 있다.

　CPISRA는 뇌성마비인을 위한 스포츠와 레크리에이션을 개발하고 홍보하는 일을 담당하고 있다. 또한 지난 수년간 대회 개최, 세미나, 영화, 설명회와 워크샵, 코치연수, 레크리에이션 프로그램 등의 활동을 펼쳐 왔다. CPISRA는 14개 종목의 경기 참가 기회를 제공하고, 뇌성마비인들의 스포츠와 레크리에이션 활동을 전 세계적으로 증진시키기 위하여 국제스포츠기구를 유지하고 있다.

9. 장애 유형별 스포츠 위원회

1) 국제휠체어/절단장애인경기연맹(IWAS)

국제휠체어/절단장애인경기연맹(International Wheelchair and Amputee Federation, IWAS)은 ISMWSF와 ISOD의 통합조직으로서 2003년 새롭게 창립되었다. 2005년 브라질 리우데자네이루에서 첫 번째 세계휠체어/절단장애인경기대회를 개최하였고, 두 번째 대회는 2007년 대만에서 개최되었다.

IWAS는 휠체어와 절단장애인 선수들을 후원하는 조직으로써 장애인스포츠의 초보자부터 엘리트선수를 포함하는 국제적 운동, 발전과 참여라는 스트크맨드빌 경기의 정신을 이어받아 활동을 하고 있다.

2) 국제스페셜올림픽위원회(SOI)

1968년 Eunice Kennedy Shriver에 의해 시카고의 솔져필드에서 스페셜올림픽(Special Olympics)이 결성되었고, 최초의 스페셜올림픽대회가 개최되었다. 스페셜올림픽은 Joseph P. Kennedy, Jr 재단이 지적 장애인을 위해 창립하였다. 스페셜올림픽의 목표는 미국과 전 세계의 지적 장애 아동과 성인을 위한 연중 스포츠 훈련과 대회를 주관하는 것이다.

국제스페셜올림픽위원회(SOI)의 목표는 "지적 장애인들이 인정받고, 존중되고, 생산적인 시민이 될 기회를 부여해 주는 환경을 갖춘 더욱 커다란 세계로 나갈 수 있도록" 돕는 것이다. 지적 장애인 중 8세 이상이거나, 인지능력, 학습능력, 작업능력이 뒤떨어지는 장애인은 스페셜올림픽 프로그램에 참여할 수 있다. SOI 프로그램은 전 세계 150개 이상의 국가와 미국 50개 주, 자치령 모두에게 인정을 받는 프로그램이다.

스페셜올림픽에서는 경기를 할 때 선수의 성적이나 예선 성적에 따라 등급이 결정된다. 모든 선수는 이와 같은 분류체계를 통해 등급이 나누어지며 '승리할 공평한 기회'를 갖게 된다. 세계 각국에서 참가한 선수들이 팀을 이루어 기량을 겨루는 것이다. 해를 거듭할수록 SOI에 의해 제공된 프로그램은 광범위하게 확산하였다. 스페셜올림픽은 현재 초보 선수들뿐만 아니라 기량 있는 선수들을 위해서도 다양한 동·하계 스포츠 프로그램을 제공한다. 이러한 프로그램은 다음과 같다.

크로스컨트리 스키, 알파인 스키, 스피드 스케이팅, 피겨스케이팅, 플로어 하키를 포함하는 동계 스포츠 육상, 배드민턴, 농구, 보치아, 볼링, 사이클, 승마 마장마술, 골프, 체조, 역도, 롤러스케이트, 세일링, 축구, 소프트볼, 수영, 탁구, 핸드볼, 테니스, 배구를 포함하는 하계 스포츠 경기에 참여할 만큼 신체적, 행동상의 기량을 갖고 있지 못한 중증장애인을 위하여 개발된 기본운동 훈련프로그램(Motor Activity Training Program)으로 운영하고 있다.

참고 문헌

강원국(2018). 동물매개중재 프로그램이 경도 신경인지장애 노인의 인지기능, 우울, 일상생활 수행 능력, 삶의 질의 미치는 효과. 원광대학교 대학원 박사학위논문.

권미화(2022). 경도인지장애 및 경중 치매 대상자를 위한 워크북 활용 복합중재 프로그램이 인지기능과 일상생활 수행 능력, 우울, 삶의 질에 미치는 효과. 한국엔터테인먼트산업학회지, 16(6), 245-253.

김고은, 김보라, 안태규(2023). 경두개직류전류자극을 결합한 가상현실프로그램이 경도인지장애환자의 우울, 손기능, 인지와 일상생활 활동에 미치는 영향. 대한통합의학회지, 11(1), 53-62..

김미영, 박우권(2023). 지역사회인지자극프로그램이 경도인지장애 노인의 인지기능과 주관적 기억에 미치는 영향. The Journal of the Convergence on Culture Technology, 9(2), 67-71.

박현태(2019). 고령화사회의 구제책으로서의 "운동노화과학". 운동과학, 28(4), 311-316.

배성환, 장연식(2021). 주간보호센터 이용 경도인지장애 노인의 인지기능 향상을 위한 인지치료 프로그램 효과. 고령자·치매작업치료학회지, 15(1), 91-101.

신윤찬, 임승주, 원경아, 김정란(2020). 기관형 인지 재활프로그램이 지역사회 노인의 인지, 우울 및 삶의 질에 미치는 영향: 지역사회를 중심으로. 대한인지재활학회지, 9(1), 5-25.

엄수진, 하주영(2021). 경도인지장애 노인의 인지기능 정상 회귀와 치매 진전 영향 요인: 고령화연구패널조사 자료 분석. 노인간호학회지, 23(3), 297-310.

이시종, 김옥진(2020). 집단 동물매개치료 프로그램이 치매 노인의 인지기능과 우울 및 삶의 질에 미치는 효과. 한국예술치료학회지, 20(2), 115-134.

이정은(2023). 경도인지장애 노인 대상 심리치료의 효과에 대한 메타분석. 신한대학교 대학원 박사학위논문.

이현아(2022). 반려견과의 교감 활동이 경도인지장애 노인의 우울과 스트레스에 미치는 영향. 인문사회 21, 13(5), 3447-3460.

임예림, 이선민(2023). 가상현실 기반 몰입형 복합중재 프로그램이 경도인지장애 환자의 인지기능 및 두뇌 활성에 미치는 영향. 대한물리의학회지, 18(1), 87-97.

임은경(2021). 동물 매개 중재가 청소년의 자아존중감과 불안에 미치는 효과. 한국청소년학회, 28(10), 161-183.

장문영, 최안나, 조정현, 남유진, 강원국(2021). 경도인지장애 노부부 우울에 대한 동물매개치료 프로그램 효과. 한국동물매개심리치료학회지, 10(2), 43-50.

장연식, 배성환(2022). 이중과제 프로그램이 경도인지장애 노인의 인지기능과 균형 능력에 미치는 영향. 고령자·치매작업치료학회지, 16(1), 41-50.

장윤석, 김옥진(2023). 동물을 활용한 상담 프로그램이 경도 신경인지장애 노인의 인지, 정서, 자아존중감에 미친 효과성 연구. 한국엔터테인먼트산업학회논문지, 17(3), 313-323.

중앙치매센터(2023). 치매 현황 https://www.nid.or.kr/info/ub_2022.aspx?no=176938#a

진연주, 주유미, 남상훈, 배수영, 홍익표(2021). 경도인지장애 노인의 인지기능 정상회귀와 치매진전 영향요인: 고령화연구패널조사 자료분석. 노인간호학회지, 22(3), 297-310.

Chung, J. Y., Yoon, H. J., Kim, H., Choi, K. Y., Lee, J. J., Lee, K. H., & Seo, E. H. (2019). Reversion from mild cognitive impairment to normal cognition: false-positive error or true restoration thanks to cognitive control ability?. *Neuropsychiatric Disease and Treatment, 15*, 3021-3032.

Evans, I. E., Martyr, A., Collins, R., Brayne, C., & Clare, L. (2019). Social isolation and cognitive function in later life: a systematic review and meta-analysis. *Journal of Alzheimer's disease, 70*(s1), S119-S144.

Falck, R. S., Davis, J. C., Best, J. R., Crockett, R. A., & Liu-Ambrose, T. (2019). Impact of exercise training on physical and cognitive function among older adults: A systematic review and meta-analysis. *Neurobiology of Aging, 79*, 119-130.

Gao, Q., Gwee, X., Feng, L., Nyunt, M. S. Z., Feng, L., Collinson, S. L., ... & Ng, T. P. (2018). Mild cognitive impairment reversion and progression: rates and predictors in community-living older persons in the Singapore longitudinal ageing studies cohort. *Dementia and Geriatric Cognitive Disorders Extra, 8*(2), 226-237.

Gao, S., Unverzagt, F. W., Hall, K. S., Lane, K. A., Murrell, J. R., Hake, A. M., ... & Hendrie, H. C. (2014). Mild cognitive impairment, incidence, progression, and reversion: findings from a community-based cohort of elderly African Americans. *The American Journal of Geriatric Psychiatry, 22*(7), 670-681.

Glisky, E. L. (2007). Changes in cognitive function in human aging. *Brain aging: Models, methods, and mechanisms, 1*, 3-20.

Golomb, J., Kluger, A., & Ferris, S. H. (2022). *Mild cognitive impairment: historical development and summary of research*. Dialogues in clinical neuroscience.

Gomez-Soria, I., Peralta-Marrupe, P., & Plo, F. (2020). Cognitive stimulation program in mild cognitive impairment A randomized controlled trial. *Dementia & Neuropsychologia, 14*, 110-117.

Jia, R. X., Liang, J. H., Xu, Y., & Wang, Y. Q. (2019). Effects of physical activity and exercise on the cognitive function of patients with alzheimer disease: A meta-analysis. *BMC Geriatrics, 19*(1), 1-14.

Kang, Y., Whang, S. A., & Park, K. (2015). Reversion to normal cognition and its correlates among the community-dwelling elderly with mild cognitive impairment: The longitudinal cohort study. *Korean Journal of Adult Nursing, 27*(6), 656-664.

Kuiper, J. S., Zuidersma, M., Voshaar, R. C. O., Zuidema, S. U., van den Heuvel, E. R., Stolk, R. P., & Smidt, N. (2015). Social relationships and risk of dementia: A systematic review and meta-analysis of longitudinal cohort studies. *Ageing research reviews, 22*, 39-57.

Lautenschlager, N. T., Cox, K. L., Flicker, L., Foster, J. K., Van Bockxmeer, F. M., Xiao, J., ... Almeida, O. P. (2008). Effect of physical activity on cognitive function in older adults at risk for alzheimer disease: A randomized trial. *JAMA, 300*(9), 1027-1037.

Liao, Y. Y., Tseng, H. Y., Lin, Y. J., Wang, C. J., & Hsu, W. C. (2019). Using virtual reality-based training to improve cognitive function, instrumental activities of daily living and neural efficiency in older adults with mild cognitive impairment. *European journal of physical and rehabilitation medicine, 56*(1), 47-57.

McArdle, J. M., George, W. D., McArdle, C. S., Smith, D. C., Moodie, A. R., Hughson, A. M., & Murray, G. D. (1996). Psychological support for patients undergoing breast cancer surgery: a randomised study. *Bmj, 312*(7034), 813-816.

McCarron, L. & Dial, J. (1986). *McCarron-Dial Evaluation System*. Dallas, Texas: Common Market Press.

Nelson, A. P., & O'Connor, M. G. (2008). Mild cognitive impairment: A neuropsychological perspective. *CNS Spectrums, 13*(1), 56-64.

Pandya, S. Y., Clem, M. A., Silva, L. M., & Woon, F. L. (2016). Does mild cognitive impairment always lead to dementia? A review. *Journal of the neurological sciences, 369*, 57-62.

Panza, F., Lozupone, M., Solfrizzi, V., Sardone, R., Dibello, V., Di Lena, L., ... & Logroscino, G. (2018). Different cognitive frailty models and health-and cognitive-related outcomes in older age: from epidemiology to prevention. *Journal of Alzheimer's disease, 62*(3), 993-1012.

Parikh, P. K., Troyer, A. K., Maione, A. M., & Murphy, K. J. (2016). The impact of memory change on daily life in normal aging and mild cognitive impairment. *The Gerontologist, 56*(5), 877-885.

Petersen, R. C., Smith, G. E., Waring, S. C., Ivnik, R. J., Tangalos, E. G., & Kokmen, E. (1999). Mild cognitive impairment: Clinical characterization and outcome. *Archives of Neurology, 56*(3), 303-308.

Ritchie, K. (2022). *Mild cognitive impairment: an epidemiological perspective*. Dialogues in clinical neuroscience.

Siu, M. Y., & Lee, D. T. (2018). Effects of tai chi on cognition and instrumental activities of daily living in community dwelling older people with mild cognitive impairment. *BMC geriatrics, 18*(1), 1-10.

Tangalos, E. G., & Petersen, R. C. (2018). Mild cognitive impairment in geriatrics. *Clinics in Geriatric Medicine, 34*(4),

563-589.

Vidovich, M. R., Lautenschlager, N. T., Flicker, L., Clare, L., & Almeida, O. P. (2009). The PACE study: A randomised clinical trial of cognitive activity (CA) for older adults with mild cognitive impairment (MCI). *Trials, 10*(1), 1-8.

Wilson, R. S., Scherr, P. A., Schneider, J. A., Tang, Y., & Bennett, D. A. (2007). Relation of cognitive activity to risk of developing Alzheimer disease. *Neurology, 69*(20), 1911-1920.

부록 1

대한장애인술련협회(KDSA) 등급분류 규정(안)

2024년

목차

Ⅰ. 장애인 슐런 등급분류 규정　　236
　제1장 일반 조항　　237
　제2장 등급분류 인력　　239
　제3장 선수 평가　　244
　제4장 선수 평가 및 등급분류 패널　　247
　제5장 스포츠 등급 부적격　　251
　제6장 항의(Protest)　　252
　제7장 의학적 재검토　　255
　제8장 의도적 허위 진술　　256
　제9장 선수 정보 사용　　257
　제10장 이의제기(APPEAL)　　259
　제11장 재평가 요청(Re-Evaluation)　　260
　제12장 대한장애인슐런협회(KDSA) 등급분류사　　261
　제13장 다양한 장애를 가진 선수에 대한 등급분류　　262
　제14장 스포츠 등급 및 분류 기준　　266

Ⅱ. 장애인 슐런 등급분류 양식　　272
　1. 등급분류 항의 양식(첫 등급분류 후)　　273
　2. 등급분류 항의 양식(선수 상대)　　275
　3. 등급분류 재평가 신청서　　277
　4. 등급분류 재평가 이의제기 신청서　　279
　5. 등급분류 카드　　281
　6. 등급분류 동의서　　282
　7. 등급분류사 윤리 서약서　　283

III. 장애인 슐런 등급분류 장애 유형 및 평가   284

   1. 현행(기존) 슐런 등급분류 운영 규정 개정(안) 대조   285

   2. 슐런 등급분류   287

   3. 적격 장애 유형   290

   4. 부적격 장애(NE) 유형   291

   5. 슐런 등급분류 수행평가   292

   6. 슐런 등급분류 기능 수행평가   300

   7. 지체, 뇌병변 장애인 슐런 등급분류 평가방법   302

IV. 장애인 슐런 등급분류 평가표   304

   1. 장애인 슐런 수행 기능 종합 평가표   305

   2. 장애인 슐런 동작 평가표   306

   3. 장애인 슐런 근력 및 관절가동범위 평가표   307

   4. 장애인 슐런 근육 긴장도 평가표   308

   5. 장애인 슐런 운동실조증 평가표   309

참고 문헌   310

I.
장애인 슐런 등급분류 규정

제1장 일반 조항

제1조(범위 및 적용)

① 본 등급분류 규칙 및 규정은 '등급분류 규정'으로 간주된다.

장애인 슐런 종목은 2019년 제39회 전국장애인체육대회 시범종목으로 채택되었으며, 2024년 제43회 전국장애인체육대회에서 정식종목으로 채택되었다. 국제패럴림픽위원회(IPC) 등급분류 코드와 국제 표준의 해당 요건을 시행하기 위해 준비되어 왔다.

② 등급분류 규정은 대한장애인슐런협회(KDSA)에 의해 승인된 이후 적용한다.

③ 본 등급분류 규정은 많은 부록을 포함한다. 등급분류 규정은 규정 및 부록으로 구성한다.

④ 본 등급분류 규정은 선수 평가를 실행하는데 등급분류 양식을 보완한다. 이 양식은 대한장애인슐런협회에 있으며 수시로 변경될 수 있다.

⑤ 본 규정은 국제장애인슐런협회의 등급분류 규칙과 규정이 제정되면 그에 맞게 조정될 수 있다.

제2조(등급분류의 목적)

경기의 구조를 제공하고 클럽, 국내, 지역, 국제 규모의 대회에서 시행된다.

① 선수들의 장애 정도를 반영하여 경기를 집행하고 선수들 모두가 공정한 경쟁을 펼칠 수 있도록 하기 위함이다.

② 등급분류사의 일정한 관찰과 평가로 하여금 선수들 간의 공정하고 조화로운 경기를 하게 하는 진행형 절차이다.

제3조(등급분류 규정의 적용)

① 등급분류 규정은 대한장애인슐런협회에 의해 주관되며 승인된 모든 스포츠 종목과 대회에 참가하는 모든 선수들과 선수 보조 인력들에게 적용된다.

② 등급분류 규정은 대한장애인슐런협회 규정 및 향후 국제장애인슐런협회 규정과 함께 해석되고 적용되어야 한다.

③ 대한장애인슐런협회는 선수들이 대한장애인슐런협회에 의해 승인된 대회 또는, 대한장애인슐런협회에 의해 지정된 장소에서 등급분류 규정에 따라 스포츠 등급 및 스포츠 등급상태를 지정받을 수 있는 기회를 제공한다.

제4조(규정의 해석과 관계)

① '조항'에 대한 언급은 등급분류 규정의 조항을 의미하고, '부록'은 등급분류 규정의 부록을 의미하며, 본 규정집에 사용된 용어는 본 등급분류 규정의 용어정리에 의미가 규정되어 있다.

② 본 등급분류 규정에서의 '스포츠'에 대한 언급은 장애인슐런을 의미한다.

③ 본 등급분류에 사용된 표제는 편의를 위해서만 사용되며, 참조하는 조항과 별도로 구분되는 의미는 없다.

④ 본 등급분류 규정은 독립적인 문서로 적용되고 해석되어야 하지만, 2015 IPC 등급분류 코드 및 국제 표준과 일관되게 적용되고 해석되어야 한다.

제5조(역할과 책임)

선수, 선수 보조 인력, 등급분류인력은 등급분류 규정의 모든 해당 요건을 숙지해야 한다.

① 선수의 역할과 책임
  1. 본 등급분류 규정에 의해 확립된 정책, 규칙, 절차를 숙지하고, 준수한다.
  2. 선수 등급평가에 성실하게 참여한다.
  3. 필요한 시점에 자신의 건강 상태와 적격장애에 대한 적절한 정보를 대한장애인슐런협회에 제공하고, 이를 이용 가능하도록 해야 한다.
  4. 등급분류 규정의 위반과 관련한 모든 조사에 협조한다.
  5. 개인의 경험과 전문지식을 서로 공유하고, 교육 과정과 정보 및 등급분류에 관한 연구활동에 적극적으로 참여한다.

② 선수 보조 인력의 역할과 책임
  1. 본 등급분류 규정에 의해 확립된 정책, 규칙, 절차를 숙지하고, 준수한다.
  2. 등급분류 시 긍정적이고 협력적인 태도와 의사소통을 촉진하기 위하여 선수의 가치관과 행동에 영향을 준다.
  3. 등급분류 시스템의 개발, 관리, 시행에 도움을 준다.
  4. 등급분류 규정의 위반과 관련된 조사에 협조해야 한다.

③ 등급분류 인력의 역할과 책임
  1. 본 등급분류 규정에 의해 확립된 모든 정책, 규칙, 절차에 대한 지식을 완전히 숙지한다.
  2. 등급분류 시 긍정적이고 협력적인 태도와 의사소통을 촉진하기 위하여 노력한다.
  3. 교육과 연구에 참가하는 것을 포함하여 등급분류 시스템의 개발, 관리, 시행에 도움을 준다.
  4. 등급분류 규정의 위반과 관련된 조사에 협조해야 한다.

제2장 등급분류 인력

제6조(등급분류 인력 및 등급분류위원회)

등급분류 인력은 효과적인 등급분류 시행에 필수적이다. 대한장애인슐런협회는 등급분류 조직, 시행, 관리에 중요한 역할을 하는 다수의 등급분류 인력을 지명한다. 또한 일정 수의 등급분류 인력으로 구성된 등급분류 시행, 관리를 전담하는 등급분류위원회를 구성해야 한다.

① 등급분류 위원장
  1. 대한장애인슐런협회는 등급분류위원회 위원 중 적합한 자를 등급분류 위원장이 지명(임명)한다. 등급분류 위원장은 대한장애인슐런 등급분류와 관련된 사항에 대한 지시, 관리, 조율, 시행에 대한 책임을 진다.
  2. 정기적으로 현재의 등급분류사 현황을 조사한다.
  3. 의학 및 등급분류 사안과 관련하여 KDSA 정책 및 프로그램을 주도적으로 시안, 계획, 추천한다.
  4. 대회를 위한 등급분류위원을 적절하게 구성하기 위해 수석등급분류사 및 등급분류사를 임명한다.
  5. KDSA 등급분류사 교육 및 인증을 조직하고 시행한다.
  6. 등급분류 자료를 유지·관리하고 정기적으로 최신화되도록 관리자를 지명하여 기록을 정확하게 한다.
  7. 등급분류사의 활동 및 자격을 조사하기 위한 등급분류사 자료를 평가한다.
  8. 등급분류 교육이수자 명단을 관리 및 정기적으로 최신화하는 사람을 지명한다.
  9. 등급분류사에게 등급분류 과정상의 변동사항을 통지하고, 슐런 및 등급분류과정에 영향을 미치는 해당 사안에 대한 피드백을 요청한다.
  10. 등급분류위원장이 등급분류사 및 수석등급분류사로서 지명되는 것도 가능하다.

② 수석등급분류사
  1. 대회 개최 및 등급분류 평가 이전, 기간 동안 및 종료 이후 등급분류를 관장 및 조정하며, 조직위, 등급 분류위원회, 심판 및 기타 대회 관련 지원업무 인력과의 효율적인 협조가 이루어지도록 한다.
  2. 경기 이전에 등급분류 대상 선수를 식별하고 해당자에게 통지할 수 있도록 조직위원회 및 팀과 연락한다.
  3. 경기 동안 등급분류 규정이 올바르게 적용될 수 있도록 등급분류사를 감독한다.
  4. 등급분류 위원으로 활동하는 등급분류사 및 등급분류사 교육생을 감독하며, 이들의 수행능력 및

숙련도를 관찰한다.
5. 경기 기간 중, 등급분류 관련 모든 행정 업무를 감독하고, 경기 후 완료된 선수등록확인서, 등급분류 카드 및 기타 서류를 등급분류위원회에게 전달한다.

③ 등급분류사
1. 등급분류위원의 구성원으로 선수의 등급 및 등급상태를 부여한다.
2. 수석등급분류사의 요청 시, 항의 위원의 구성원으로 직무를 수행한다.
3. 수석등급분류사의 요청 시, 재평가 위원의 구성원으로 직무를 수행한다.
4. 대회 중 등급분류 회의에 참석한다.
5. 대회 중 등급분류 교육 과정에 책임을 지도록 임명된 등급분류위원장 요청 시, 등급분류사 교육 및 인증(예: 등급분류 세미나 조직 및 교육)에 지원업무를 한다.

④ 교육생 등급분류사
1. 교육생 등급분류사는 대한장애인슐런협회에 의해 공식적인 훈련과정에 있는 인력이다.
2. 등급분류 규정을 숙지하도록 적극적으로 참여 및 관찰하며, 자격증 획득을 위한 능력 및 숙련도를 개발할 수 있도록 한다.
3. 대회 중 등급분류 회의에 참여할 수 있다.

제7조(등급분류사의 역량, 훈련, 인증)

① 등급분류사

등급분류사는 KDSA의 공식 훈련을 받고 인증을 받아, 선수의 스포츠 등급 및 등급상태를 결정할 수 있는 능력을 갖춘 자이다. 등급분류사는 비공식적으로는 국제 스포츠 등급 및 등급 상태를 결정하지 않으며, 등급분류위원의 구성원으로 업무를 수행한다.

KDSA의 등급분류사를 결정하기 위해서 구체적인 자격 기준이 마련되어 있으며, 이 기준에는 전문적 자격 및 슐런에 대한 전문성을 증명해야 한다. KDSA 등급 분류위원은 아래 사항을 갖춘 등급분류사를 포함한다.

1. 의료 및 장애인 체육에 지식 및 경험이 풍부한 전문 의료인(예: 의사, 물리치료사)
2. 슐런 종목의 전문지식을 갖춘 기술전문가(예: 슐런 지도자·심판·선수 출신 등)
3. 등급분류사에 참여할 수 없는 경우(예: (현)슐런 감독·지도자, 슐런협회 회장 등)

KDSA의 공식 훈련을 받고 인증받은 등급분류사(최소 2명 이상)	
전문의료인(의료 및 슐런 전문 자격)	의사, 물리치료사
기술전문가(장애인 체육 및 슐런 전문 자격)	슐런 지도자·심판·선수 출신 등
등급분류사에 참여할 수 없는 경우	현)슐런 감독·지도자, 슐런협회 회장 등

② 등급분류사 인증

등급분류사 인증서는 해당 등급분류사가 능력을 갖추고 슐런 등급분류사로서의 업무수행에 능숙하다는 것을 의미. KDSA는 3가지 수준의 인증(레벨1, 2, 3 등급)을 인정한다.

1. 교육생 등급분류사 레벨1(1차 등급분류 세미나 이후)
   - 전문 의료인: 경기스포츠 프로파일에 기술된 장애 및 활동 제한을 가진 사람들에 치료 및 지도 경험이 있는 의사 또는 물리치료사
   - 장애인 스포츠 관련 지식을 보유하고 장애인슐런의 상당한 전문적인 지식을 갖춘 기술 전문가
   - 차후 국내등급분류사 위원의 구성원으로 지명될 수 있는 전문가

2. 국내 등급분류사 - 레벨2(2차 등급분류 세미나 이후)
   - 국내 대회 수준에서 30명 이상의 장애인슐런의 선수 측정을 완료
   - 등급분류 위원의 구성원으로 국내 대회에서 참가하여 역할 수행
   - 장애인슐런 등급분류사 교육강습회(필수 교육)

3. 수석(국제) 등급분류사 - 레벨3(3차 등급분류 세미나 이후)
   - 레벨 2등급분류사로서 등급분류 대회경기 3회 이상 참여자
   - 국내 대회 수준에서 100명 이상의 장애인슐런의 선수 측정을 완료
   - 장애인슐런 등급분류사 교육강습회(필수 교육)

③ 자격 평가 및 유지

자격증 획득에는 이론 교육, 실기 교육, 훈련과정이 포함되며, 등급분류 세미나를 통해 부여되는 회원자격이 있어야 한다. 따라서 자격증 취득을 위해서는 이론 교육, 실기 교육, 훈련 및 멤버십이 포함된다.

등급분류사가 되기 위해서는 대상자는 아래 사항을 반드시 충족해야 한다.

1. 등급분류사가 되기 위한 교육과정에 참여하고, 레벨1에서 레벨3까지 상승하기 위해 정기적으로 등급분류 세미나에 참여한다.
2. 등급분류 세미나 과정에서 등급분류 위원장으로부터 적합한 능력을 갖춘 자로 평가받아야 한다.
   ㉮ 의료 및 기술관련 이론 항목 ㉯ 의료 및 기술관련 실기 과목 ㉰ 슐런 실기
3. 등급분류 세미나에서 개인 학습을 통한 이론 및 슐런 기술 및 테스트를 통한 실기에 대한 기술 및 이해를 향상한다.

등급분류 세미나는 레벨1, 레벨2, 레벨3 3개의 단계로 되어 있다. 등급분류 세미나에서 다루는 내용은, 이론 교육 강좌(의료 및 기술 관련), 실습 교육 및 훈련 과정(실습 포함)이며, 기초단계인 레벨1에서 상급단계인 레벨3까지 교재와 함께 단계별 학습구조로 시행된다. 각 수준의 등급분류 세미나 내용, 각 과정 및 등급분류 세미나의 기간 등 전반적인 사항은 등급분류위원회에서 명시한다.

자격수준	자격요건	등급분류사 요구사항 및 진입기준
교육생 등급분류사 (레벨1)	1차등급분류 세미나 참여	- 전문 의료인: 경기스포츠 프로파일에 기술된 장애 및 활동제한을 가진 사람들에 치료 및 지도 경험이 있는 의사 또는 물리치료사 - 장애인슐런의 상당한 전문적인 지식을 갖춘 기술전문가
국내등급분류사 (레벨2)	2차등급분류 세미나 참여	- 국내 대회 수준에서 30명 이상의 장애인슐런의 선수 측정을 완료 - 등급분류 위원의 구성원으로 국내 대회에서 참가하여 역할 수행 - 장애인슐런 등급분류사 교육강습회(필수 교육)
수석(국제)등급분류사 (레벨3)	3차등급분류 세미나 참여	- 레벨 2등급 분류사로서 등급분류 대회경기 3회 이상 참여자 - 국내 대회 수준에서 100명 이상의 장애인슐런의 선수 측정을 완료 - 장애인슐런 등급분류사 교육강습회(필수 교육)

제8조(등급분류사 윤리강령)

등급분류사의 역할은 선수의 스포츠 등급 및 상태를 공정하게 평가하는 것이다. KDSA의 등급분류 및 장애인올림픽 운동은 각각의 등급분류사의 전문성 및 태도에 의해 완성된다.

① 등급분류 규정 및 등급분류 관계자의 통합이라는 점에서, 이것을 유지하고 이에 대한 확신을 갖추어야 한다는 필요성을 인식한다.
② 투명하고 공정한 기준으로 시행되도록 하며, 등급분류사가 전문적으로 업무수행을 할 수 있는 지침

을 제공한다.
③ 선수, 선수 지원 인력, 행정인력, 조직위, 방송 및 대중매체 등의 기타 관계자에게 등급분류관여 인력의 전문적인 업무수행을 평가할 수 있는 기준을 제공한다.
④ 선수 및 선수 지원 인력에 대해 존경심으로 우대한다.
⑤ 이해, 인내, 존경심으로 선수 및 선수 지원 인력을 대한다.
⑥ 팀 또는 국적을 불문하고 등급분류사 의무를 수행 시 공정하고, 정직하고, 객관성 있고, 친절하게 업무를 수행한다.
⑦ 수행한 모든 조치사항 및 결정사항에 대한 책임을 지며, 선수 및 선수 지원 인력과의 대화 또는 상호작용에 개방적으로 응대한다.
⑧ 등급분류사 책무 수행 시, 알코올 또는 불법약물을 복용하지 않는다.
⑨ 가능한 한 선수의 정보 누설이 되지 않도록 한다.
⑩ KDSA 등급분류 절차를 준수하고, 교육 및 자격증 신청 시 개인의 능력 및 자격을 정확하고 정직하게 표현하며, 대회의 등급분류 약속 일정을 준수한다.
⑪ 등급분류 절차에 대한 이론 및 시행에 대해 이해하며, 선수 및 선수 지원 인력에게 이를 공지하며 이해할 수 있도록 한다.
⑫ 슐런 등급분류 절차를 숙지하고, 숙련되지 않은 등급분류사를 지도하고, 교육생 등급분류사를 개발하여 자신의 실력을 꾸준히 향상시킨다.
⑬ 경제적 여건, 정치적, 스포츠, 인적 압력에 굴하지 않고 직무를 수행한다.
⑭ 이해에 상충되는 일(실제 또는 높은 가능성)이 있을 경우 이를 회피하며 책임등급분류사에게 보고한다.
⑮ 이해관계의 문제를 야기할 수 있는 팀, 선수 또는 선수 지원 인력과의 관계에 대해 공개한다.
⑯ 동료를 공손히 대한다.
⑰ 동료와의 대화는 모두 기밀사항으로 처리한다.
⑱ 화를 내거나 분개하지 않고 결정사항을 설명하고 정당화시킨다.
⑲ 다른 동료에게 격식을 갖추어 대하며, 다른 동료, 경기 구성원 또는 기숙 자문위원을 비난하는 것은 적합하지 않음을 인지한다.
⑳ 동료 등급분류사, 경기 구성원 및 기술 자문위원의 의사결정 과정 또는 결정사항을 공개적 및 개인적으로 존중한다.
㉑ 경험이 자신보다 낮은 등급분류사와 이론, 기술 및 실기 관련 지식 및 기술을 공유한다.

제3장 선수 평가

제9조(선수 평가 일반 조항)

선수 평가는 다음을 포함한다.

① 신체(기능) 평가: 등급분류위원은 KDSA 평가 방법에 의해 선수의 신체(기능) 평가를 실시
  - 형태, 신장, 상실된 상지나 하지, 일반적 움직임, 속도, 활동반경, 근긴장, 근력, 균형, 협동, 지구력, 감각 혹은 다른 능력이나 지적 능력을 포함. 42~49p참조(평가 실시)

② 동작(기능) 평가: 등급분류위원은 KDSA 평가 방법에 의해 선수의 기술적 동작(기능) 평가 실시
  - 슐런 경기 특정 자세 및 동작을 수행해 보는 것.

③ 관찰 평가: 등급분류위원은 선수에게 경기 상황에서 어떻게 시합하는지 특정 조건을 적용
  - 슐런 등급분류 시 평가의 결과가 불명확하다고 판단되면 대회 중 경기의 관찰 평가가 이루어짐.
  - 등급분류위원은 훈련, 워밍업 혹은 경기 중 선수가 특정 기술을 표현하는 것을 관찰한다.
  - 등급분류 목적으로 등급분류위원에 의한 비디오녹화나 사진 촬영을 사용할 수 있다.
  - 등급분류위원은 선수의 경기에 방해가 되지 않도록 최선을 다해 주의를 기울인다.

제10조(적격장애)

① 장애인슐런대회에서 경기를 하기 원하는 모든 선수들은 반드시 적격장애를 가지고 있어야 한다.

② 등급분류 규정 선수가 장애인슐런대회에서 경기를 치르기 위해서 반드시 포함되어야 하는 적격장애에 대해 기술되어 있다.

③ 적격장애로 등재로 등재되지 않은 모든 장애는 부적격장애(NE)로 판단한다. 부적격(NE)유형을 포함하고 있다.

④ 적격장애 평가: 대한장애인슐런협회는 선수가 적격장애를 가지고 있는지 반드시 결정해야 한다.

  1. 선수가 적격장애를 가지고 있다고 판단하기 위해서는 대한장애인슐런협회는 모든 선수에게 이에 합당한 건강상태나 질병을 입증할 것을 요청할 수 있다. 합당한 건강상태나 질병이 아닌 경우의 예시를 포함하고 있다.

  2. 대한장애인슐런협회 등급분류 위원회는 개인선수가 적격장애를 가지고 있다고 판단하고 결정할 수 있다. 등급분류 위원회에서 선수의 적격장애가 충분히 명확하다고 판단하면, 추가적으로 적격장애를 증명할 자료를 제시할 필요가 없다.

  3. 만약, 선수의 건강상태가 경기를 치르기에 불안정하거나 해당 선수나 타 선수의 건강에 위험을 줄 수 있다고 판단되는 경우, 해당 선수는 등급 분류 규정에 따라 등급분류 미완료(CNC)로 지정될 수

있다. 이 경우 대한장애인슐런협회는 관련 시도협회에 해당 근거를 설명할 수 있어야 한다.
⑤ 선수는 반드시 대한장애인슐런협회에 다음과 같은 절차를 따른다. 선수는 관련 서류를 제출해야 한다.
  1. 선수 또는 관련 시도협회는 반드시 선수의 등급분류 시작일 기준 최소 30일 전까지 대한장애인슐런협회에 의료(장애)진단서를 제출해야 한다.
  2. 의료진단서는 국문으로 작성되어야 하고, 관련 장애 유형에 대한 전문 지식을 가진 의사가 서명해야 하며, 의사의 연락처도 포함되어야 한다.
  3. 의료진단서는 대한장애인슐런협회 등급분류 위원회에 제출해야 하며 요청 시 추가 서류를 함께 제공해야 한다.
  4. 대한장애인슐런협회는 효과적으로 의료(장애) 진단서및 의료자료를 검토하기 위해 등급분류위원장의 업무를 지원할 적격성 평가 위원회를 설립할 수 있다.
⑥ 대한장애인슐런협회 등급분류 위원회는 의료(장애) 진단서 및 진단정보가 불완전하거나 일관성이 없다고 판단하면 관련 시도협회에게 추가적인 의료서류와 함께 의료(장애)진단서를 다시 제출하도록 요청할 수 있다.
⑦ 등급분류 위원장이 선수에게 의료 진단 정보 제공을 요청한다면, 등급분류 위원장은 적격성 평가 위원회를 구성하여 진행할 수 있다.
⑧ 적격성 평가 위원회를 형성하고 의료 진단 정보가 고려되는 절차는 다음과 같다.
  1. 등급분류 위원장은 관련 시도협회에게 선수를 대신하여 의료 진단 정보가 제공되어야 함을 통지해야 한다.
  2. 등급분류 위원장은 의료 진단 정보의 제공을 위한 일정표를 제공해야 한다.
  3. 적격성 평가 위원회는 적어도 등급분류 위원장과 적절한 의료 자격을 갖춘 다른 2명의 전문가로 구성된다. 2명의 전문가는 대한장애인슐런협회 등급분류사일 수도 있고 아닐 수도 있으며, 관련 장애에 전문 지식을 가지고 있어야 한다. 모든 적격성 평가 위원회의 모든 위원은 기밀 유지 약속에 서명해야 한다.
  4. 가능한 한 모든 선수 개인의 참고자료와 의료진단 정보의 내용들은 적격성 평가 위원회로부터 누설되어서는 안 된다. 적격성 평가 위원회의 각 구성원들은 의료 진단 정보를 검토하고 해당 정보가 적격장애의 존재여부를 성립시키는지 결정한다.
  5. 적격성 평가 위원회가 선수가 명시된 건강 상태에 대한 적격장애를 가지고 있다고 결론을 내리면, 해당 선수는 등급분류 패널에 의한 선수 등급분류 평가가 완료될 수 있도록 허용된다.
  6. 만약 적격성 평가 위원회는 선수가 건강 상태에 대한 적격장애를 가지고 있진 않다는 결론을 내리면, 등급분류 위원장은 이를 유효화하는 결정을 서면으로 관련 시도협회에 제공한다.

7. 시도협회는 결정을 접수한 날로부터 근무일 기준으로 15일 이내에 결정에 대한 의견을 제시할 기회를 가지며, 재검을 위해 적격성 평가 위원회에 추가 진단 정보를 제공할 수 있다.
8. 결정 이후 재검될 경우, 등급분류 위원장은 시도협회로부터 추가진단 정보를 수령 후 15일 이내에 최종 결정 서한을 발송해야 한다.
9. 결정이 변경되지 않으면, 등급분류 위원장은 근무일 기준으로 15일 이내에 최종 결정서한을 시도협회에 발송한다.
10. 적격성 평가 위원회는 과반수로 결정을 내릴 수 있다. 등급분류 위원회에 추가 정보와 전문지식 정보를 요청할 수 있다.

제11조(최소장애 기준)
① 장애인슐런에서 경기를 하길 원하는 선수는 반드시 장애인슐런을 위한 최소장애 기준을 준수하는 적격장애를 가지고 있어야 한다.
② 대한장애인슐런협회는 선수의 적격장애가 해당 스포츠의 기본 활동과 특정 기술을 수행할 수 있는 최소장애 기준을 설정한다.
③ 등급분류 규정의 부록 및 등급분류사 매뉴얼에는 장애인슐런의 최소장애 기준과 등급분류 패널에 의해 선수의 최소장애 기준이 평가되는 절차를 구체화하고 있다. (제10조 ④항, ⑤항 참조)
④ 최소장애 기준에 맞지 않은 모든 선수는 반드시 스포츠 등급 부적격(NE)을 지정받는다.
⑤ 등급분류 패널은 반드시 선수가 최소장애 기준에 합당한지 여부를 평가해야 한다. 이는 등급분류 절차의 일부이다. 등급분류에 참여하기 전에 선수는 먼저 반드시 적격장애를 가지고 있는지 여부에 관해서 대한장애인슐런협회에 의료적 정보를 제공해야 한다.
⑥ 보조기구(Adaptive Equipment)의 사용과 관련하여, 대한장애인슐런협회는 다음과 같이 최소장애 기준을 설정한다. 시각장애 이외의 적격장애에 대한 최소장애 기준은 보조기구의 사용이 해당 스포츠의 기본적인 활동과 특정 기술을 수행하는데 어떠한 영향을 주는지 고려해야 한다.

제12조(스포츠 등급)
① 스포츠 등급은 적격장애가 해당 스포츠의 기본활동과 특정 기술을 수행하는 선수의 능력에 주는 영향을 참고하여 본 등급분류 규정에 의해 정의된 범주이다.
1. 적격장애를 가지고 있지 않거나 최소장애 기준에 포함되지 않는 선수는 등급분류 규정 항목에 따라 반드시 스포츠 등급 부적격 (NE)을 지정 받아야 한다.
2. 최소장애 기준에 맞는 선수에게는 반드시 스포츠 등급이 지정되어야 한다.

3. 대한장애인슐런협회에 의한 스포츠 등급 부적격(NE)을 제외하고 스포츠 등급의 지정은 등급분류 패널에 의한 선수의 적격장애가 해당 스포츠의 기본활동과 특정 기술에 대한 평가만을 기준으로 해야 한다.

② 등급분류 규정의 적격장애에서는 스포츠 등급의 지정과 스포츠 등급상태의 지정을 위한 평가 방법, 평가 기준을 구체화하고 있다.

제13조(등급분류 미완료 / CNC)

① 선수 평가에서 등급분류 위원장 또는 등급분류 패널이 선수의 스포츠등급을 지정하지 못하는 경우, 등급분류 위원장 또는 수석 등급분류사는 선수에게 등급분류 미완료(CNC)를 지정한다.

② 등급분류 미완료(CNC)는 스포츠 등급이 아니며 항소와 관련된 등급분류 규정의 조항들의 대상도 아니다. 하지만 등급분류 미완료(CNC) 지정은 대한장애인슐런협회 등급분류 마스터리스트에 기록된다.

③ 등급분류 미완료(CNC)로 지정된 선수는 대한장애인슐런협회 주관 대회에 참가할 수 없다.

제4장 선수 평가 및 등급분류 패널

제14조 1(등급분류 패널)

① 등급분류 패널은 평가 절차의 부분으로서 포함되어 선수의 등급분류 평가 요소들의 부분 또는 전체를 수행하기 위하여 대한장애인슐런협회에 의해 임명된 등급분류사 그룹이다.

② 등급분류 패널은 반드시 적어도 2명의 인증된 등급분류사들로 구성되어야 한다. 예외적인 상황에서 수석등급분류사가 한명의 등급분류사로 구성된 등급분류 패널을 제공할 수도 있다.

③ 교육생 등급분류사는 규정된 숫자의 인증된 등급분류사에 추가하여 등급분류 패널의 구성원이 될 수 있으며 선수 평가에 참여할 수도 있다.

제14조 2(등급분류 패널 의무사항)

① 등급분류 패널은 평가 절차를 수행하는 의무를 가진다. 평가 절차의 부분으로 등급분류 패널은 반드시 다음을 수행해야 한다.

1. 선수가 스포츠의 최소장애 기준과 규정을 준수하는지 여부를 평가한다.
2. 선수가 스포츠의 기본활동과 특정 기술을 수행할 수 있는 정도를 평가한다.

3. (필요시) 대회에서 관찰 평가를 수행한다.

② 평가 절차에 이어 등급분류 패널은 반드시 스포츠 등급 및 스포츠 등급 상태를 지정하거나 등급분류 미완료(CNC)를 지정해야 한다.

③ 평가 절차를 수행하기 이전에, 선수가 적격장애를 가지고 있는지 여부에 대한 평가는 대한장애인슐런협회 등급분류 패널에 의해 착수하도록 요청하지 않는 한 대한장애인슐런협회에 의해 수행된다.

④ 선수 평가 절차는 기본 활동과 특정 기술을 반복적으로 관찰할 수 있도록 허용된 비경쟁 환경에서 이루어져야 한다. 체력 수준이나 경기 실력이 떨어지거나 노화가 많이 진행된 경우는 스포츠의 기본 활동과 특정 기술에 영향을 줄 수 있지만 이는 스포츠 등급 지정에 영향을 미치지 않아야 한다.

⑤ 부적격장애와 적격장애를 동시에 가진 선수는 만약 부적격장애가 스포츠 등급을 지정하는 등급분류 패널의 능력에 영향을 미치지 않는다면 적격장애를 기준으로 등급분류 패널에 의해 평가된다.

⑥ 선수에게 지정된 스포츠 등급은 부록에 구체화된 절차에 따른다.

제15조(선수 평가 절차)

① 이 조항은 모든 선수 평가 절차에 적용된다.

② 선수의 시도협회는 선수가 이 조항의 항목들과 관련하여 그들의 의무를 준수할 수 있도록 보장하는 책임을 진다.

③ 선수와 관련하여

1. 선수들은 평가 절차에 참석 시 선수의 시도협회 구성원과 동행할 수 있다. 만약 선수가 미성년자이거나 지적장애일 경우 반드시 동행해야 한다.

2. 선수의 등급분류 평가 절차에 동행하는 인력은 반드시 선수의 장애와 스포츠의 이력에 대해 숙지하고 있어야 한다.

3. 선수와 동행인은 반드시 대한장애인슐런협회 등급분류 동의서를 작성해야 한다.

4. 선수는 국가에서 발급한 사진이 포함된 신분증(주민등록증, 여권, 장애인등록증 등)과 같은 서류를 제공하여 등급분류 패널에게 신원을 확인시켜야 한다. 수석등급분류사는 대회가 열리는 시도에서 발행한 선수의 사진이 부착된 공식 신분증으로 신원 확인을 할 수 있다.

5. 선수는 반드시 선수가 지정받길 원하는 스포츠 등급을 위한 스포츠와 관련된 모든 복장 또는 장비를 지참하고 등급분류 선수 평가에 참석해야 한다.

6. 선수는 반드시 모든 약품 및 의료기구(수술을 통한) 및 인체 주입 물질을 등급분류 패널에게 알려야 한다.

7. 선수는 반드시 등급분류 패널에 의해 주어진 모든 합리적인 지시사항을 준수해야 한다.

④ 등급분류 패널과 관련하여
1. 등급분류 패널이 스포츠 등급을 지정하기 위하여 필요하다고 판단할 때 등급분류 패널은 선수에게 적격장애와 관련된 의료 문서의 제공을 요청할 수 있다.
2. 등급분류 패널은 대한장애인슐런협회에 의해 규정되지 않는 한 한국어로 등급분류 평가를 진행한다. 만약 선수가 통역을 필요로 할 경우, 선수의 시도협회의 구성원은 통역을 마련할 의무를 가진다. 통역은 상기 제3항 제1호 조항에 언급된 인력에 추가해 참석하는 것이 허용된다.
3. 등급분류 패널은 특정 단계에서 스포츠 등급 지정을 위하여 필요하다고 판단한 경우, 등급분류위원장 및 수석 등급분류사의 동의하에 의료적, 기술적, 과학적 의견들을 구할 수 있다.
4. 제4항 제3호 조항에 따라 추가로 스포츠 등급을 지정할 때 등급분류 패널은 관련 선수, 시도협회, 대한장애인체육회, 대한장애인슐런협회에 의해 제공된 근거만을 사용할 수 있다.
5. 등급분류 패널은 스포츠 등급 지정 시 보조적으로 영상 및 기타 녹음을 제작, 사용할 수 있다.

제16조(대회 중 관찰 평가)

① 대회 중 관찰 평가는 등급분류과정 중 일부로서, 등급분류 패널은 최종적으로 선수에게 스포츠 등급을 지정하고, 스포츠 등급 상태를 지정하기 전·후에 선수에 대하여 대회 중 관찰 평가 하는 것을 요청할 수 있다.
② 만약 등급분류 패널이 선수에게 대회 중 관찰 평가를 요청할 경우, 선수는 이를 등급분류 과정의 단계로 받아들여야 하며, 이를 받아들이지 않는 경우 등급분류 과정은 중단되며 등급분류 미완료(CNC)로 지정될 수 있다.
③ 대회 중 관찰 평가는 실전 경기 참여 중 수행되어야 하며, 선수는 등급분류 패널에 의해 지정된 스포츠 등급으로 대회에 출전할 수 있다.

제17조(스포츠 등급 상태)

① 등급분류 패널이 선수에게 스포츠 등급을 지정하는 경우, 반드시 스포츠 등급 상태를 함께 지정해야 한다. 스포츠 등급 상태는 선수가 향후 선수 등급분류 평가를 받아야 하는지 여부를 명시한다. 그리고 선수의 스포츠 등급 상태는 항소의 대상이 될 수도 있다.
② 등급분류 평가 절차의 결론으로 등급분류 패널에 의해 지정된 스포츠 등급 상태는 다음 중 하나가 지정된다.
1. 신규(N: new)

스포츠 등급상태 N은 이전에 등급분류위원회에서 한 번도 등급분류를 받은 적이 없는 선수에게 배정되며 KDSA에 의해 검증된 등급이 없는 상태를 의미한다.

2. 재검(R: review)

스포츠 등급상태 R은 이미 등급분류위원에게 등급분류를 받았으나 KDSA에서 그 선수의 재심사를 결정한 선수의 상태를 의미한다. 선수의 현재 등급은 유효하지만 이 선수는 재등급 분류를 받아야 하며 스포츠 등급이 대회 이전 혹은 대회 중에 변경될 수도 있다.

스포츠 등급상태 R은 다음과 같은 선수들에게도 배정된다.

- 등급 결정을 위해 경기 관전이 추가로 필요한 경우
- 변화하는 장애를 지닌 선수(등급 분류 이후 3년 이내 재검 요함)
- 등급이 항소 상태이거나 재검 신청에 있는 선수
- 슐런 선수 등록을 2년 이상 하지 않은 경우 등

3. 확정(C: confirmed)

스포츠 등급상태 C는 만일 그 선수가 등급분류위원에게 평가를 받았고 위원이 그 선수의 등급은 변경되지 않을 것이라고 판단한 경우를 의미한다. 선수가 P상태로 배정되고 나면 KDSA는 선수에게 배정된 스포츠 등급이 유효하며 대회 이전이나 대회 중의 그 선수의 등급이 변경되지 않을 것으로 인지한다. 그러므로 C상태의 선수는 선수의 협회나 등급분류위원장이 선수의 상태가 변경되었음을 인지하고 재평가를 요청하지 않는 한 국내대회에서 평가를 받을 필요가 없다.

4. 지정 재검일 재검(FRD: review with a fixed review date)

추가적인 등급분류 평가절차가 요구되지만 정해진 날짜 이전에는 평가가 필요하지 않다고 판단한 경우, 선수는 '지정 재검일 재검(FRD)' 스포츠 등급상태를 지정 받는다. 오로지 한명의 등급분류사로 구성되어 있는 등급분류 패널은 선수에게 지정 재검일 재검 (FRD) 스포츠 등급 상태를 지정해 줄 수 없고, 대신 재검(R) 스포츠 등급 상태를 지정해야 한다.

제18조(통지)

① 선수 등급분류 평가의 결과는 선수의 평가 완료 후 선수 및 관련 시도협회에 가능한 한 빠르게 통지해야 한다.

② 대한장애인슐런협회는 반드시 선수 등급분류 평가 후 이에 대한 결과를 대회 중 공지해야하며, 해당 결과는 반드시 대한장애인슐런협회 홈페이지의 등급분류 마스터 리스트를 통해 다음 대회에 열람이 가능하도록 해야 한다.

제5장 스포츠 등급 부적격

제19조 1(스포츠 등급 부적격)

① 대한장애인슐런협회 또는 대한장애인슐런협회 적격성 평가 위원회는 선수의 다음과 같은 사항들을 결정한다.

　1. 적격하지 않은 장애를 가지고 있는 경우

　2. 적합하지 않은 기저 건강상태를 가지고 있는 경우, 대한장애인슐런협회는 반드시 해당 선수에게 부적격(NE) 스포츠 등급을 지정해야 한다.

② 만약 등급분류 패널이 적격장애를 가지고 있는 선수가 해당 스포츠를 위한 최소장애 기준에 부합하지 않는다고 결정한 경우, 해당 선수에게 반드시 부적격(NE) 스포츠 등급을 지정해야 한다.

제19조의 2(적격장애의 부재)

① 등급분류 패널이 선수가 적격장애를 가지고 있지 않다고 결정한 경우, 해당 선수는

　1. 등급분류 평가 절차에 참석하는 것이 허용되지 않는다.

　2. 대한장애인슐런협회에 의하여 부적격(NE) 스포츠 등급을 지정받고 확정(C) 스포츠 등급 상태를 지정받는다.

② 만약 선수가 타 국제 스포츠 연맹에서 적격장애를 갖고 있지 않다는 이유로 부적격(NE) 스포츠 등급을 지정받았다면, 대한장애인슐런협회는 등급분류 규정의 적격장애에 대한 상세 절차 없이도 부적격(NE) 스포츠 등급을 지정할 수 있다.

③ 선수가 다음의 경우에 해당하여 대한장애인슐런협회 등급분류 패널에 의해 부적격(NE) 스포츠 등급을 지정받는 경우

　1. 적격장애가 아닌 경우

　2. 기저 건강 상태가 적합하지 않은 경우, 선수는 더 이상 2차 등급분류 패널의 검토를 요청할 권리가 없으며 대한장애인슐런에 참가가 허용되지 않는다.

제19조의 3(최소장애 기준에 해당되지 않는 경우)

① 대한장애인슐런협회는 선수의 장애가 최소장애 기준에 해당되지 않는 것에 기초하여 부적격(NE) 스포츠 등급이 할당된 선수에 대해, 2차 등급분류 패널을 통해 두 번째 평가를 검토할 수 있다.

　1. 2차 등급분류 평가 절차가 있을 때까지 해당 선수는 부적격(NE) 스포츠 등급과 재검(R) 스포츠 등급 상태를 지정받는다. 또한 선수는 재평가 전에는 경기를 치르는 것이 허용되지 않는다.

2. 2차 등급분류 패널이 선수가 최소장애 기준에 부합하지 않는다고 결정한 경우 (또는 선수가 수석 등급분류사에 의해 지정된 시간에 2차 등급분류 절차에 참가하는 것을 거절한 경우) 부적격(NE) 스포츠 등급이 지정되고 선수는 확정(C) 스포츠 등급을 지정받는다.

② 만약 이전에 부적격(NE) 외의 스포츠 등급을 지정받았던 선수가 등급분류 패널에 의해 부적격(NE) 스포츠 등급이 주어진 결정을 재검하는 추가적이고 최종적인 등급분류 평가 절차를 제공받아야 한다.

③ 등급분류 패널이 선수가 최소장애 기준에 부합하지 않는다고 결정한 것을 기반으로 부적격(NE) 스포츠 등급을 지정한 경우에도 해당 선수는 장애인슐런 이외의 타 스포츠에서 선수 등급분류 평가의 대상으로 타 스포츠에서 경기를 치를 자격을 가질 수도 있다.

④ 선수가 부적격(NE) 스포츠 등급을 지정받은 경우에는 선수의 실제 장애의 존재 여부에 대해 의심할 필요는 없다. 이는 단지 대한장애인슐런협회에서 경기를 치르기 위한 선수의 적격성에 대한 결정일 뿐이다.

제6장 항의(Protest)

제20조(항의)

항의란 선수 평가 직후 만들어진 선수 스포츠 등급에 공식으로 항의를 제기하는 절차를 말한다. 따라서 항의는 아래 표에서 나타내는 것처럼 오직 대회 진행 중에만 제기될 수 있다.

선수 스포츠 등급 상태	선수협회와 또는 타 협회에 의해 제출된 항의	수석등급분류사에의해 제출된 항의
신규(N)	Yes	Yes
재검토(R)	Yes	Yes
확정(C)	No	No

① 첫 선수 등급분류 이후 항의가 제기된 경우에 다음 절차는
  1. 항의는 대표단장 혹은 팀리더, 감독이나 선수 협회의 대표에 의해 제출된다.
  2. 항의는 각 선수에 대한 스포츠 등급이 배정된 후 최대 30분 안에 제출되어야 한다.
  3. 항의는 대회 중에 등급분류위원회에게 제출되어야 한다.
  4. 항의는 공식 항의 양식(KDSA 웹사이트에서 확인가능)을 사용하며 관련된 모든 서류가 참조되어

야 한다.

5. 항의는(제출된 경우) 다음 사항에서 진행된다.
    ㉮ 지역 선수권 대회 기간 중(타 등급분류사에 의하여 대회 기간 중)
    ㉯ 타 대회의 경우: 항의 양식은 등급분류위원회에게 제출되며, 그 선수는 참가하는 다음 대회 기간 중에 재평가를 받게 된다.
6. 항의는 3만원의 항의 비용이 등급분류위원회에게 납부되어야 하며, 그로써 명시된 대회에서 선수들이 다음 시합을 하기 전에 진행될 수 있다.
7. 항의 심사위원들을 구성할 때 제기 중인 항의에 앞서 최근 등급분류평가가 18개월 이상 전에 시행된 경우는 관계없으나 가장 최근의 선수 스포츠 분류 배정을 위한 평가에 직접적인 관련이 없는 위원들로 구성한다.
8. 항의 심사위원들에게는 선수들의 스포츠 등급 검토 시 의료, 스포츠나 과학분야의 전문적 견해를 참고할 수 있다.
9. 항의 심사위원들의 결정은 선수들과 협회 대표에게 공지되고, 항의 양식 서안으로 받게 되며
    ㉮ 항의 심사위원이 스포츠 등급 변경을 승인 시에, 항의 비용은 환불될 수 있다. (즉, 등급분류 부서에서 항의를 지원한다)
    ㉯ 항의 심사위원이 스포츠 등급을 변경하지 않을 시에, 항의 비용은 환불되지 않는다. (즉, 등급분류 부서에서 항의를 지원하지 않는다.)
10. 각 항목에서, 결과에 상관없이 항의 심사 위원들의 결정은 최종 결의가 되며 재항의는 제출될 수 없다.
11. 선수들 인적사항은 각 선수의 스포츠 등급에 반하는 항의가 완료되기 전까지 열람되지 않는다.

② 타 국가 선수에 관하여 한 협회로부터 항의가 제기될 경우 절차는
1. 항의는 오직 대표단장 혹은 팀리더, 감독이나 선수 협회의 대표에 의해 제출된다.
2. 항의는 스포츠 등급이 선수에게 배정된 후 언제든지 제출될 수 있다.
3. 항의는 등급 분류 담당에게 이메일로 언제든지 제출될 수 있으며, 혹은 대회기간 중 등급 분류위원회에게 제출될 수 있다.
4. 항의는 공식 항의 양식(KDSA 웹사이트에서 확인가능)을 사용하며 관련된 모든 서류가 참조되어야 한다.
5. 항의는(제출된 경우) 다음 사항에서 진행된다.
    ㉮ 지역 선수권 대회 기간 중(타 등급분류사에 의하여 대회 기간 중)
    ㉯ 타 대회의 경우: 항의 양식은 등급분류위원회에게 전달되고, 이를 둘 또는 세 대회의 협회 대표

에게 알린다. 이 둘 또는 세 대회에 참가한 등급분류위원은 첫 등급분류를 부여한 위원과 다른 등급분류사가 활동하여야 하며 그 선수는 상기 두 또는 세 대회 중 선택된 다음 경기에서 재심사를 받게 된다.

6. 항의는 10만원의 항의 비용이 등급분류위원회에게 납부되어야 하며, 그로써 위 명시된 대회에서 선수들이 다음 시합을 하기 전에 진행될 수 있다.
7. 작성 완료된 항의 양식과 항의 비용이 등급분류위원회에게 제출되지 않을 경우, 그 항의는 진행될 수 없다.
8. 항의 심사 위원들은 최근 평가가 제기 중인 항의에 앞서 18개월 이상 실행되어 있지 않는 경우를 제외하곤 가장 최근의 선수 종목 분류 배정을 위한 평가에 직접적인 관련이 없는 위원들로 구성한다.
9. 항의 심사 위원들에게는 선수들의 종목 등급 검토 시 의료, 스포츠나 과학분야의 전문적 견해를 참고할 수 있다.
10. 항의 심사 위원들의 결정은 선수들과 협회 대표에게 공지되고, 항의 양식 서안으로 받게 되며
   ㉮ 항의 위원이 스포츠 분류 변경을 승인 시에, 항의 비용은 환불된다. (즉, 등급 분류부서에서 항의를 지원한다.)
   ㉯ 항의 위원이 스포츠 분류를 변경하지 않을 시에, 항의 비용은 환불되지 않는다. (즉, 등급분류 부서에서 항의를 지원하지 않는다.)
11. 각 항목에서, 결과에 상관없이 항의 심사위원들의 결정은 최종 결의가 되며 재항의는 제출될 수 없다.

③ 수석등급분류사의 견해에 비추어 영구 스포츠 등급의 선수가 더 이상 스포츠 등급 범위 안에서 공정하게 경기를 치를 능력이 없다고 여겨질 경우 예외를 둔다.
그 예외적인 상황은 아래 명시된 사항으로부터 발생한다.
1. 선수 장애 정도의 변화
2. 선수의 경기 능력이 이전보다 현저하게 낮거나 높을 경우, 혹 현재 선수의 스포츠 등급에 비추어 기대치 이하의 경기를 진행할 경우
3. 등급 분류 심사 위원에 의해 선수 능력에 부합되지 않는 스포츠 등급을 배정시킬 수 있는 등의 실수가 있을 경우
4. 가장 최근 선수의 평가 이후로 스포츠 등급 평가 요소가 수정될 경우

항의 진행 경로표

1단계: 선 경기 과제 관련된 모든 협회나 기관과 세부 항의 절차에 대한 의견 소통 항의 양식 견본 배포 항의 제출이 불가피할 경우에 대한 정의(누가, 언제, 누구에게)
2단계: 항의 제출 선수 협회에 의해 항의 양식 작성 적합한 인원으로부터의 항의 양식 서명과 제출 관련된 모든 문서와 첨부된 서류에 대한 정보의 제출 항의 비용 납부 관련된 경기나 대회의 등급분류위원회에게 모든 문서 제출
3단계: 등급분류위원회에 의한 제출 항의안 검토 등급분류위원회는 제출된 항의양식에 첨부된 모든 문서와 정보를 검토
4단계: 등급분류위원회에 의한 항의안 가부 결의 거절 시: 등급분류위원회는 항의안 요청 협회나 단체에 거절 사유를 알린다. 승인 시: 5단계 진행
5단계: 등급분류위원회에 의한 항의안 해결책 준비 항의 심사 위원단과 회합 관련된 모든 단체에 항의안 처리 방법에 대해 견해 제시
6단계: 항의 심사 위원단에 의해 항의안 처리 모든 문서와 정보의 재검토 항의안 평가 적용 항의 제출이 불가한 새로운 스포츠 등급으로 선수 배정 혹은 항의안 거절과 스포츠 등급 확인 등급분류위원회는 항의 심사 위원단의 결정을 통보 서면상으로 관련된 단체에게 결과를 확인시킴.

제7장 의학적 재검토

제21조(의학적 재검토)

① 이 조항은 스포츠 등급 상태가 확정(C) 또는 지정 재검일 재검(FRD)인 선수에 적용한다.

② 선수의 장애가 자연적으로 변하거나 또는 그 장애의 정도가 선수가 훈련, 체력, 숙련도에 따른 수준의 변화와 명확하게 구별되는 방식으로, 스포츠에서 요구하는 기초 활동 및 특정 기술을 수행할 수

있는 능력이 변경되면 의학적 재검토 요청이 이루어져야 한다.
③ 의학적 재검토 요청은 반드시 선수 또는 선수를 대리하는 시도협회에 의해 이루어져야 한다. 의학적 재검토 요청서는 선수의 장애가 어떻게 그리고 어느 정도까지 변화했는지, 그리고 대한장애인슐런협회가 요구하는 기초 활동 및 특정 기술을 수행할 수 있는 선수의 능력이 변경된 이유를 설명해야 한다.
④ 선수는 의학적 재검토 요청을 대한장애인슐런협회 또는 등급분류 위원장에게 가능하면 빠르게 접수하여야 하며, 예외적인 사항의 경우에는 선수가 참가할 대회의 30일 전에 접수해야 한다.
⑤ 등급분류 위원장은 의학적 재검토 요청을 접수받은 후, 실무적으로 가능한 빠르게 의학적 재검토 여부를 결정하여야 한다.
⑥ 상기에 기술된 변경사항을 인지하였으나 의학적 재검토를 제기하지 않은 선수 또는 선수 보조 인력, 시도협회는 의도적 허위 진술에 관하여 조사를 받을 수 있다.
⑦ 의학적 재검토 요청이 승인되면 즉시 효력이 발생하여 선수의 스포츠 등급 상태는 재검(R)으로 변경된다.

제8장 의도적 허위 진술

제22조(의도적 허위 진술)
등급분류위원이 판단하기에 선수가 그의 기술이나 능력을 의도적으로 허위 진술하고 있다고 간주되면 KDSA 등급분류 절차를 위반한 것으로 고려된다.
만일 선수가 기술 및 능력의 의도적 허위진술을 하고 있다면 그 선수는 스포츠 등급이나 스포츠 등급상태를 배정받지 못하며 대회에 참가할 수 없게 된다.
덧붙여 KDSA는 다음과 같은 조치를 취한다.

① 선수의 의도적 허위진술 이후 2년 동안 선수가 더 이상 다른 평가를 받지 못하게 한다.
② 그 선수에게 등급분류 마스터리스트(등급분류를 마친 선수명단)에서 부여한 스포츠등급과 스포츠 등급상태를 삭제한다.
③ 선수를 IM(의도적 허위진술)로 등급분류 마스터리스트(등급분류를 마친 선수 명단)에 등재한다.
④ 이 결과는 KDSA전달하여 이 선수가 '허위진술' 이후 2년간 어떤 종목에서도 평가 받지 못하도록 조치를 취한다.

만일 선수가 위와 같은 일을 두 번째 행할 경우, KDSA 승인대회에는 평생 나올 수 없게 조치한다. 뿐만 아니라, IPC(국제패럴림픽위원회)에 이를 알려 장애인올림픽과 어떠한 승인대회에도 참가할 수 없도록 한다.

KDSA는 선수가 평가에 협조하지 않고 평가에 불참하거나 의도적으로 기술이나 능력을 속이도록 조장하거나 평가를 방해하는 협조 구성원에게도 처벌을 내린다. 선수에게 기술이나 능력을 허위 진술하도록 하는 구성원은 선수에게 내려지는 처벌만큼 중한 처벌을 받는다.

제9장 선수 정보 사용

제23조 1(등급분류 자료)
① 대한장애인슐런협회는 등급분류를 수행하기 위해 등급분류 자료가 필요하다고 판단되는 경우에만 등급분류자료를 처리할 수 있다.
② 대한장애인슐런협회가 처리한 모든 등급분류 데이터는 반드시 정확하며, 완전하며 최신상태이어야 한다.

제23조 2(동의 및 절차)
① 등급분류 일자를 작성한 선수의 동의하에 등급분류 자료를 처리할 수 있다.
② 만약 선수가 동의를 할 수 없는 상황일 때(예: 선수가 미성년자인 경우) 법적 대리인, 보호자 또는 기타 선수가 지정한 대리인이 반드시 선수를 대표하여 동의를 해야 한다.
③ 대한장애인슐런협회는 관련 법률에 따라 관련 선수의 동의 없이 등급분류 자료를 처리할 수 있다.

제23조 3(등급분류 연구)
① 대한장애인슐런협회는 연구 목적으로 선수가 개인정보를 제공할 것을 요청할 수 있다.
② 대한장애인슐런협회가 연구 목적을 위해 개인정보를 사용하는 것은 본 등급분류 규정 및 모든 관련한 윤리적 사용 요건에 부합해야 한다.
③ 대한장애인슐런협회에게 연구 목적으로 제공하는 선수의 개인정보는 다른 목적으로는 절대 사용되어서는 안 된다.
④ 대한장애인슐런협회는 관련 선수의 동의하에서만 연구 목적으로 등급분류 자료를 사용할 수 있다.

대한장애인슐런협회는 선수가 연구 목적으로 제공한 개인정보를 발표를 하는 경우, 반드시 발표 이전에 선수에게 동의를 구해야 한다. 개인정보 사용에 동의한 선수를 식별하지 못하도록 게시물이 익명화 처리되는 경우에는 이 제한이 적용되지 않는다.

제23조 4(선수 공지)
대한장애인슐런협회는 반드시 선수에게 등급분류 자료와 관련한 아래 내용을 공지해야 한다.
① 대한장애인슐런협회가 등급분류 자료를 수집하는 사실
② 등급분류 수집의 목적
③ 등급분류 자료가 보관되는 기간

제23조 5(등급분류 자료 보호)
대한장애인슐런협회는 반드시 아래 사항을 준수해야 한다.
① 등급분류 자료의 손실, 도난 또는 무단 액세스, 파괴, 사용, 수정 또는 공개를 방지하기 위한 물리적, 조직적, 기술적 조치 및 기타 적절한 보안 조치를 적용하여 등급분류 자료를 보호해야 한다.
② 등급분류 자료를 사용하는 인력이 본 등급분류 규정을 준수하여 등급분류 데이터를 사용할 수 있도록 합리적인 조치를 취하여야 한다.

제23조 6(등급분류 자료 공개)
① 대한장애인슐런협회는 다른 등급분류 기구가 수행하는 등급분류와 관련되며, 해당 국내법을 적용하여 공개를 동의받았을 경우를 제외하고는 등급분류 자료를 다른 등급분류 기구에 공개해서는 안 된다.
② 대한장애인슐런협회는 등급분류 자료가 본 등급분류 규정에 따르고 국내법에 의해 허용되는 경우에만 다른 기구에게 등급분류 자료를 공개할 수 있다.

제23조 7(등급분류 자료 보관)
① 대한장애인슐런협회는 등급분류 자료를 수집의 목적에 한해서만 유지할 수 있다. 만약 등급분류 자료가 더 이상 등급분류의 목적으로 불필요할 경우에는 반드시 이를 삭제, 제거 또는 영구적인 익명화를 해야 한다.
② 대한장애인슐런협회는 등급분류 자료 보유기간과 관련된 가이드라인을 공지해야 한다.
③ 대한장애인슐런협회는 등급분류사와 등급분류 담당자가 선수와 관련하여 등급분류 의무를 수행하기 위해 필요한 기간 동안에만 등급분류 자료를 보유하도록 정책과 절차를 이행해야 한다.

제23조 8(등급분류 자료의 접근 권리)

① 선수는 대한장애인슐런협회 등급분류 위원장에게 다음과 같은 요청을 할 수 있다.
　1. 대한장애인슐런협회가 등급분류 자료와 개인적으로 관련된 등급분류 자료의 처리 여부 확인 및 보관 중인 등급분류 자료에 대한 설명
　2. 대한장애인슐런협회가 소지하고 있는 등급분류 자료의 복사본
　3. 대한장애인슐런협회가 소지하고 있는 등급분류 자료의 정정 또는 삭제
② 이러한 요청은 선수 또는 선수를 대신하여 시도협회가 진행할 수 있으며, 이는 적절한 기간 내에 실행되어야 한다.

제23조 9(등급분류 마스터리스트)

① 대한장애인슐런협회는 반드시 등급분류 마스터리스트를 유지해야 하며, 이는 선수의 성명, 성별, 생년월일, 국적, 스포츠 등급 및 스포츠 등급 상태를 포함해야 한다. 등급분류 마스터리스트는 반드시 선수가 대회에 참가할 때 신원을 확인해야 한다.
② 대한장애인슐런협회는 웹사이트를 통해서 반드시 등급분류 완료 리스트를 관련 협회에 확인할 수 있도록 해야 한다.

제10장 이의제기(APPEAL)

제24조(이의제기)

이의제기란 관행을 따르지 않았다고 제기되어진 등급 분류 절차를 확인한 어떤 협회에 의해 제기된다. 이에 따르는 진행 절차는

① 이의제기는 선수 또는 이를 대리하는 시도협회만 제기할 수 있다.
② 이의제기는 반드시 선수와 그 배정된 스포츠 등급에서 등급분류 평가 이후 1시간 안에 제기되어야 한다.
③ 이의제기는 반드시 그 대회의 등급분류 이의제기 위원회(The Board of Appeal Classification, BAC)에게 제기되어야 한다.
④ 이의제기는 공식 이의제기 양식에(KDSA 웹사이트에서 확인 가능) 관련된 모든 문서를 참조해서 제출되어야 한다.
⑤ 이의제기는 반드시 10만원 항소 비용을 등급분류 이의제기 위원회에게 납부해야 하며, 이로써 이의

제기는 즉시 진행된다.
⑥ 만약 작성된 이의제기 양식과 그 비용이 1시간 안에 등급분류 이의제기 위원회에게 제출되지 않으면, 그 이의제기 안은 무효가 된다.
⑦ 심사위원단(등급분류위원회, 심판)은 그 이의제기 안에 대해 평가한다.
⑧ 심사위원단은 이의제기 안의 검토를 위해 필요에 따라 전문가의 견해를 참고할 수 있다.
⑨ 심사위원단의 결정은 선수와 협회 대표에게 공표되며, 이의제기 양식에 서면 상으로 받게 된다.
  1. 만약 심사위원단이 그 이의제기 안을 인정하게 되면, 항소 비용은 환불되며 선수들은 다음 가능한 토너먼트에서 재검토를 받게 된다.
  2. 만약 심사위원단이 그 이의제기 안을 거절하게 되면, 항소 비용은 환불되지 않으며 배정된 스포츠 등급이 확정된다.
⑩ 각 항목에서 결과에 상관없이 심사위원단의 결정은 최종 결의가 되며 다시 이의제기 될 수 없다.

제11장 재평가 요청(Re-Evaluation)

제25조(재평가 요청)
재평가 요청이란 등급분류가 이루어지고 난 후 대회조직운영위원회 구성원 혹은 등급분류사가 그 선수의 등급을 재평가하기를 요청하는 것을 의미한다.
이 재평가 요청은 대회기간 동안 선수의 경기 모습을 실제로 관전한 등급분류사가 부여된 등급이 더 이상 선수의 상태를 적절하게 반영하지 않는다고 간주하였을 때, 등급분류사가 요청할 수 있다.
선수는, 그의 협회 대표자를 통해 그의 장애에 생긴 변화의 결과로써 혹은 KDSA 등급배정 기준의 변경에 따라 재평가를 요청할 수 있다.
① 재평가 요청이 접수되면, 다음의 절차들이 적용된다.
  1. 재평가 요청은 대표단 단장, 선수가 속한 협회의 대표자, 혹은 대표 코치가 접수한다.
  2. 재평가 요청은 최소 대회 2주 전, 등급이 배정된 후 12달 이후에는 상시 가능하다.
  3. 재평가 요청은 반드시 재평가가 이루어질 대회 최소 2주 전에 등급분류 위원에게 이메일로 접수해야 한다.
  4. 재평가 요청은 반드시 공식 재평가 신청 양식을 사용하여(KDSA 웹사이트에서 다운 가능), 필요한 모든 서류들을 첨부하여 작성한다.
     그러나 등급분류위원회의 승인이 있을 경우 관련 서류들은 재평가가 이루어지는 대회에서 수석등급분류사에게 제출하여도 된다.
5. 다음과 같은 대회에서 스포츠 등급을 받은 경우
   지역 선수권대회에서 등급을 받은 경우, 재평가는 다음 지역선수권대회나 세계선수권대회에서만 가능하며, 만일 선수가 이 대회들에 참가하지 않는다면 수석등급분류사의 승인에 의해 다른 대회에서 재평가를 받는다.
6. 재평가 요청은 3만원의 재평가 신청비를 납부해야 하는데, 재평가가 시행되는 대회에서 수석등급분류사에게 직접 지급하거나 KDSA 계좌로 선입금한다.
7. 재평가위원은 최근에 그 선수의 등급배정에 아무 관계가 없는 자들로 구성되어야 한다. 단 마지막 평가가 이루어진 시점이 18개월이 경과하였을 경우는 예외로 한다.
8. 재평가위원은 선수 등급 재검토를 위해 의무, 기술, 혹은 과학 전문가로 구성한다.
9. 재평가위원의 결정은 선수와 선수 소속협회에 통지되며 재평가 양식에 서면으로 통지된다.
   ㉮ 만일 재평가위원이 스포츠 등급변경에 동의하면 재평가 신청비는 환급된다.
   ㉯ 만일 재평가위원이 스포츠 등급을 변경하지 않기로 하면 재평가 신청비는 환급되지 않는다.
10. 각 상황에서, 결과에 상관없이 재평가 위원의 결정은 최종적인 것이며 이 결정에 대한 항의는 수락되지 않는다.

② 수석등급분류사는 등급분류위원회에게 특정 선수의 등급 재평가를 통지할 수 있고, 이 경우에는 재평가 신청비나 관련 서류 제출은 요구되지 않는다.

제12장 대한장애인슐런협회(KDSA) 등급분류사

제26조(등급분류사의 기본조건)
① 등급분류사는 대한민국 보건복지부에서 자격을 인정한 의사 또는 물리치료사 면허를 가진 자 중에서 장애인슐런 등급분류에 적합한 지식 및 경험을 가지고 대한장애인슐런협회에서 인증한 자로 한다.
② 등급분류사의 자격 및 유지 요건은 아래와 같으며, 대한장애인슐런협회에서 인증한다.
   1. 자격요건
      ㉮ 다양한 신체 장애 평가에 대한 지식이 풍부한 자
      ㉯ 대한장애인슐런협회에서 주관 및 승인된 등급분류 세미나에 참가
      ㉰ 일정 형식의 등급분류사 자격 평가를 통과한 자
      ㉱ 등급분류사 행동코드를 준수하는 것에 동의

2. 유지 요건
    ㉮ 공인된 등급분류사도 지속적인 교육, 재평가 및 이에 따르는 인증의 갱신이 필요
    ㉯ 등급분류사 행동코드를 위반하지 않는 경우
    ㉰ 적어도 2년에 1회 이상 장애인슐런 등급분류 활동을 증명하여야 함.

제13장 다양한 장애를 가진 선수에 대한 등급분류

제27조(등급분류 패널)
① 등급분류과정은 기본적으로 등급분류 패널에 의해 이루어진다. 등급분류 패널은 장애인슐런 선수들을 등급분류하는 가장 기본적인 단위이며, KDSA 주최 대회의 조직위원회에 의해 임명된다.
② 장애인슐런 등급분류 패널은 최소 2명의 장애인슐런 등급분류사로 구성된다. 일반적으로, 등급분류는 등급분류사 2인이 한 패널을 구성해서 실시하여야 하며, 2인으로 패널을 구성하는 것이 불가능할 경우, 등급분류사 1인으로 등급분류를 할 수도 있다.

제28조 1(신체 장애가 있는 선수의 등급분류)
신체 장애가 있는 선수는 KDSA 등급분류사에 의해 등급분류를 받은 후 장애인슐런에 참가할 수 있다. KDSA 등급분류사에 의해 시행하는 등급분류 과정은 다음과 같다.
① 기능적 등급분류 평가 항목
  1. 슐런 동작 평가
  2. 도수 근력 평가(MMT)
  3. 수동관절가동범위 평가(PROM)
  4. 신경학적 평가(근육 긴장도, 운동실조 등)
  5. 핀치 그립 악력 테스트(선택평가)
  6. 박스와 블록 테스트(선택평가)
② 대회 중 관찰(필수 항목 아님)

제28조 2(시각 장애가 있는 선수의 등급분류)
시각 장애가 있는 선수는 장애인 증명서 원본, 등급 분류 카드 원본(사진 첨부)을 KDSA 등급분류 위원회에 제출하고 승인받은 후 경기에 참여할 수 있다.

제28조 3(청각 장애가 있는 선수의 등급분류)

청각 장애가 있는 선수는 장애인 증명서 원본, 등급 분류 카드 원본(사진 첨부)을 KDSA 등급분류 위원회에 제출하고 승인받은 후 경기에 참여할 수 있다.

제28조 4(발달 장애가 있는 선수의 등급분류)

발달 장애가 있는 선수는 장애인 증명서 원본, 등급 분류 카드 원본(사진 첨부)을 KDSA 등급분류 위원회에 제출하고 승인받은 후 경기에 참여할 수 있다.

제29조(등급분류를 받기 위한 필수 서류)

① 등급분류를 받기 원하는 선수는 KDSA 등급분류 패널에 아래와 같은 서류를 제출하여야 한다.
  1. 등급분류 동의서
  2. 장애 유형별 필요 서류
     ㉮ 지체 및 뇌병변장애
        ⓐ 의료(장애) 진단서(수술한 경우, 수술적 치료 내용 포함) ⓑ 검사소견서(장애 유형별 참고)
     ㉯ 시각장애인: 장애인 증명서 원본, 등급 분류 카드 원본 제출(사진 첨부)
     ㉰ 청각장애인: 장애인 증명서 원본, 등급 분류 카드 원본 제출(사진 첨부)
     ㉱ 발달(지적·자폐성 포함)장애: 장애인 증명서 원본, 등급 분류 카드 원본 제출(사진 첨부)

② 등급분류 동의서뿐 아니라, 등급분류 관련 의료(장애) 진단서를 대회 전 KDSA 등급분류 패널에 제출해야 한다. 등급분류 패널은 이를 검토하여, 선수의 장애가 적격장애인지 여부를 판단하며, 필요한 경우, 선수에게 더 많은 의료적 정보를 요청할 수도 있다.

제30조(적격 및 부적격 장애)

의료진이 작성한 의료(장애) 진단서 및 관련 평가를 근거로, 장애가 영구적이라고 확인되고, 등급분류를 받은 경우, 장애인슐런에서 경기를 할 수 있다. 아래의 적격 장애 유형 목록에 있지 않은 장애는 부적격 장애 유형으로 간주한다.

① 적격 장애 유형
  1. 시각장애
  2. 청각장애
  3. 발달장애
  4. 근력 저하

    5. 근육긴장도/경직, 운동이상증/불수, 운동실조
    6. 수동적 관절가동운동 범위 저하
    7. 사지 절단 또는 결손
    8. 하지길이 차이
    9. 저신장
② 부적격 (NE) 장애 유형을 아래와 같이 명시하였으나, 아래 내용에만 한정된 것은 아니다.
    1. 통증
    2. 피로
    3. 근 긴장도 저하(낮은 근긴장도)
    4. 관절 운동 기능 과잉증
    5. 관절의 불안정, 예를 들어서 어깨 관절의 불안정, 습관성 관절 탈구
    6. 골연골염
    7. 골관절염
    8. 근지구력 장애(섬유 조직염 및 류마티스 뇌염으로 인한 피로증)
    9. 관상동맥 기능의 장애
    10. 호흡기능의 장애
    11. 대사적 능력의 장애
    12. 틱 장애, 버릇, 고정관념
    13. 비만
    14. 정신질환
    15. 피부병
    16. 혈우병
    17. 간질(뇌전증)
    18. 현기증 또는 어지럼증
    19. 장기 기능장애, 부재 또 이식
    20. 심장/순환계 기능장애
    21. 일반 심신쇠약 질병
③ 부적격한 장애라고 하는 것이 선수들이 장애가 없다는 것을 의미하지 않는다. 이는 선수들이 IPC 및 장애인슐런에서 정한 적격 장애 기준에 맞지 않는 조건이라는 것을 의미한다.

제31조(신체 장애에 대한 기능적 등급분류 과정)

① 준비물

　1. 의료용 침대, 의자, 테이블
　2. 등급분류 서식지
　3. 등급분류사 매뉴얼
　4. 절단과 사지 결손 선수를 위한 측정용 줄자
　5. 관절운동 제한이 있는 선수를 위한 측각기
　6. 연필, 펜, 지우개
　7. 개인 사생활 보호를 위한 탈의용 스크린
　8. 슐박, 퍽, 슐런보드

② 평가 과정

　1. 제 29조에서 언급한 필수서류를 확인하며, 만약 필수서류가 없는 경우 등급분류는 더 이상 진행되지 않을 수 있다. 이와 같은 경우, 선수는 N 스포츠 등급상태를 받으며, 필수 서류가 구비된 후 등급분류를 받지 않는 한 모든 KDSA 대회에 출전할 수 없다.
　2. 필수서류에 기재된 의료정보가 맞는 선수와 면담하고, 선수의 신체기능을 평가한다.

제32조(신체 장애에 대한 기능적 등급분류 평가 항목)

일반적으로 아래의 등급분류를 위한 평가 항목 중 하나를 선택하여 평가한다. 선수가 여러 장애가 복합적으로 있는 경우가 있는 경우에는, 가장 주된 장애를 기준으로 평가한다. 핀치 그립 악력 테스트, 박스와 블록 테스트는 보충적으로 실시할 수 있다.

① 슐런동작평가
② 도수근력평가(Manual Muscle Testing, 이하 MMT)
③ 수동적 관절가동범위 평가(Passive Rang of Motion, 이하 PROM)
④ 신경학적 평가(근육 긴장도, 운동실조 등)
⑤ 핀치 그립 악력 테스트(필수 평가 아님)
⑥ 박스와 블록 테스트(필수 평가 아님)

제14장 스포츠 등급 및 분류 기준

제33조(신체 장애 선수의 스포츠 등급 분류 기준)
① 사지마비 또는 하반신마비와 그에 준하는 질환이 임상적으로 진단된 대상자들 중, 그로 인한 장애로 기립상태 유지가 불가능할 경우 및 기립 상태는 유지되나 기립상태로 슐런 퍽을 푸쉬(push)하는 것이 불가능한 경우, 좌식 등급으로 분류된다. 그 이외의 경우는 입식 등급으로 분류된다.
② 좌식 등급은 2개의 등급인 SL-W1, SL-W2로 나뉜다. 좌식 등급의 선수들은 휠체어에 앉은 상태로 진행해야만 한다.
③ 입식 등급은 2개의 등급인 SL-S1, SL-S2로 나뉜다. 입식 등급의 경우 입식 자세를 유지하기 위한 의지 및 보조기기 사용이 가능하나, 이는 사전 등급분류를 통해 파악 및 용인되어야 하고, 등급분류서류에 명시되어 있어야 한다.

제34조(시각장애인 스포츠 등급분류) SL-B(Blind)
① 모든 의무분류는 최대교정상태에서 양안을 검사한 결과를 근거로 함. (모든 선수는 안대를 착용하여 경기 진행)
② B1: 이는 명암 인식이 가능 또는 불가능, 가능하더라도 어느 방향이나 어느 거리에서든지 명확한 형태의 구분이 어려운 경우이다.
③ B2: 이는 손가락을 알아볼 수 있는 능력에서부터 시력이 2/60(0.04) 이거나 또는 단안 시야가 지름 10도 미만이어야 한다.
④ B3: 이는 시력이 2/60(0.04) 보다 좋거나 6/60(0.1) 이하 또는 단안 시야가 지름 10도 이상 40도 미만이어야 한다.
⑤ NE: 이는 시력이 6/60(0.1) 보다 좋거나 또는 단안 시야가 지름 40도 이상인 경우이며, 시각장애인스포츠등급을 받을 수 없는 경우를 말한다.
※ 한국시각장애인 스포츠연맹 등급분류 규정에 따른다.

제35조(청각장애인 스포츠 등급분류) SL-DB(Decibel Blind)
① 필수 청각검사(순음청력검사, 어음명료도검사, 청성뇌간반응검사) 결과를 근거로 함.
② 장애의 정도가 심한 장애인: 두 귀의 청력 손실이 각각 80dB 이상인 사람
③ 장애의 정도가 심하지 않은 장애인
  1. 두 귀의 청력 손실이 각각 60dB 이상인 사람

2. 두 귀에 들리는 보통 말소리의 최대의 명료도가 50% 이하인 사람
  3. 한 귀의 청력손실이 80dB 이상, 다른 귀의 청력손실이 40dB 이상인 사람
※ 한국농아인스포츠연맹 등급분류 규정을 준용한다.

제36조(발달장애인 스포츠 등급분류) SL-DD(Developmental Disability)

① 지적장애, 자폐성장애(장애유형 구분 없이 경기 진행) 통합하여 발달장애로 경기 진행
② 지적장애
  1. 지능지수가 35미만인 사람으로 일생생활과 사회생활의 적응이 현저하게 곤란하여 일생동안 타인의 보호가 필요한 사람
  2. 지능지수가 35이상 50미만인 사람으로 일상생활의 단순한 행동을 훈련시킬 수 있고, 어느 정도의 감독과 도움을 받으면 복잡하지 아니하고 특수 기술을 요하지 아니하는 직업을 가질 수 있는 사람
  3. 지능지수가 50이상 70이하인 사람으로 교육을 통한 사회적, 직업적 재활이 가능한 사람
③ 자폐성장애
  1. ICD-10의 진단기준에 의한 전반성발달장애로 정상발달의 단계가 나타나지 아니하고 지능지수가 70이하이며, 기능 및 능력장애로 인하여 GAS척도 점수가 20이하인 사람
  2. ICD-10의 진단기준에 의한 전반성발달장애로 정상발달의 단계가 나타나지 아니하고 지능지수가 70이하이며, 기능 및 능력장애로 인하여 GAS척도 점수가 21~40인 사람
  3. 1호 내지 2호와 동일한 특징을 가지고 있으나 지능지수가 71이상이며, 기능 및 능력 장애로 인하여 GAS척도 점수가 41~50인 사람

제37조(신체장애 등급 - 좌식 등급(Sitting Sjoelen Class)의 스포츠등급

'좌식 등급의 조건'은 경기 중 지속적으로 기립상태로 슐런 퍽을 푸쉬(push)하는 것이 불가능하고, 보행이 어려워 휠체어가 반드시 필요한 경우

① SL-W1
● 하지에 심한 장애를 포함한 경기하는 손의 심각한 기능장애 또는 절단장애
- 경기에 사용하는 상지의 심각한 기능 감소와 앉은 자세 균형 유지 결여
- 체간 기능 감소와 운동 속도와 조절 면에서 비정상적인 상지기능의 뇌성마비
- C6 이상 부위의 척수 병변 포함
- 경기하는 상지의 기능 상실과 앉은 자세 균형 유지 능력 결여

- 체간 기능 결여 및 약한 손을 가진 소아마비
- 하지의 중증도 이상의 장애를 가지고 있으며, 매우 약한 악력, 약한 손목굴곡, 삼두박근의 기능 결여로 인한 팔꿈치 신전 불가
- 하지의 문제로 휠체어를 이용하는 상지의 중증도 이상 장애
    - 경기하는 상지나 양측 상지 모두 팔꿈치 상부절단(AE)
    - 아래상지(척골ulna길이) 1/3미만이 남은 팔꿈치 하부 절단
    - 상/하지의 심한 관절구축증(Arthrogryphosis)
- Ataxia(운동실조)로 상지 수의근의 통제 작용이 결손되어 있거나 심한 상태 Arthrogryposis(관절만곡증)으로 상·하지의 심각한 기능 감소
- 중증 하지 장애
    - 하지의 심한 기능장애가 있는 소아마비
    - Double BK 양하지 슬관절 하부 절단 이상
    - 고관절 경직 및 슬관절 경직(복합)
    - Hip Luxation(고관절 탈구)

② SL-W2

● 하지에 심한 장애를 포함한 경기하는 손의 심하지 않은 장애 또는 장애가 없는 경우

- 등급 W1보다 기능 상실이 적은 뇌성마비
- 심한 척추측만증으로 인한 휠체어 사용
- 경기하는 상지의 경증 장애와 중등 하지 장애
- Ankylosing Spondylitis(강직성척추염) 중증도의 하지 장애가 있는 상태
- Ataxia(운동실조)로 상지 수의근의 통제 작용이 결손 되어 있지만 경미한 상태
- 체간 균형 능력상실과 정상적 상지 기능을 가진 소아마비
- SCI(불완전 척수 손상), Spina Bifida(척추이분증)
- 중증 하지 장애
    - 하지의 심한 기능장애가 있는 소아마비
    - Double BK 양하지 슬관절 하부 절단 이상
    - 고관절 경직 및 슬관절 경직(복합)
    - Hip Luxation(고관절 탈구)

제38조(신체장애 등급 - 입식 등급(Standing Sjoelen Class)의 스포츠등급

기립 상태에서 슐런 퍽을 푸쉬(push) 가능하고, 휠체어 없이 스스로 이동이 가능한 경우, 의학적으로 반드시 필요한 경우에는 의족이나 보장구의 착용은 허용되고, 목발이나 지팡이와 같은 이동보조도구의 사용도 허용된다.

① SL-S1
● 경기하는 손의 심한 기능장애 또는 절단장애
- 중증의 뇌성마비(CP)
  • 경기하는 상지를 포함한 편마비(Hemiplegia)
  • 경기하는 상지를 포함한 양측마비(Diplegia)
  • Athetoid(불수의 느린 운동)
- Arthrogryposis(관절구축증) 양측 상지 및 경기하는 상지의 심한 구축
- 몸통과 상하지의 근위축증 또는 비슷한 장애 특징을 가진 경기하는 손의 심한 신경근육 장애
- 상지 전체 마비를 수반한 상지신경 병변
- 경기하는 상지의 절단 또는 이와 비슷한 기형
  • 경기하는 상지나 양측 상지 모두 팔꿈치 상부 절단(AE)
  • 아래상지(척골ulna길이) 1/3미만이 남은 팔꿈치 하부 절단

② SL-S2
● 경기하는 손의 심하지 않은 장애 또는 장애가 없는 경우
- Hemiplegia(편마비) 경기하는 상지 이외의 편마비
- 상/하지에 아주 경한 장애가 있는 경우
- Ankylosing Spondylitis(강직성척추염)로 경중의 상/하지의 기능 저하
- Arthrogryphosis(관절구축증) 양측 상지 및 경기하는 상지의 경미한 구축
- 경기하는 상지의 경중 장애
  • 손가락 절단/잡는 기능이 있는 기형
  • 잡는 기능이 있는 손목 뻣뻣한 경직 장애
  • Muscle Weakness(약한 근육)
- 경중 하지 장애
  • 하지에 소아마비가 있으나 움직임이 좋음

- Single Stiff Ankle 하나의 발목 경직
- 발허리(Metatarsals) 절단(최소 1/3 발 절단)
- Subluxation(고관절 탈구)
- 주요 관절의 운동 범위(ROM) 감소

II.
장애인 슐런 등급분류 양식

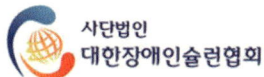

등급분류 항의 양식

첫 등급분류 후

협회/국가: _____

성: _____ 이름: _____

현재등급: _____ 성별: 남 / 여
생년월일: _____
항의사유:
_____
_____

안내:
항의는 반드시 등급분류가 종료된 지 30분 이내에 3만원의 항의비와 함께 제출해야 한다.
만일 항의가 받아들여지면 3만원의 항의비는 환급받을 수 있다. 그렇지 않을 경우 환급은 불가하다.
이 양식은 반드시 등급분류 위원장 또는 수석등급분류사에게 제출한다.

성명: _____(서명)

협회 대표자: _____(서명)
책임등급분류사: _____(서명)

항의 신청 결과

항의: 수락 / 수락할 수 없음

사유:
_____
_____

장소 및 날짜: _____

항의심사위원단 성명: _____(서명)

항의비 환급: 지급 / 미지급

수령자: _____(서명)

협회 대표: _____(서명)

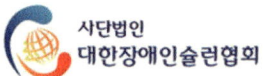

등급분류 항의 양식

선수 상대

협회/국가: _____

성: _____   이름: _____

현재등급: _____   성별: 남 / 여
생년월일: _____
항의사유:
_____
_____

안내:
항의는 반드시 등급분류사나 등급분류위원회에 아래의 절차에 따라 제출해야 한다. 항의비 10만원과 항의장은 반드시 항의가 이루어지는 곳에서 항의 시작 전에 등급분류 위원장이나 수석등급분류사에게 지불하고 신청해야 한다. 만일 항의가 받아들여지면 10만원의 항의비는 환급받을 수 있다.
그렇지 않을 경우 환급은 불가하다.

성명: _____(서명)

항의 신청 결과

항의: 수락 / 수락할 수 없음

사유:
_____
_____

장소 및 날짜: _____

항의심사위원단 성명: _____(서명)

항의비 환급: 지급 / 미지급

수령자: _____(서명)

협회 대표: _____(서명)

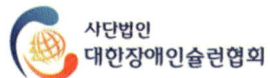

등급분류 재평가 신청서

협회/국가: _____

성: _____   이름: _____

현재등급: _____   성별: 남 / 여
생년월일: _____
항의사유:
_____
_____

안내:
이 양식을 작성하여 대회 2주 전 등급분류위원회에 제출해야 한다.
만일 재평가가 허용되면, 선수는 반드시 수석등급분류사에게 이 신청서의 사본과 모든 증빙서류, 신청비 3만원을 제출한다.
만일 의료증빙서류가 없을 경우, 재평가는 불가할 수 있다.
만일 재평가가 허용되면 이 신청비는 환급되며 그렇지 않은 경우 지급되지 않는다.

성명: _____(서명)

협회 대표자: _____(서명)
수석등급분류사: _____(서명)

재평가 결과

재평가: 등급변경 허용 / 불가

사유:
_____
_____

장소 및 날짜: _____

재평가 시행 등급분류사 성명: _____(서명)

재평가비 환급: 지급 / 미지급

수령자: _____(서명)

협회 대표: _____(서명)

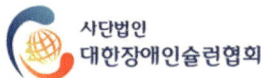

등급분류 재평가 이의제기 신청서

절차에 관한 이의제기

협회/국가: _____

성: _____   이름: _____

현재등급: _____   성별: 남 / 여

생년월일: _____

항의사유:

_____

_____

안내:

항의는 반드시 부적절했다고 여겨지는 항의나 등급분류 이후 1시간 이내에 총책임기술위원에게 제출한다.

이의 제기 비용 10만원도 함께 지불한다.

만일 이의 제기가 확인되어 받아들여지면 이의 제기 비용 10만원은 청원자에게 환급된다.

성명: _____(서명)

이의제기 결과

항의: 수락 / 수락할 수 없음

사유:

_____

_____

장소 및 날짜: _____

이의 제기 심사위원단 성명: _____(서명)

이의 제기 비 환급: 지급 / 미지급

수령자: _____(서명)

협회 대표: _____(서명)

등급분류 카드
(Classification Card)

선 수 성 명: 한글 _____ 한자 _____
　　　　　　 영문 _____

성　　　별: 남(M) / 여(F)

생 년 월 일: _____

주　　　소: _____

소　　　속: _____
　　　　　　_____

- 등급 분류 신청자는 하부 작성하지 않음 -

사 진

장애명 및 부위(Diagnosis and Level): 한글 _____
_____

신체적 특기사항: _____
(Remark of　　　_____
Physical　　　　_____
Examination)　　_____

경기종목	장애유형	장애등급	등급분류	평가일	평가자 및 서명
슐 런				202 . . .	평가자: 서명:

※ 장애인 증명서 원본 첨부

대한장애인슐런협회 등급분류위원회 등급분류 동의서

대한장애인슐런(KDSA) 주최 또는 주관 장애인슐런 경기에 참여하려는 선수들은 반드시 대한장애인슐런(KDSA)가 인정한 등급분류사에 의해 등급분류를 받아야 한다. 선수는 언제든지 동의를 철회할 수 있으나, 그런 경우 등급분류는 진행되지 않으며, 대한장애인슐런(KDSA)에서 주최하는 대회에 참석이 불가능하게 됩니다.

또한, 등급분류사에게 협조하지 않거나 등급분류를 완료하지 못하면 대한장애인슐런(KDSA)주관 경기에 참여할 자격을 얻지 못하며, 등급분류 규정에 명시되어 있는 불이익을 받을 수도 있다.

등급분류 절차는 선수 개인에게 불편하지 않도록 진행될 예정입니다. 아래 내용은 선수들이 근력평가(MMT), 관절가동범위 평가(ROM), 근육긴장도 평가, 운동실조증(손가락-코 평가) 등 장애인 슐런 동작에 대한 평가, 대회 중 관찰을 통해 등급분류를 받는 것에 대한 동의를 구하는 것입니다.

선수(본인) _____

선수(본인)는 대한장애인슐런(KDSA) 주최 또는 주관 경기 참여를 위해 등급분류 받기를 희망한다.

선수(본인)는 대한장애인슐런(KDSA) 동작 및 대회 중 관찰을 포함하는 대한장애인슐런(KDSA)등급분류 과정 및 등급분류사가 평가하는 것을 이해하고 동의한다.

선수(본인)는 등급분류를 받기 위해 등급분류의 모든 과정 및 등급분류사의 요청에 전적으로 협조하여야 함을 이해하고 동의한다.

선수(본인)는 등급분류사가 등급분류중에 최대한 선수를 배려한다는 것을 신뢰하며, 등급분류 중에 겪을 수 있는 통증이나 불편함에 등급분류사의 책임이 없음에 동의한다.

선수(본인)　　성명: _____(서명)
보호자/대리인 성명: _____(서명)
일 시　　　 ____.____.____

등급분류사 윤리 서약서

본인 _____ 은 대한장애인슐런협회의 인증받은 등급분류사로서 내 역할에 따라 아래의 내용을 충실히 준수할 것을 약속한다.

1. 나는 대한장애인슐런협회의 정관과 규정을 준수한다.
2. 나는 등급분류 및 경기 진행 시 항상 모든 선수와 팀 직원에 예의 바른 태도를 취할 것을 약속한다.
3. 나는 모든 선수의 사생활과 비밀보장을 준수 할 것이며, 승인된 모임 이외에는 개인 관련 어떤 정보도 발설하지 않는다.
4. 나는 등급분류의 방법, 절차, 정책에서 일관성을 유지하며, 내가 수행한 모든 등급분류에 대하여, 필요 시 또는 요구가 있을 시 대한장애인슐런협회의 등급분류위원회에 보고한다. 나는 불법약물을 사용하지 않고, 높은 수준의 윤리, 도덕성을 유지한다.
5. 나는 모든 종류의 성적 학대, 가해 및 폭행이 불법적이고 비윤리적임을 인정한다.
6. 나는 항상 공정하게 행동하며, 어떤 국가, 인종, 정치, 종교, 성적 차별을 하지 않는다.
7. 나는 대한장애인슐런협회의 집행위원회나 소위원회의 결정과 토의를 존중하며 다른 공적 비판을 받지 않도록 노력한다.
8. 나는 남을 현혹하거나 기만하는 언행을 하지 않는다.
9. 나는 대한장애인슐런협회 회장, 경기위원장, 또는 등급분류 위원장이 등급분류 관련 안건의 공식 대변인임을 숙지한다.

성명: _____

서명: _____

일시: _____

III.
장애인 슐런 등급분류 장애 유형 및 평가

1. 현행(기존) 슐런 등급분류 운영 규정 개정(안) 대조

현행(기존) 운영규정 경기 분류	운영 규정 개정 경기 분류(안)
지체, 청각언어, 시각, 지적	지체 & 뇌병변, 청각, 시각, 발달장애

① 지체를 뇌병변 장애와 통합하여 운영할 수 있도록 분류함.

② 지적 장애를 발달장애로 통합하여 지적, 자폐성 장애를 포함하여 운영하도록 분류함.

현행(기존) 운영규정 경기 분류	운영 규정 개정 경기 분류(안)
오픈 경기 규정 1. 대회요강에 따라 시도 대항 및 시군구 대항 개인전 또는 단체전으로 한다. 2. 장애유형에 관계없이 똑같은 경기방식과 규칙을 적용한다. 3. 대회방식은 대한장애인슐런협회의 경기규칙을 준수한다.	오픈 경기 규정에 대한 부분은 현행 유지

③ 등급별 경기를 기존 5등급에서 7등급으로 나누어지도록 구성함.

④ SL-B(Blind): 모든 선수가 안대를 착용하여 시각장애인의 차이를 최소화하여 운영할 수 있도록 규정함.

⑤ SL-DB(Decibel Blind): 청각장애인의 차이를 최소화하기 위하여 모든 선수는 보청기를 제거하여 참여하도록 규정함.

⑥ SL-DD(Developmental Disability): 현행 지적장애에서 자폐성 장애를 포함하여 규정함.

⑦ SL-W1(Wheelchair), SL-W2(Wheelchair): 휠체어를 사용하고 경기에 참여하도록 규정하고 손의 기능 장애에 정도에 따라 분류함.

⑧ SL-S1(Stand), SL-S2(Stand): 선 자세에서 경기에 참여하도록 규정하고 손의 기능장애에 정도에 따라 분류함.

현행(기존)	규정 개정(안)
대회경기규정(지체, 청각언어, 시각, 지적)	대회경기규정(지체&뇌병변, 청각, 시각, 발달장애)
등급별 경기	**등급별 경기**
1. 장애 등급별로 나누어 경기를 진행한다. 2. 등급별 대회는 1~5등급으로 나누어 경기를 진행한다.	1. 장애 등급별로 나누어 경기를 진행한다. 2. 등급별 대회는 1~7등급으로 나누어 경기를 진행한다.
규정	**규정**
SL-1: 시각장애인으로 1급	SL-B(Blind): 시각장애인의 모든 선수는 안대를 착용하여 경기에 참여할 수 있도록 함.
SL-1-2: 시각장애인 2급 이하	SL-DB(Decibel Blind): 청각장애인 선수 보청기 착용한 선수는 보청기를 착용하지 않고 경기에 임하도록 함. * 기존 등급분류 청각언어 등급에서 언어장애는 해당되지 않아 청각장애로 명시화하여 등급분류함.
SL-2: 양 손목과 팔을 사용할 수 없거나 중증장애인으로 한다.	SL-DD(Developmental Disability): 지적장애, 자폐성장애 (장애유형 구분 없이 경기 진행) * 기존 등급분류에서는 지적장애로만 한정되었으나 자폐성장애를 포함한 발달장애 등급으로 분류함
SL-3: 휠체어 사용(한 손 사용할 수 있을 경우)	SL-W1(Wheelchair): 휠체어 사용(하지에 심한 장애를 포함한 경기하는 손의 심각한 기능장애 또는 절단 장애)
SL-4: Stand(한 손 사용할 수 있을 경우)	SL-W2(Wheelchair): 휠체어 사용(하지에 심한 장애를 포함한 경기하는 손의 심하지 않는 장애 또는 장애가 없는 경우)
SL-5: 청각언어장애인	SL-S1(Stand): 경기하는 손의 중증 기능장애 또는 절단장애
SL-6: 지적장애인	SL-S2(Stand): 경기하는 손의 심하지 않은 장애 또는 장애가 없는 경우

2. 슐런 등급분류

장애 유형	등급	구분	내용
시각 장애	SL-B (Blind)	- 모든 의무분류는 최대교정 상태에서 양안을 검사한 결과를 근거로 함. (모든 선수는 안대를 착용하여 경기 진행)	1. B1: 이는 명암 인식이 가능 또는 불가능, 가능하더라도 어느 방향이나 어느 거리에서든지 명확한 형태의 구분이 어려운 경우이다. 2. B2: 이는 손가락을 알아볼 수 있는 능력에서부터 시력이 2/60(0.04)이거나 또는 단안 시야가 지름 10도 미만이어야 한다. 3. B3: 이는 시력이 2/60(0.04)보다 좋거나 6/60(0.1) 이하 또는 단안 시야가 지름 10도 이상 40도 미만이어야 한다. 4. NE: 이는 시력이 6/60(0.1)보다 좋거나 또는 단안 시야가 지름 40도 이상인 경우이며, 시각장애인스포츠등급을 받을 수 없는 경우를 말한다. ※ 한국시각장애인 스포츠연맹 등급분류 규정에 따른다.
청각 장애	SL-DB (Decibel Blind)	- 필수 청각검사(순음청력검사, 어음명료도검사, 청성뇌간반응검사) 결과를 근거로 함.	**장애의 정도가 심한 장애인** 1. 두 귀의 청력 손실이 각각 80dB 이상인 사람 **장애의 정도가 심하지 않은 장애인** 1. 두 귀의 청력 손실이 각각 60dB 이상인 사람 2. 두 귀에 들리는 보통 말소리의 최대의 명료도가 50% 이하인 사람 3. 한 귀의 청력손실이 80dB 이상, 다른 귀의 청력손실이 40dB 이상인 사람 ※ 한국농아인스포츠연맹 등급분류 규정을 준용한다.
발달 장애	SL-DD (Develop- mental Disability)	지적장애, 자폐성장애 (장애유형 구분 없이 경기 진행)	**지적장애** 1. 지능지수가 35 미만인 사람으로 일생생활과 사회생활의 적응이 현저하게 곤란하여 일생동안 타인의 보호가 필요한 사람 2. 지능지수가 35 이상 50 미만인 사람으로 일상생활의 단순한 행동을 훈련시킬 수 있고, 어느 정도의 감독과 도움을 받으면 복잡하지 아니하고 특수 기술을 요하지 아니하는 직업을 가질 수 있는 사람 3. 지능지수가 50 이상 70 이하인 사람으로 교육을 통한 사회적, 직업적 재활이 가능한 사람 **자폐성장애** 1. ICD-10의 진단기준에 의한 전반성발달장애로 정상발달의 단계가 나타나지 아니하고 지능지수가 70 이하이며, 기능 및 능력장애로 인하여 GAS척도 점수가 20 이하인 사람 2. ICD-10의 진단기준에 의한 전반성발달장애로 정상발달의 단계가 나타나지 아니하고 지능지수가 70 이하이며, 기능 및 능력장애로 인하여 GAS척도 점수가 21~40인 사람

				3. 1호 내지 2호와 동일한 특징을 가지고 있으나 지능지수가 71 이상이며, 기능 및 능력 장애로 인하여 GAS척도 점수가 41~50인 사람

뇌병변, 지체, 기타장애		SL-W1 (Wheel chair)	- Quadriplegia(사지마비-기능장애)
			- Spasticity(경련성강직-근육에 비정상적인 뻣뻣한 경련)
			- Athetosis(무정위운동형-자신의 의지와 수의적인 몸의 움직임)
			- Dystonia(근육긴장이상-지속적인 근육수축으로 반복적인 운동이나 비정상적인 자세)
			- Ataxia(운동실조-중심잡는 기능이상)
			- Spinal cord injury (척수손상)
			- Polio(소아마비)
			- Amputation(절단)
			(모든 선수는 경기에 휠체어를 사용)
				● 하지에 심한 장애를 포함한 경기하는 손의 심각한 기능장애 또는 절단장애
				- 경기에 사용하는 상지의 심각한 기능 감소와 앉은 자세 균형 유지 결여
				- 체간 기능 감소와 운동 속도와 조절 면에서 비정상적인 상지 기능의 뇌성마비
				- C6 이상 부위의 척수 병변 포함
				- 경기하는 상지의 기능 상실과 앉은 자세 균형 유지 능력 결여
				- 체간 기능 결여 및 약한 손을 가진 소아마비
				- 하지의 중증도 이상의 장애를 가지고 있으며, 매우 약한 악력, 약한 손목굴곡, 삼두박근의 기능 결여로 인한 팔꿈치 신전 불가
				- 하지의 문제로 휠체어를 이용하는 상지의 중증도 이상 장애
				  • 경기하는 상지나 양측 상지 모두 팔꿈치 상부절단(AE)
				  • 아래상지(척골ulna길이) 1/3미만이 남은 팔꿈치 하부 절단
				  • 상/하지의 심한 관절구축증(Arthrogryphosis)
				- Ataxia(운동실조)로 상지 수의근의 통제 작용이 결손되어 있거나 심한 상태
				- Arthrogryposis(관절만곡증)으로 상·하지의 심각한 기능 감소
				- 중증 하지 장애
				  • 하지의 심한 기능장애가 있는 소아마비
				  • Double BK 양하지 슬관절 하부 절단 이상
				  • 고관절 경직 및 슬관절 경직(복합)
				  • Hip Luxation(고관절 탈구)

		SL-W2 (Wheel chair)	- Spasticity(경련성 강직) - Athetosis(무정위운동형) - Dystonia(근육긴장이상) - Spinal cord injury(척수손상) - Polio(소아마비) - Amputation(절단) - Ankylosing Spondylitis(강직성척추염) - 중증등만곡(척추후만증, 척추측만증, 과전만증) - Fusion(유합) - Muscular dystonia(근긴장이상) (모든 선수는 경기에 휠체어를 사용)	● 하지에 심한 장애를 포함한 경기하는 손의 심하지 않은 장애 또는 장애가 없는 경우 - 등급 W1보다 기능 상실이 적은 뇌성마비 - 심한 척추측만증으로 인한 휠체어 사용 - 경기하는 상지의 경증 장애와 중등 하지 장애 - Ankylosing Spondylitis(강직성척추염) 중증도의 하지 장애가 있는 상태 - Ataxia(운동실조)로 상지 수의근의 통제 작용이 결손되어 있지만 경미한 상태 - 체간 균형 능력상실과 정상적 상지 기능을 가진 소아마비

뇌병변, 지체, 기타장애			- SCI(불완전 척수 손상), Spina Bifida(척추이분증) - 중증 하지 장애 • 하지의 심한 기능장애가 있는 소아마비 • Double BK 양하지 슬관절 하부 절단 이상 • 고관절 경직 및 슬관절 경직(복합) • Hip Luxation(고관절 탈구)
	SL-S1 (Stand)	- Hemiplegia(편마비) - Cerebral Palsy(뇌성마비) - Amputation(절단) - Spasticity(경련성 강직) - Athetosis(무정위운동형) - Dystonia(근육긴장이상) - Arthrogryphosis(관절구축증)	● 경기하는 손의 심한 기능장애 또는 절단장애 - 중증의 뇌성마비(CP) • 경기하는 상지를 포함한 편마비(Hemiplegia) • 경기하는 상지를 포함한 양측마비(Diplegia) • Athetoid(불수의 느린 운동) - Arthrogryposis(관절구축증) 양측 상지 및 경기하는 상지의 심한 구축 - 몸통과 상하지의 근위축증 또는 비슷한 장애 특징을 가진 경기하는 손의 심한 신경근육 장애 - 상지 전체 마비를 수반한 상지신경 병변 - 경기하는 상지의 절단 또는 이와 비슷한 기형 • 경기하는 상지나 양측 상지 모두 팔꿈치 상부 절단(AE) • 아래상지(척골ulna길이) 1/3미만이 남은 팔꿈치 하부 절단
	SL-S2 (Stand)	- Hemiplegia(편마비) - Polio(소아마비) - Ankylosing Spondylitis(강직성척추염) - Amputation(절단) - Arthrogryphosis(관절구축증) - Muscular dystonia(근긴장이상) - 경증의 상/하지 장애	● 경기하는 손의 심하지 않은 장애 또는 장애가 없는 경우 - Hemiplegia(편마비) 경기하는 상지이외의 편마비 - 상/하지에 아주 경한 장애가 있는 경우 - Ankylosing Spondylitis(강직성척추염)로 경증의 상/하지의 기능저하 - Arthrogryphosis(관절구축증) 양측 상지 및 경기하는 상지의 경미한 구축 - 경기하는 상지의 경증 장애 • 손가락 절단/잡는 기능이 있는 기형 • 잡는 기능이 있는 손목 뻣뻣한 경직 장애 • Muscle Weakness(약한 근육) - 경증 하지 장애 • 하지에 소아마비가 있으나 움직임이 좋음 • Single Stiff Ankle 하나의 발목 경직 • 발허리(Metatarsals) 절단 (최소 1/3 발 절단) • Subluxation(고관절 탈구) • 주요 관절의 운동 범위(ROM) 감소

3. 적격 장애 유형

슐런 대회에 참가하고자 하는 지체, 뇌병변, 기타장애 장애선수들에게 부여되는 스포츠 등급들에 대한 스포츠 적격장애를 자세히 설명한다. 필요한 경우, 모든 선수는 슐런규정에 따라 보조기, 스트랩, 지지대 등을 착용할 것이 권장된다.

대회를 위한 등급분류를 받기 위해 선수들은 슐런 자격기준 및 최소장애 기준을 충족해야 한다. 이러한 기준들을 충족시키지 못하는 선수들은 슐런 대회에 참가하기에 부적합한 것으로 간주된다.

적격 장애 유형	건강 상태 예
시각장애	망막 색소변성증, 선천성 백내장, 신경성 위축, 각막혼탁
청각장애	전음성 난청, 감각 신경성 난청, 혼합성 난청, 편측성 난청
발달장애	전반성발달장애, 자폐성장애, 다운증후군, 염색체 결실 증후군, 지적장애
근력저하 근력이 손상된 선수는 움직이거나 힘을 내기 위해 자발적으로 근육을 수축시키는 능력이 감소하거나 제거된 건강상태를 가지고 있음.	척수손상(완전 또는 불완전마비), 상완신경총 손상, 근이영양증, 소아마비 증후군과 이분척추, 길랑-바레 증후군
경직 중추신경계의 손상으로 인하여 근육의 긴장도 증가되며, 스트레칭 능력이 감소 **실조** 수의적 근육운동의 협응 능력 부족: 불안정한 움직임과 비틀거리는 보행 **무정위운동** 손과 발 또는 기타 신체의 느리고 비자발적 지속적이고 연속적인 움직임	뇌성마비, 외상성 뇌손상, 외상성 뇌손상, 뇌졸중
수동적 관절가동범위 저하 한 개 이상의 관절 움직임에 제한	관절 구축, 만성 관절 장애
사지 절단 또는 결손 사지 결손을 가진 선수는 선천적 또는 외상의 결과로 인하여 골격이나 관절이 완전히 또는 부분적으로 없는 경우	외상성 절단, 질병에 의한 절단(예: 암으로 인한 절단) 또는 선천적 사지 결손
하지다리 길이 차이 선수 다리의 길이가 서로 다를 경우	선천성 또는 외상성 사지 장애
저신장증 선천적 원인으로 상·하지, 체간 골격의 길이 감소	연골무형성증, 성장호르몬 기능장애, 골형성부전증

4. 부적격 장애(NE) 유형

다른 스포츠 종목에 출전 자격이 있는 선수라 할지라도 슐런의 자격은 충족하지 못할 수도 있다. 슐런 스포츠를 위한 최소자격을 충족하지 못하는 장애들의 예는 다음과 같다. (아래와 같이 명시하였으나, 아래 내용에만 한정된 것은 아니다.)

- 통증
- 피로
- 낮은 근긴장도
- 관절 운동 기능 과잉증
- 관절 불안정성, 불안정한 견관절, 반복적인 탈골
- 골연골염
- 관절염
- 관절 대치
- 근지구력 장애 (섬유 조직염 및 류마티스 뇌염으로 인한 피로증)
- 반사 운동 기능 장애
- 장기 기능장애, 부재 또는 이식

- 심장/순환계 기능 장애
- 호흡 장애
- 신진대사 기능 장애
- 틱 장애, 버릇, 상동증 및 운동보속증
- 일반 심신쇠약 질병
- 비만
- 정신질환
- 피부병
- 혈우병
- 간질
- 현기증 또는 어지럼증 등

5. 슐런 등급분류 수행평가

1) 슐런 동작 평가

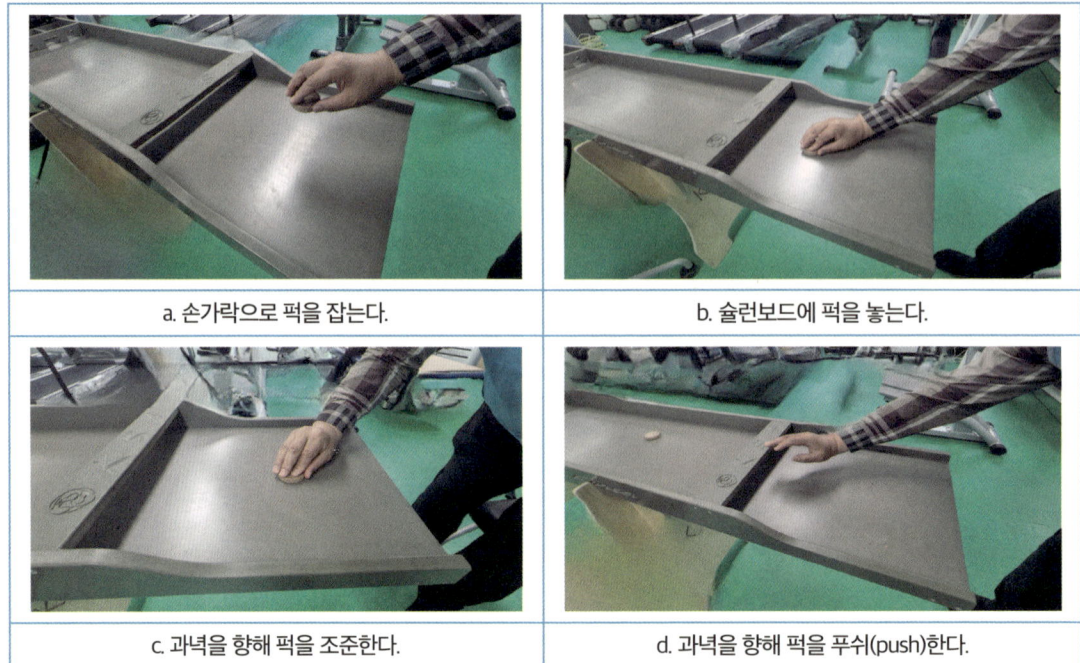

a. 손가락으로 퍽을 잡는다.	b. 슐런보드에 퍽을 놓는다.
c. 과녁을 향해 퍽을 조준한다.	d. 과녁을 향해 퍽을 푸쉬(push)한다.

※ 슐런 경기는 손, 손목, 주관절, 어깨관절 등 상지를 주로 사용하여, 상지의 기능 평가를 실시할 필요가 있음.

2) 도수근력평가(Manual Muscle Testing, MMT)

① 슐런 경기에 참여하는 손 근육의 근력저하가 주된 장애일 때 시행한다.

② 상지 도수근력평가 방법

- 도수근력평가는 중력이 없는 상태, 중력이 적용되는 상태, 그리고 중력과 추가적인 저항을 준 상태에서 사지의 무게를 지탱하도록 하면서 각각 시행한다.
- 세계적으로 인정된 0-5점 척도인 Medical Research Council Scale (MRC)을 사용하여 평가한다.

상지 도수근력평가 점수 기준

등급	용어	정의
0	Zero	근육수축이 없음
1	Trace	보이거나 만져지는 수축은 가능하나 관절 운동은 불가능
2	Poor	중력 제거 상태에서 능동적 관절 운동 가능
3	Fair	중력을 이기며 능동적 관절 운동 가능
4	Good	중력과 어느 정도의 저항 하에서의 능동적 관절 운동 가능
5	Normal	중력과 충분한 저항 하에서의 능동적 정상 관절 운동 가능

- 경기에 참여하는 상지의 전체 도수근력평가를 실시하여 총점 80점 중 50%인 40점 이하인 경우 중증으로 분류하고 40점 초과의 경우 경증으로 분류한다. 등급에 세부적인 '+' 또는 '-'는 사용하지 않고, 실제 등급만 평가한다.
- 핵심 근육군 손실의 경우 이와 관련된 신경 손상에 대한 진단 기록이나 본 장애를 설명할 충분한 증거가 확인되어야 한다.
- 도수근력평가에서 평가자는 평가하고자 하는 선수의 관절 위, 그리고 아래쪽에 각각 손을 놓고 평가하여 선수의 평가 수행이 제대로 이루어지는지 확인한다.
- 최대 능력을 보여 주지 않는 선수는 평가대상에서 제외할 수 있으며, 만약 평가의 결과가 불명확하다고 판단되면 대회 중 관찰의 대상이 된다.

③ 도수근력평가 대상 근육

- 상지
  - 어깨관절 근력은 굴곡/신전/외전/내전에 대해 평가
    어깨 관절에서 측정될 수 있는 최소점은 0점, 최대점은 20점.
  - 팔꿈치관절 근력은 굴곡/신전/회내전/회외전에 대해 평가
    팔꿈치관절에서 측정될 수 있는 최소점은 0점, 최대점은 20점.
  - 손목관절 근력은 굴곡/신전/요측굴곡/척측굴곡에 대해 평가
    손목관절에서 측정될 수 있는 최소점은 0점, 최대점은 20점.
  - 손가락의 경우, 엄지 손가락 굴곡/신전, 기타 손가락 굴곡/신전에 대해 평가
    손가락에서 측정될 수 있는 최소점은 0점, 최대점은 20점.

- 경기에 참여하는 상지의 도수근력 점수의 합은 80점으로 총점을 기재한다. 총점의 50% 이하 (40점)는 중증으로 분류한다.

- 상지 도수근력평가 방법

어깨(shoulder)

부위	근육	도수근력평가 방법	참고 사진
어깨 굴곡	삼각근(전면) 대흉근 상완이두근 오훼완근	- 팔꿈치 90도 굴곡, 어깨 90도 굴곡시킨다. - 평가자는 상완골 원위부에 어깨를 신전시키는 방향으로 힘을 가한다.	
어깨 신전	삼각근(후면) 광배근 대원근	- 팔꿈치 신전 상태, 어깨 45도 신전 상태에서 시행한다. - 평가자는 상완골 원위부에 어깨를 굴곡시키는 방향으로 힘을 가한다.	
어깨 외전	삼각근(측면) 극상근	- 어깨를 90도 외전시킨다. - 평가자는 상완골 원위부에 어깨를 내전시키는 방향으로 힘을 가한다.	
어깨 내전	대흉근 광배근 대원근	- 피평가자는 누운 자세, 팔꿈치를 굴곡시킨 상태에서 어깨를 120도 외전시킨다. - 평가자는 어깨의 내전에 대해 저항을 가한다.	

팔꿈치(elbow)

부위	근육	도수근력평가 방법	참고 사진
팔꿈치 굴곡	상완이두근 상완근 상완요골근	- 팔꿈치를 90도 굴곡시킨다. - 평가자는 전완 원위부에 팔꿈치를 신전하는 방향으로 힘을 가한다.	

부위	근육	도수근력평가 방법	참고 사진
팔꿈치 신전	상완이두근	- 팔꿈치를 굴곡한 상태로 놓는다. - 평가자는 전완 원위부를 잡고 팔꿈치 굴곡 방향으로 힘을 가한다.	
팔꿈치 회내전	원회내근 방형회내근	- 팔꿈치를 편 상태에서 회내시킨다. - 평가자는 전완 원위부를 잡고 팔꿈치를 회외 방향으로 힘을 가한다.	
팔꿈치 회외전	회외근	- 팔꿈치를 편 상태에서 회외시킨다. - 평가자는 전완 원위부를 잡고 팔꿈치를 회내 방향으로 힘을 가한다.	

손목(wrist)

부위	근육	도수근력평가 방법	참고 사진
손목 굴곡	요측 수근 굴근 척측 수근 굴근	- 손목은 중립자세, 최대한 굴곡시키고 수지는 신전시킨다. - 평가자는 손목을 신전시키는 방향으로 손바닥 중간에 힘을 가한다.	
손목 신전	장요 수근 신근 단요 수근 신근 척측 수근 신근	- 손목은 전완부 회내자세, 최대한 신전시키고 수지도 신전시킨다. - 평가자는 손목을 굴곡시키는 방향으로 손등 중간에 힘을 가한다.	
손목 요측편위	요측 수근 굴근 장요 수근 신근 단요 수근 신근	- 손목은 엄지가 바닥과 수직이 되는 자세, 최대한 요측 편위시킨다. - 평가자는 손목을 척측 편위시키는 방향으로 힘을 가한다.	
손목 척측편위	척측 수근 굴근 척측 수근 신근	- 어깨 90도 외전 및 외회전, 팔꿈치 90도 굴곡하고, 손목은 엄지가 바닥을 향하게 하고 최대한 척측 편위시킨다. - 평가자는 손목을 요측 편위시키는 방향으로 힘을 가한다.	

손가락(finger)

부위	근육	도수근력평가 방법	참고 사진
엄지 신전	단무지 외전근 장무지 외전근 단무지 신전근	- 엄지를 손바닥의 평면과 수직이 되도록 외전한다. - 평가자는 첫 번째 중수지관절에 압력을 가하여 엄지손가락을 내전시키도록 한다.	
엄지 굴곡	무지 대립근 단무지 굴곡근 단무지 외전근	- 엄지를 손바닥의 평면과 평행이 되도록 내전한다. - 평가자는 첫 번째 중수지관절에 압력을 가하여 엄지손가락을 외전시키도록 한다.	
손가락 굴곡	표재지 굴근 심수지 굴근 추양근 골간근	- 전완부 회외, 손목은 해부학적 위치로 유지하고 두 번째부터 다섯 번째 손가락을 굴곡시킨다. - 평가자는 손가락 첫마디뼈에 힘을 가하여 모두 신전하도록 한다.	
손가락 신전	총수지 신근 시지 신근 소지 신근	- 전완부 회내, 손목은 해부학적 위치로 유지하고 두 번째부터 다섯 번째 손가락을 신전시킨다. - 평가자는 손가락 첫마디뼈에 힘을 가하여 모두 굴곡하도록 한다.	

3) 수동적 관절가동범위 평가(Passive Range of Motion, PROM)

① 관절가동범위의 제한이 주된 장애일 때 시행한다. 관절가동범위의 제한이 근력저하와 동반된 경우에는 근력저하의 결과를 보정하기 위하여 측정되어야 한다.

상지/하지와 체간 근력을 구분하여 평가한다. 선수가 미리 제출한 방사선 검사를 참조하고,

측정된 결과가 선수의 질병과 인과성이 불분명하다고 판단되면 추가적인 방사선 검사의 수행을 요구할 수 있다.

② 수동적 관절가동범위 평가 방법
- 정상 관절가동범위의 기능적 가동범위(FROM, functional range of motion)에서 정의하는 각도를 기준으로 하고, 수동적 관절가동범위 측정법인 PROM을 기본으로 하며, 대상자가 완전히 이완된 자세에서 모든 방향에서 관절가동범위의 끝 감각을 느끼면서 평가한다.
- 관절가동범위 평가는 각도계(goniometry)을 이용하여 1도 단위의 정형화된 각도기를 사용하여 측정한다.
- 대상 관절별로 가동범위를 측정하고 관절가동범위의 50% 이상 가동범위의 제한이 없는 경우는 0점, 50% 이상 관절가동범위의 제한이 있는 경우는 1점을 부여한다. 경기하는 상지의 관절가동범위 점수의 총합은 16점으로 관절가동범위 점수의 50% 이하인 8점 이상은 중증으로, 8점 미만은 경증으로 분류한다.

③ 대상관절
- 상지
- 어깨관절의 관절가동범위는 굴곡/신전/외전/내전에 대해 평가
  각각의 정상운동가동범위는 150/50/180/60도.
- 팔꿈치관절의 관절가동범위는 굴곡/신전/회내전/회외전에 대해 평가
  각각의 정상운동가동범위는 150/0/90/90도.
- 손목관절의 관절가동범위는 굴곡/신전/요측굴곡/척측굴곡에 대해 평가
  각각의 정상운동가동범위는 75/60/30/40도.
- 엄지손가락의 관절가동범위는 중수지 및 지절 관절의 굴곡과 신전에 대해 평가
  각각의 정상운동 관절가동범위는 엄지 손가락 굴곡은 150도, 신전은 0도
  기타 손가락 굴곡은 90도, 신전은 0도.

4) 신경학적 손상유형(neurological condition) 평가

① 근긴장항진증(Hypertonia) 평가

- 경직(spasticity): 경직에 대한 평가는 근육 긴장도 평가를 이용하여 0-5점 척도로 평가한다. 근육긴장도 평가를 이용한 경직 평가 방법은 팔이나 다리에 힘을 빼도록 지시하고, 평가자가 선수 사지의 적절한 부위를 느슨하게 쥐며, 해당 근육에는 어떠한 압력도 가해지지 않도록 한다. 충분히 이완된 근육을 대상으로 팔꿈관절의 가동범위 전체를 0.5초 내의 빠른 속도로 움직이며, 그때 느껴지는 저항감을 평가한다. 경직에 대한 평가는 경기에 참여하는 상지의 긴장이 증가되는 0~1점의 경우는 중증으로, 2~5점의 경우는 경증으로 분류한다.
- 근육긴장이상: 근육긴장이상의 원인은 반드시 중추신경계의 질환이나 손상에 의한 것이어야 하고, 그 근거가 명확히 진료기록 또는 영상에서 확인되어야 하며, 다음과 같은 증상이 발현됨을 확인한다.
  • 긴장이 증가하는 쪽에 감쇄하지 않는 클로누스(근육의 경련현상)의 존재
  • 긴장이 증가되는 사지(팔다리)의 비정상적 반사항진
  • 긴장이 증가하는 쪽에 바빈스키(Babinski) 양성

② 무정위운동(athesosis)

무정위운동은 중추신경계의 질환이나 손상에 의해 발생하며, 이 중 뇌의 운동조절센터(가장 흔히 기저핵)의 손상으로 인한 경우가 많다. 원하지 않는 움직임과 자세를 말하며, 선수평가 때 등급분류위원회는 그 원인을 진료 기록 또는 영상에서 확인해야 한다. 명백한 무정위운동은 다음 증상 중 적어도 하나 이상을 보여야 한다.

- 선수가 정지 상태를 유지하려고 노력함에도 불구하고 발생하는 상지의 불수의적 움직임
- 몸을 가만히 유지하지 못하나 흔들리나 눈을 감았을 때 악화되지 않음. (참고로 전정 또는 고유감각의 장애의 경우 눈을 감으면 증상이 악화됨.)
- 팔다리 또는 몸통의 특징적인 무정위동작 또는 자세의 발현. 얼굴의 무정위운동만 존재하는 선수는 부적격에 해당됨.

③ 운동실조(ataxia)

운동실조는 근육의 힘 자체는 정상적이나, 근육 움직임 조절에 장애가 생겨, 섬세한 움직임이나 중심 잡는 기능에 이상이 발생하는 것을 말한다. 전정기관, 말초신경, 시력 등 각각의 움직임에 필요한 정보를 제공해주는 말초 기관의 이상이나, 이러한 정보가 소뇌로 전달되는 길목인 척수의 문제, 혹은 소뇌에 이상이 생긴 경우 발생할 수 있다.

- 운동성 실조는 소뇌의 손상이나 기형으로 주로 발생하며 종종 긴장저하와 관련이 있으며, 시각적 자극에 의해 보상이 어렵다.
- 감각성 실조는 하위운동신경손상, 척수손상, 전정기관, 고유감각 이상 등에 의하고, 시각적 자극에 의해 보상이 되는 경우가 많기 때문에 눈을 감으면 증상이 더욱 분명하게 발현된다.
- 등급분류 중에 실조 증상이 명백히 관찰되어야 하고, 운동성 또는 감각성 신경계기능 장애로 인한 것이 진료기록과 영상 등에서 확인되어야 한다.
- 그 외 실조를 평가하는 방법은 다음과 같다. 경기에 참여하는 손을 평가하여 중증과 경증을 분류한다.

6. 슐런 등급분류 기능 수행평가

1) 핀치 그립 악력테스트
- 목적: 슐런 동작에 필요한 핀치 그립에 대한 악력을 측정하여 슐런의 퍽을 조작할 수 있는 능력을 파악하기 위하여 지체 장애인에게 적용함.
- 사용 용도: 슐런 경기하는 손 기능 평가와 회복 상태 모니터링에 사용됨.

출처: https://images.app.goo.gl/Kj5ZC6UyBMQYbubA7

※ 3번 평균값 측정 0~2kg 미만: SL-S1, SL-W1 / 2kg 이상: SL-S2, SL-W2

2) 박스와 블록 테스트
- 목적: 슐런 경기하는 손과 손가락의 기민성 평가, 특히 조작 능력 측정하며 뇌병변 장애인에게 적용함.
- 사용 용도: 슐런 경기하는 손 기능 평가와 회복 상태 모니터링에 사용됨.

출처: http://contents2.kocw.or.kr/KOCW/document/2016/wonkwang/wooheesoon/

※ 평가시간 1분: 블록 5개 미만 SL-S1, SL-W1 / 5개 이상 SL-S2, SL-W2

3) 테스트 준비
- 준비물: 두 구획이 있는 상자와 작은 블록
- 절차: 한쪽 구획에 블록을 놓습니다. 참가자는 제한 시간(일반적으로 1분) 동안 블록을 한쪽 구획에서 반대쪽 구획으로 옮깁니다.
- 목표: 가능한 한 많은 블록을 옮겨 손의 속도, 민첩성, 손 조정 능력을 평가

7. 지체, 뇌병변 장애인 슐런 등급분류 평가방법

구분	지체	뇌병변
필수평가	슐런동작 평가, 도수근력 평가, 수동관절가동범위 평가(3가지)	슐런동작 평가, 근육긴장도 평가, 운동실조증 평가(3가지)
	필수평가 3가지 항목을 평가해서 2가지 이상 중증으로 등급분류가 판정될 경우에는 선택평가를 실시하지 않을 수 있으며, 필수평가 1가지 항목에서 중증으로 등급분류가 판정될 경우에는 선택평가를 실시함.	
선택평가	핀치 그립 악력 테스트: 지체 장애인에게 실시 박스와 블록 테스트: 뇌병변 장애인에게 실시	

- 지체, 뇌병변 등 중복 장애가 있는 경우, 등급분류사가 평가방법을 병행하여 평가 시행
- 지체, 뇌병변 장애 슐런 등급분류(SL-S1, SL-S2 / SL-W1, SL-W2)는 부록 1, 2, 3, 4, 5 참조

IV.
장애인 슐런 등급분류 평가표

1. 장애인 슐런 수행 기능 종합 평가표

선수 성명: _____   협회: _____

1) 지체 장애인

항목	경증	중증
A. 슐런동작 평가		
B. 도수근력 평가		
C. 수동관절가동범위 평가		
장애인 슐런 수행 기능 종합 판정		

2) 뇌병변 장애인

항목	경증	중증
A. 슐런동작 평가		
B. 근육긴장도 평가		
C. 운동실조증 평가		
장애인 슐런 수행 기능 종합 판정		

3) A-C 장애 정도 판단기준

[중증]

■ SL-W1, SL-S1

- A-C 평가 항목에서 2가지 이상 중증에 해당하는 경우
- A-C 평가 항목에서 1가지가 중증에 해당되며, 선택평가에서 중증에 해당하는 경우

[경증]

■ SL-W2, SL-S2

- A-C 항목 평가 중 2가지 이상 경증에 해당하는 경우
- A-C 항목 평가 중 1가지가 중증에 해당되며, 선택평가에서 경증에 해당하는 경우

2. 장애인 슐런 동작 평가표

항목(4가지) 경기에 참여하는 상지	점수
1. 손가락으로 퍽을 잡는다.	
1-1. 손가락으로 퍽을 안정적으로 잡을 수 있다. (20점)	
1-2. 손가락으로 퍽을 불안정적으로 잡을 수 있다. (10점)	
1-3. 손가락으로 퍽을 잡기가 어렵다. (0점)	
2. 슐런보드에 퍽을 놓는다.	
2-1. 슐런보드에 퍽을 안정적으로 놓을 수 있다. (20점)	
2-2. 슐런보드에 퍽을 불안정적으로 놓을 수 있다. (10점)	
2-3. 슐런보드에 퍽을 놓기가 어렵다. (0점)	
3. 과녁을 향해 퍽을 조준한다.	
3-1. 과녁을 향해 안정적으로 조준할 수 있다. (20점)	
3-2. 과녁을 향해 불안정적으로 조준할 수 있다. (10점)	
3-3. 과녁을 향해 퍽을 조준하기가 어렵다. (0점)	
4. 과녁을 향해 퍽을 푸쉬(push)한다.	
4-1. 과녁을 향해 퍽을 안정적으로 푸쉬(push)할 수 있다. (20점)	
4-2. 과녁을 향해 퍽을 불안정적으로 푸쉬(push)할 수 있다. (10점)	
4-3. 과녁을 향해 퍽을 푸쉬(push)하기가 어렵다. (0점)	
총점	
총점(80점)의 50%인 40점 이하는 중증	중증( ) 경증( )	

3. 장애인 슐런 근력 및 관절가동범위 평가표

선수 성명: _____ 협회: _____

Impaired muscle power (Oxford scale)			Impaired passive range of motion (functional range of motion in Sjoelen)		
근력(0-5점, +/-는 표기 안함)			정상치 (가동범위의 50%)	가동범위(각도)	
	경기에 참여하는 상지			경기에 참여하는 상지	
어깨				0	1 (50% 이상 제한)
굴곡(0-5)			150도(75도 이상 0)		
신전(0-5)			50도(25도 이상 0)		
외전(0-5)			180도(90도 이상 0)		
내전(0-5)			60도(30도 이상 0)		
팔꿈치					
굴곡(0-5)			150도(75도 이상 0)		
신전(0-5)			0도(90도 이상 0)		
회내전(0-5)			90도(45도 이상 0)		
회외전(0-5)			90도(45도 이상 0)		
손목					
굴곡(0-5)			75도(37도 이상 0)		
신전(0-5)			60도(30도 이상 0)		
요측 굴곡(0-5)			30도(15도 이상 0)		
척측 굴곡(0-5)			40도(20도 이상 0)		
엄지 손가락					
굴곡(0-5)			150도(75도 이상 0)		
신전(0-5)			0도(90도 이상 0)		
기타 손가락					
굴곡(0-5)			90도(45도 이상 0)		
신전(0-5)			0도(90도 이상 0)		
총점(80점)			총점(16점)		
총점(80점)의 50%인 40점 이하는 중증	중증( )	경증( )	각 관절가동범위 총점(16점) 의 50%인 8점 이상 중증	경증( )	중증( )

4. 장애인 슐런 근육 긴장도 평가표

선수 성명: _____ 협회: _____

평가 내용	점수	
근육 긴장도가 정상인 경우(G0)	5	
관절운동의 끝부분에서 약간의 근 긴장도가 느껴질 때(G1)	4	
관절운동의 중간 이하에서 약간의 근 긴장도를 느낄 때(G1+)	3	
관절운동의 전체에서 근 긴장도가 느껴지나 쉽게 움직임(G2)	2	
관절운동의 전체에서 상당한 근 긴장도가 느껴지고 움직이기가 어려움	1	
관절이 강직되어 굴곡 또는 신전할 수 없음	0	
평가 부위	점수	
경기에 참여하는 상지(팔꿈관절)		
총점		
근육 긴장도 정도 (총점이 0~1점의 경우는 중증, 2~5점의 경우는 경증)	경증 ( )	중증 ( )

5. 장애인 슐런 운동실조증 평가표

선수 성명: _____ 협회: _____

[상지] 손가락-코 평가	경기에 참여하는 손	
떨림이 없다.	5	
떨림, 2센티미터 미만의 진폭으로 떨린다.	4	
떨림, 5센티미터 미만의 진폭으로 떨린다.	3	
떨림, 5센티미터 이상의 진폭으로 떨린다.	2	
5회의 포인팅 동작을 수행하지 못한다.	1	
총점		
운동 실조증 평가 (총점이 5~4점이면 경증, 총점이 3~1점이면 중증)	경증 ( )	중증 ( )

[손가락-코 평가(Finger-Nose test)]

경기에 참여하는 손을 평가한다. 선수는 편한 자세로 앉는다. 필요한 경우 발이나 몸통을 지지해 주는 것을 허용한다. 선수에게 자신의 검지로 자신의 코와 평가자의 검지 사이를 반복적으로 왕복하면서 짚도록 한다. 평가자의 검지는 선수가 손을 뻗어 닿을 수 있는 거리의 90% 지점에 위치하도록 한다. 동작은 중간 속도로 수행하도록 한다. 점수는 운동성 떨림의 평균 진폭으로 측정한다.

참고 문헌

대한장애인슐럽협회 교육 교재(2019), 대한장애인슐런협회

ITTF 장애인탁구 등급분류 규약(2018), 대한장애인체육회

장애인골프(필드골프) 등급분류 규정(2023), 대한장애인골프협회

사단법인 대한장애인슐런협회

부록 2

경기 및 심판 규정

제1조 본 규칙의 목적

제1편 경기
제1장 총칙
    제2조 경기장
    제3조 슐런의 규격 및 퍽의 사용
    제4조 복장(선수)

제2장 경기의 진행
제1절 경기에 관한 사항
    제5조 경기시간
    제6조 경기순서
    제7조 개인전 승패의 결정
    제8조 단체경기 승패의 결정
    제9조 경기개시 및 종료
    제10조 경기의 중지·재개
    제11조 경기중지의 요청
    제12조 점수의 계산
    제13조 파울처리

제3장 금지행위
    제14조 약물 사용
    제15조 주의
    제16조 경고
    제17조 실격

제2절 벌칙
    제18조 규칙 17조의 처리
    제19조 규칙 17조 18조의 처리

제2편 심판
제1장 총칙
    제20조 심판원 구성
    제21조 심판장
    제22조 주임심판
    제23조 심판원
    제24조 계원
    제25조 심판의 복장

제2장 심판의 진행
제1절 심판사항
    제26조 점수의 결정
    제27조 점수의 취소
    제28조 심판방법

제2절
    제29조 부상 또는 사고
    제30조 기권
    제31조 경기불능자, 기권자의 기득권

제3절 합의·이의의 제기사항
    제32조 합의
    제33조 이의제기
    제34조 의문의 제기

제4절 심판의 의무사항 이행
    제35조 심판의 의무사항
    제36조 심판 임무 불성실자 조치

제3장 보칙
    제37조 보칙
    부칙

제1조(본 규칙의 목적)
이 규칙은 슐런 경기의 원활한 진행과 공명정대한 심판을 목적으로 한다.

제1편 경기

제1장 총칙

제2조(경기장)
1. 경기장은 슐런보드를 기점으로 전후좌우 3m 이상의 공간 확보해야 한다.
2. 경기장은 평평한 바닥이어야 한다.

제3조(슐런의 규격 및 퍽의 사용)
1. 대한장애인슐런협회의 규정에 따른다.
2. 2~3부 경기인 경우 퍽의 사용은 10개로 한다.
3. 1부 선수부인 경우 30개의 퍽을 사용한다. 단, 대회 운영 필요에 따라 퍽의 사용을 제한하거나 변경할 수 있다.
4. 단체전일 경우 퍽 20개를 사용한다.

제4조(복장(선수))
1. 동계·하계: 세부 복장규정에 의한다.
2. 부착물: 협회마크와 지역마크를 새긴 단체복으로 통일하여야 한다. 단, 시도체육회의 단체복을 착용할 경우 사전 본회와 협의를 거쳐 복장을 착용해야 한다.
※ 세칙: 1. 협회마크는 좌측 상의 가슴부위에 있어야 한다.
        2. 선수는 자신을 알리는 명찰을 부착하여야 한다.
        3. 선수의 입·퇴장과 예법은 그 대회의 필요에 따라 별도로 행할 수 있다.

제2장 경기의 진행

제1절 경기에 관한 사항

제5조(경기시간)

1. 퍽의 10개 사용 3분, 20개 사용 5분, 30개 사용 7분을 기준으로 하며, 경기상황에 따라 조정할 수 있다.
2. 심판의 중지 및 쿼터가 종료된 시점은 경기 시간은 포함되지 않는다.

제6조(경기순서)

1. 개인전인 경우 유형별 및 부분별로 진행하되, 조별 편성에 의하여 경기진행 한다. 토너먼트의 경우 별도의 세부 규정에 의하여 진행한다.
2. 단체전일 경우 1경기 3쿼터를 선수가 번갈아 가면서 경기진행 한다. 단, 후보 선수의 교체 등은 해당 경기가 종료되고 다음 경기 진행될 때 교체할 수 있다. 이때 교체 선수에 대해 사전에 경기본부에 알려야 한다.

제7조(개인전 승패의 결정)

1. 1경기는 3쿼터 진행하며, 경기 합산 점수로 승패를 결정한다. 각 경기는 대회의 사정에 따라 점수산정으로 인한 상대평가 및 토너먼트 경기를 진행한다.
2. 경기시간 내에 똑 같은 점수가 나올 경우 다음과 같은 순서에 의해 승자를 결정한다.
    가. 다수의 경기 중 최고점 우선(해당 경기를 말한다. 예선/본선/결선).
    나. 연장자 우선
    다. 장애인 우선
    라. 퍽 5개로 승패를 결정 (단체의 경우 대표 1명이 진행)
        연장에 따른 시간 제약은 없다. 단체전 경우에도 동일하다.

제8조(단체경기 승패의 결정)

단체경기의 승패는 다음과 같이 결정한다. 단, 그 대회에서 정한 방법에 의해 결정할 수 있다.

1. 입상의 판단은 해당 단체 팀의 합계 총점을 가지고 판단한다.
2. 동점인 경우 7항에 의하고 팀별 대표자 1인이 퍽 5개를 지급하여 승자전을 치른다. 최고점 우선으로 한다.
3. 남녀 혼성경기는 성비비율에 관계가 없다. 단, 남녀 1명 이상이어야 한다.

제9조(경기개시 및 종료)

경기개시 및 종료는 주심의 신호에 따른다.

다만, 심판에 의해 경기가 중단된 개인이나 팀의 경우 심판원과 주심의 통제에 따른다.

제10조(경기의 중지·재개)
1. 경기의 중지는 심판원에 의해 행하고, 재개의 결정은 주심이 한다.
2. 중대한 경기중지 상황이 발생할 경우 심판장에 의해 행한다.

제11조(경기중지의 요청)
선수는 사고 등의 이유로 경기를 계속할 수 없게 되었을 때 경기를 중지할 수 있다. 단, 경기의 유리한 진행을 위하여 고의로 요청한 경우 경고 및 퇴장을 할 수 있다.

제12조(점수의 계산)
1. 선수가 3쿼터를 모두 끝마치면 심판과 선수는 점수를 계산한다.
2. 해당경기의 퍽을 1쿼터에 모두 라인 인(line in)하여 최고점수를 득했을 경우 퍽 2개를 추가로 지급하여 경기 종료 후 점수를 계산한다. 단, 해당 퍽이 관문함에 다 들어가더라도 최고점이 아닌 경우 서비스 퍽을 지급하지 않는다.
3. 해당경기의 퍽을 2쿼터에 모두 라인 인(line in)하고 최고점수를 득하였을 경우 퍽 1개를 추가로 지급하여 경기 종료 후 점수를 계산한다. 단, 최고점수를 얻지 못할 경우 서비스 퍽을 지급하지 않는다. 3쿼터에 최고점을 받더라도 서비스 퍽을 지급하지 않는다.

제13조(파울처리)
선수는 다음 각 호의 행위에 대해 파울 처리한다.
1. 보드 바닥의 퍽을 맞고 관문위로 들어가거나 보드 밖으로 나갈 경우 파울 처리한다.
2. 퍽 유무 상관없이 손이 시점막대 아래에 들어갈 경우 파울 처리한다. 이때 연속으로 움직일 경우 1개의 파울로 인정하고 동작이 구분될 경우에는 해당된 구분만큼 파울 처리한다.
3. 푸쉬 동작에서 손이 시점막대 하부에 들어갈 경우 파울 처리한다. 이때 손이 시점막대 하부에 들어가면서 동시에 해당 퍽이 관문에 들어가거나 그 퍽으로 인하여 다른 퍽으로 점수를 득할 경우 모두 파울 처리한다. 이때, 최초 시점막대 하부에 손이 들어가면서 생긴 파울된 퍽은 보드바닥에 그대로 둔다.
4. 시점막대 하부에 손이 들어가면서 파울이 되었으나, 해당 파울 퍽을 찾지 못할 경우 시점막대와 제일 가까운 퍽을 파울 처리한다.
5. 파울된 퍽으로 보드 바닥의 다른 퍽이 관문에 들어갈 경우 관문에 들어간 퍽은 파울로 간주하고 점수

도 삭감한다. 관문에 걸친 경우에도 동일하다.
6. 시점막대 상단으로 퍽을 던진 경우 파울 처리한다.
7. 경기가 시작되고 시점막대 하부에 퍽이 있을 경우 파울 처리한다. 이때 시점막대 하부 파울된 퍽을 다른 퍽으로 부딪힌 경우에는 동시에 파울 처리한다.
8. 언급하지 않는 부분은 대회 세부규칙이나 소청위원회의 결정에 따른다.
9. 심판의 경기시작 시전 이전에 선수가 임의로 경기를 시작할 경우 사용한 퍽은 모두 파울 처리하고 점수를 득할 경우에는 점수를 삭감한다.

제3장 금지행위

제14조(약물 사용)
선수는 금지된 약물을 사용하면 안 된다. 반도핑 규정 준수(IOC규정)

제15조(주의)
선수는 심판원 또는 상대에 대하여 무례한 언동을 하면 안 된다.
※ 세칙: 1. 경기 중에 불필요한 이야기를 심판과 하는 행위
2. 경기 중 경기와 상관없는 행동, 잡담으로 경기를 방해하는 행위
3. 타 선수의 경기 진행을 방해하거나 심리적 불안을 조성하는 행위
4. 심판에게 조언 등을 부탁하는 행위

제16조(경고)
선수는 심판원 또는 상대에 대하여 무례한 언동을 하면 안된다.
※ 세칙 1. 슐런보드를 고의로 움직이는 행위
2. 상대방을 밀치는 행위
3. 고의로 상대방 발을 거는 행위
4. 상대방에게 욕과 폭행하는 행위
5. 고의로 시간을 낭비하는 행위
6. 상대방 게임에 방해되는 행위
7. 기타 공정한 경기의 진행을 방해하는 행위

제17조(실격)

1. 해당 경기 규정의 이상의 퍽을 사용하여 발견될 경우
2. 14조 경고를 2회를 받고 3회째인 경우
3. 기타 막대한 경기에 영향을 미치는 행위
4. 부정용구를 사용 및 규정보다 더 많은 퍽으로 경기하는 행위

제2절 벌칙

제18조(규칙 17조의 처리)

규칙 17조의 금지 행위를 범한 선수는 퇴장시키고, 퇴장당한 선수의 기득권은 인정하지 않는다.

제19조(규칙 17조 18조의 처리)

1. 부정행위를 한 선수를 패로 하고 기득점 및 기득권을 인정하지 않는다.
2. 부정용구를 사용한 것이 발견될 경우 그 이전의 모든 경기는 무효 처리한다. 단, 개인전 리그일 경우는 모든 경기를 패한 것으로 한다.
3. 부정용구를 사용한 자는 당해 1년 동안 경기에 참여할 수 없다.

제2편 심판

제1장 총칙

제20조(심판원 구성)

심판에 종사하는 자의 구성은 심판장·주임심판·심판원(심판)으로 한다.

제21조(심판장)

심판장은 공정한 경기를 수행하기 위해 필요한 권한을 준다.

※ **세칙**: 심판장 임무는 다음과 같다.

    1. 경기 규칙과 세칙을 엄정하게 운영한다.
    2. 경기진행에 대한 지휘를 한다.

3. 이의 신청에 대한 정확한 결정을 하여야 한다.

4. 기타 규칙과 세칙에 없는 문제 혹은 돌발 사고에 대하여 판단한다.

제22조(주임심판)

주임심판은 심판장을 보좌하고 각 경기장의 운영에 관해 심판장의 권한을 갖는다.

※ **세칙**: 주임심판의 임무는 다음과 같다.

1. 경기 당일 지정되는 경기장(구획)의 책임자로 임한다.
2. 규칙 및 세칙이 적절히 실시되고 있는지 확인 감독한다.
3. 규칙 또는 세칙의 위반 또는 이의에 적절히 대처하고 심판장에게 보고한다.
4. 경기장의 심판원을 장악한다.

제23조(심판원)

심판원(심판)은 선수의 펙 및 점수를 정확하게 파악하여야 한다.

심판원(심판)의 임무는 다음과 같다.

※ **세칙**: 1. 해당경기를 운영한다.

2. 선수의 게임운영에 관해 집중하여 공명하게 판단한다.
3. 경기종료 후 필요에 따라 소견을 듣고 타심판원과 심판에 대해 문제점을 파악한다.

제24조(계원)

경기운영상 게시계, 기록계, 선수계로 나눈다.

※ **세칙**: 계원의 구성은 다음과 같다.

1. 각 계는 주임 1명, 계원 2명 이상을 원칙으로 한다.
2. 게시계는 경기 시작 시간의 게시에 임하고 경기종료 신호를 한다.
3. 기록계는 경기 소요시간, 득점 등을 빠짐없이 기록한다.
4. 선수계는 선수의 소집 및 용구 등을 점검한다.

제25조(심판의 복장)

심판복장은 다음과 같다. 단, 대회에 따라 변경될 수 있다.

1. 상의

   가. 동계: 협회지정 공인 심판용 정장(오렌지색 계열)

나. 하계: 계절 및 대회 장소에 따라 상의착용에 대해 심판장이 결정한다.
2. **하의**: 미색(베이지색 계열)
3. **와이셔츠**: 흰색(단, 하절기에는 반소매)
4. **신발**: 운동화 또는 단화

심판은 본 협회에 규정한 심판복을 착용하여야 하며, 그렇지 못한 경우 35조에 따른다.

제2장 심판의 진행

제1절 심판사항

제26조(점수의 결정)
1. 득점 결과 점수는 선수와 심판원이 함께 확인한다.
2. 선수와 심판이 함께 확인 후 기록된 점수는 번복되지 않으며, 기록으로 남긴다.
3. 기록이 잘못 기재된 점수지(채점표)는 사용할 수 없다. 재사용을 할 경우 주임심판의 서명 또는 날인이 있어야 한다.

제27조(점수의 취소)
1. 심판의 경기시작 수신호 이전에 시작한 퍽으로 인하여 점수를 득할 경우 점수는 취소된다.
2. 퍽이 관문을 통과했더라도 관문함 밖으로 되돌아 나올 경우 점수는 취소된다. 단, 기존에 점수를 취득한 경우 새로운 퍽으로 동시에 관문함 밖으로 퍽이 동시에 함께 나올 경우 기존 점수는 인정한다.

제28조(심판방법)
1. 심판은 슐런 박스 옆 의자에 앉거나 서서 경기자가 사용한 퍽의 득점을 파악한다.
2. 심판은 1쿼터가 끝나면 반드시 한 손으로 관문함의 퍽을 정리해야 한다.
3. 심판은 관문함의 퍽에 대한 정리가 끝나면 선수에게 2쿼터 진행을 요구한다. 3쿼터 경기 진행 방법은 1~2쿼터와 동일하다.
4. 심판은 선수가 점수의 판단 등에 관하여 이의를 제기할 경우 공정하게 진행을 하여야 한다.
5. 심판원은 바른 자세와 권위가 있어야 하며, 선수와 불필요한 대화나 언쟁을 하면 안 된다. 단, 경기 진행에 필요하다고 생각되는 경우는 제외한다.

제2절 사고의 조치

제29조(부상 또는 사고)
부상 또는 사고 등으로 경기 진행이 곤란할 경우 그 원인을 따져 처리한다.
경기속행여부는 심판장이 종합적으로 판단한다.

제30조(기권)
경기를 기권한 경우 패한 것으로 하고 그 후의 경기를 참여를 불허한다.

제31조(경기불능자, 기권자의 기득권)
경기 진행이 불가능한 자의 경우 마지막 퍽을 푸쉬한 점수까지만을 계산한다.

제3절 합의·이의의 제기사항

제32조(합의)
심판원의 합의가 필요한 상황이 발생한 경우 경기를 중단시키고 합의할 수 있다.

제33조(이의제기)
누구라도 심판원의 점수에 대해 이의를 제기할 수 없다.
단, 선수는 심판이 점수를 기록하기 이전에 이의를 제기할 수 있다.

제34조(의문의 제기)
선수의 경기 종료 이전에 감독은 주임심판 및 심판장에게 이의를 제기할 수 있다.

제4절 심판의 의무사항 이행

제35조(심판의 의무사항)
심판은 아래 사항을 준수해야 한다.
1. 대한(장애인)슐런협회 운영규정을 준수한다.
2. 대한(장애인)슐런협회 슐런규정 및 심판규정을 준수한다.

3. 대한(장애인)숄런협회 회원으로 가입해야 한다.
4. 협회에서 주관하는 숄런경기 참가 요청 시 심판으로 참가한다.
5. 매년 1회 심판 보수교육을 받는다. 보수교육을 받지 않을 경우 해당년에는 심판에 참석할 수 없다.

제36조(심판 임무 불성실자 조치)

심판은 심판 임무를 불성실하게 하거나 의무사항을 이행하지 않을 때 다음과 같이 주의, 경고, 자격정지, 제적 등의 조치를 받는다.

1. **주의**: 심판이 아래와 같이 점수에 직접 영향을 주지 않는 부적절한 행위를 했을 때 주의를 받는다.
   - 가. 경기 중에 선수에게 지도하거나 유리하도록 조언을 하는 행위
   - 나. 경기 중에 심판 임무를 소홀히 하거나 경기와 상관없는 행동, 잡담 등을 하는 행위
   - 다. 선수의 경기 진행을 방해하거나 심리적 불안을 조성하는 행위
   - 라. 점수계산을 못 하거나 선수에게 조언 등을 받은 행위

2. **경고**: 심판이 아래와 같이 점수에 직접 영향을 주는 불공정한 행위와 고의에 의한 심판 부실 행위를 했을 때 경고를 받는다.
   - 가. 주의 2회를 받은 경우
   - 나. 관문에 들어가지 않은 퍽을 고의로 밀어 넣어 주는 행위
   - 다. 고의로 점수를 부풀려서 점수표를 제출하는 행위
   - 라. 경기 소요 시간이 지났음에도 선수가 계속해서 경기를 진행하도록 방조하는 행위

3. **자격정지**: 심판이 아래와 같이 경기 진행에 심대한 영향을 끼치는 행위를 할 때 자격정지를 받을 수 있다. 이때는 협회의 징계위원회 개최에 의한다.
   - 가. 경고 2회를 받은 경우
   - 나. 주임심판의 허락을 받고 대리 심판을 배치하는 등의 사전 대책을 마련하지 않고 경기 중에 자리를 이탈하는 경우
   - 다. 선수의 부정행위를 본부에 보고하지 않고 선수에게 욕설하거나 선수와 싸우는 행위
   - 라. 이유 없이 심판 보수교육을 3회 이상 불참한 경우
   - 마. 자격정지는 1년을 기본으로 하되, 그 이상의 기간은 협회의 징계위원회 결정에 의한다.
   - 바. 협회 규정에 의한 심판 복장을 착용하지 않고 임의적으로 심판 복장을 위반하거나 공동으로 변경 및 착용한 경우.

4. **제적**: 심판은 스포츠 정신과 심판 규정·윤리에 위반되는 중대한 행위를 한 경우 협회의 상벌위원회(스포츠 공정위원회) 결정에 따라 제적을 받을 수 있다.

5. 기타 본 규칙에 없는 사항은 대한장애인슐런협회 상벌위원회(스포츠공정위원회)의 결정에 따른다.

제3장 보칙

제37조(보칙)
규칙에서 정해져 있지 않은 상황이 발생할 경우, 심판원은 합의하고 주임심판 또는 심판장에게 상의하여 처리하도록 한다.

부칙
1. 대회의 규모, 내용 등을 고려한 특별한 사정이 있을 때 이 규칙 및 세칙에서 벗어나지 않는 범위 내에서 이에 따른다.
2. 게임방식은 참가자의 인원에 따라 별도 게임 방법으로 운영한다. 단, 사전 중앙협회의 협의를 거쳐 경기 진행할 수 있다.
3. 경기운영 및 방법 등 공정하지 못한 행위를 한 심판과 선수는 상벌위원회에 회부를 하여 별도의 규정을 따른다.

등급분류 구분

장애유형	등급	성별		세부종목
지체장애	SL-W1(Wheelchair)	남	여	개인전 5명
		남	여	단체전(3인조)
	SL-W2(Wheelchair)	남	여	개인전 5명
		남	여	단체전(3인조)
	SL-S1(Stand)	남	여	개인전 5명
		남	여	단체전(3인조)
	SL-S2(Stand)	남	여	개인전 5명
		남	여	단체전(3인조)
청각장애	SL-DB(Decibel Blind)	남	여	개인전 5명
		남	여	단체전(3인조)
지적(발달)	SL-DD(Developmental Disability):	남	여	개인전 5명
		남	여	단체전(3인조)
시각장애	SL-B(Blind)	남	여	개인전 5명
		남	여	단체전(3인조)

슐런 지도서

ⓒ 장철운, 2025

초판 1쇄 발행 2025년 9월 9일

지은이	장철운
펴낸이	이기봉
편집	좋은땅 편집팀
펴낸곳	도서출판 좋은땅
주소	서울특별시 마포구 양화로12길 26 지월드빌딩 (서교동 395-7)
전화	02)374-8616~7
팩스	02)374-8614
이메일	gworldbook@naver.com
홈페이지	www.g-world.co.kr

ISBN 979-11-388-4727-8 (03690)

- 가격은 뒤표지에 있습니다.
- 이 책은 저작권법에 의하여 보호를 받는 저작물이므로 무단 전재와 복제를 금합니다.
- 파본은 구입하신 서점에서 교환해 드립니다.